Friedrich Christoph Jonathan Fischer

Geschichte des bayerischpfälzischen Hausvertrags von Pavia

Aus Archivalurkunden beleuchtet

Friedrich Christoph Jonathan Fischer

Geschichte des bayerischpfälzischen Hausvertrags von Pavia
Aus Archivalurkunden beleuchtet

ISBN/EAN: 9783743678071

Hergestellt in Europa, USA, Kanada, Australien, Japan

Cover: Foto ©ninafisch / pixelio.de

Weitere Bücher finden Sie auf **www.hansebooks.com**

Geschichte
des
Bayerisch=Pfälzischen
Hausvertrags
Conv. monac. d. 5.? Aug. 1797
von Pavia.

Aus Archival=Urkunden beleuchtet.

1779.

Unter andern historischen Erdichtungen, die man in den sogenannten unpartheyischen Gedanken zur Grundlage der Oesterreichischen Prätension auf Nieder=Bayern annimmt, muß vorzüglich jene gerügt werden, welche über die 1314 geschehene Kaiserwahl eine Lebenslängliche Feindschaft zwischen den Gebrüdern Rudolf, und Ludwig aus der Ursache entstanden zu seyn vorgiebt, weil ersterer dabey seine Stimme nicht dem Bruder, sondern dem H. Friedrich von Oesterreich gegeben habe. a) Man behauptet weiter, Pfalzgr. Rudolf hätte nach der Wahl und Krönung Ludwigs dem neuen Könige den Eintritt in Bayern zu verwehren getrachtet, den Vergleich, der nachher durch Vermittlung B.

---

a) Hauptst. II. §. 3. *Chrift. Gewoldus in Defenfione Ludovici IV. Imp. P. II. p. 30.* Deinde ex his ipfis literis deprehenditur, quomodo *improbus et nihil minus quam fincerus author Cuspinianus* (Ebenfalls ein Oesterreicher) *Bzovio impofuerit, vt fcriberet promiffis ftetiffe Rudolphum, et ficut a principio fic femper effe fratri adverfatum aperte. Denique qua fronte Cuspinianus nugetur, quod Rudolphus ob fratris dehinc odium (quia nimirum fidem promiffam Friderico fervans, fratrem fuum Ludovicum non elegerat) exulare fit coactus!*

4

Konrads von Freysingen zu Stand gekommen seye, gebrochen, und sich folglich seinem Bruder zu widersezen nicht aufgehört.

Was also Rudolf damals zum Vortheile des Oesterreichischen Friedrichs that, das wird ihm jezo von den Oesterreichischen Scribenten mit den Ehrentiteln eines Reichsfeindes und eines Aechters vergolten. Er solle gegen seinen Bruder als Römischer König gefrevelt, und mithin alle Besizungen verwirkt haben; dieselbe wären hernach zum Reichs-Wittume eingezogen, und von K. Ludwig seinem Hause aufs neue verliehen worden, so daß Rudolf von Land und Leuten vertrieben, 1319. im Elende hätte sterben müssen, seine Kinder aber erst 1329. wieder von ihrem Oheime zu Gnaden aufgenommen worden wären, und dasjenige als ein Neues Lehen empfangen hätten, was in der Pavischen Ländervertheilung für sie ausgezeichnet worden seye. Welche Behauptungen! Aller Geschichte, allen Urkunden, aller Wahrheit zu Troze!

In der Meinung, daß es dem hohen Kurhause Pfalz eben nicht gleichgültig seyn könne, sich alle Augenblicke vorpredigen zu lassen, wie der Pavische Vertrag seiner Entstehung und Beschaffenheit nach ein blosses Gnadenwerk gewesen, und der heutzutage nach Abgange der Ludwigischen Linie erfolgte Rückgang zum altväterlichen Stammhause ebenfalls nur eine besondere Kaiserliche Nachsicht und ein gewisses freundschaftliches Einverständnis zum Grunde habe, keineswegs aber auf alten Familienverträgen oder auf einem Geblüts- und Stammrechte beruhe; in dieser Rücksicht, sage ich, hat man dergleichen verwegene Ausbrüche und Ausfälle auf die ganze Wittelsbachische Hausgrundverfassung für viel zu auffallend und auf die Zukunft für viel zu gefährlich und nachtheilig angesehen, als daß man sie hätte unberührt und die Geschichte vom Ursprunge des Pavischen Vertrags unbeleuchtet lassen können. Denn wohin zielen alle diese so mühsam erdachte Erfindungen? Gehen sie nicht dahin, um den natürlichen Erbgang der Abkömmlinge vom ersten Erwerber abzuläugnen; um die wahre Eigenschaft der Stamm-Güther und alt-väter-

li-

lichen Lehne zu verdunkeln, und sie mit einem Figmente von Neu=Lehen zu übertünchen, damit nur die Investitur Herzog Albrechts V. von Oesterreich noch einigen Anschein von Erheblichkeit gewinnet, und das Publicum wenigstens auf einige Zeit in einem Irrwahne herumgeführt wird? Wie sollte die Achtserklärung Pfalzgraf Rudolfs, wenn je eine gegen ihn ergangen, wovon doch weder irgend ein alter Schriftsteller etwas weiß, noch auch in irgend einer Urkunde etwas enthalten ist, rechtmäßig seyn, da sie von einem Prinzen herrührte, dessen Inthronisation damals selbst noch nicht ausser allem Widerspruche war? Ueberdem wird ja eine offenbar ungültige Ursache angegeben. Denn nach der Meinung unsers Authors solle deswegen Rudolf von Ludwigen geächtet worden seyn, weil er dem Gegen=Könige Friedrich angehangen habe. Allein um einer solchen Aechtung die gehörige Wirkung zu geben, hätte Ludwig in Teutschland der alleinige Regente seyn, und Friedrich ganz keine Ansprüche zum Throne gehabt haben müssen. b) Noch ist dieses nicht zureichend erwiesen, und sonderbar wäre es, wenn die Sache von einem Oesterreichischen Scribenten ausgeführt würde. Doch zu was Ende alle Vernunftgründe. — Die gerechte Sache bedarf ihrer nicht einmal, sondern man darf blos den wahren Hergang der Sache aus dem einstimmigen Zeugnisse glaubwürdiger Autoren darstellen, und diese mit den nöthigen Urkunden begleiten, so muß alles Blendwerk von Todtheilungen und geschehenen Confiscationen plözlich verschwinden. Eben das ist die Absicht der Schrift. Man sucht darinn die Begebenheiten und Handlungen, die vor Errichtung des Pavischen Haus=Grund=Gesezes vorher gegangen sind, und von deren genauer Kenntnis die Erläuterung eines grossen Theils desselben abhängt, auf eine (unpartheyisch = würde ich sagen, wenn dieses Wort nicht durch seinen verkehrten Gebrauch allzusehr abgewürdiget wäre) auf eine getreue und ungekünstelte Weise zu erzählen, und dem Publico zur eigenen Prüfung die hieher gehörigen Dokumente zu übergeben. Man wird freylich bey ihrer Durchlesung auf

---

b) D. Franz Dominicus Häberlins teutsche Reichshistorie, Halle, 1768. B. III. S. 111.

allen Seiten belehrt werden, daß das Pfälzische Haus seine Erbrechte an Bayern nicht erst ex nova gratia erhalten habe, sondern derselben ex pacto & providentia Majorum längst versichert gewesen seye.

Pfalzgraf Ludwig der Strenge hatte Söhne von zwo Gemahlinnen. Die Anna Herzog Konrads von Pohlen Tochter hatte ihm den jüngern Ludwig gebohren, und Mechthild König Rudolfs von Habspurg Tochter, Rudolf und Ludwig.

Nun war damals an vielen Orten Teutschlands der Gebrauch, daß bey Söhnen oder Kindern verschiedener Ehen diejenige, die aus der Erstern entsprossen waren, in jenen Gütern, es mochten Lehen, oder Alloden seyn, welche die Eltern bey der getrennten Ehe besessen hatten, in der Succeßion den Kindern, die der eine Gatte etwa in der zwoten, und in der weiteren Ehe erzeugte, vorgiengen, und folglich diese ausschlossen. c) Ludwig der Strenge wolte daher zwischen seinen aus zweyerley Ehen gebohrnen Söhnen in der zukünftigen Erbfolge eine Gleichheit herstellen, und dadurch allen Unruhen, die oftmals dergleichen Rechte der Vorkinder (d. i. der Kinder erster Ehe) bey den Erbtheilungen zu veranlassen pflegten, vorbeugen. d) Zu dem Ende wand er sich an seinen Schwiegervater den König Rudolf, und bat denselben ihn sowol mit seinen wirklich schon aus zweyerley Ehen erzeugten als etwan noch weiter erzeugenden Söhnen in die Samtlehenschaft zu sezen. e)

Wie

---

c) **Friederich Christoph Jonathan Fischers Versuch über die Geschichte der teutschen Erbfolge.** Mannheim, 1778. Band I. Haupst. VIII. Abschn. II. S. 137. 138. 150. und 238. B. II. Th. I. n. 28. und 29.
II. feud. 16. §. 9. Mulier habens feudum relictis filiis ex duobus matrimoniis decessit, inter quos feudi quaestio aliarumque rerum maternarum vertebatur, obtinuit, filios prioris matrimonii tam in feudo, quam in ceteris potiores esse.

d) Aus dem Grunde befindet sich in der Urkunde K. Rudolfs I. von 1281. *in praefat. Vol. III. Origin. Guelf. p. 66.* der Eingang: Romani decus imperii in principibus quasi columnis egregiis, quibus inuicem mirifice solidatum, nobilioris decoris ornamentum induit. Dum iidem principes in suo rigore durabilioris permanentiae suscipiunt incrementum. Nec ipsum imperium posset persistere, sed immutetur, contractis parietibus ad ruinam, si status principum tenderet ad occasum.

e) Urkundenbuch, N. 1.

Wie er dabey keine andere Absicht gehabt hat, als den sämtlichen Söhnen verschiedener Ehen zu gleichen Erbsportionen sowohl in dem ganzen väterlichen Gute, als auch in dem von verschiedenen Müttern herrührenden Erbe zu verhelfen, das sieht man aus den folgenden Worten des Rudolfischen Diploms ganz deutlich: *Voluit tamen prædictus Princeps (Ludovicus Seuerus)* & sic etiam de ipsius consensu & beneplacito memoratam inuestituram valere volumus, & eidem talem legem imposuimus, quod prædicti Principis nostri filii supradicta feoda & omnia bona sua paterna pariter & materna cum ad eos deuenerint, reliquis memorati sui patris liberis quos jam habet vel successu temporis ex illustri filia nostra tori sui Consorte Charissima procreauerit condiuidere & per omnia in præmissis omnibus, & singulis ipsis æquam legem in Diuisione seruare. Weil dadurch einem Theile der Kinder an dem bereits gehabten Erbrechte einiges entzogen wurde, so konnte diese Handlung ohne die Einwilligung dieser nicht zur Rechtskraft übergehen. Die Urkunde lautet daher ferner: quod quia *prædicti fratres (Ludovicus Junior & Rudolfus)* approbauerut, *laudauerunt*, & se non contrauenturos aliquo tempore promiserunt, in nostra, & infra scriptorum præsentia in euidens & *perpetuum omnium præmissorum testimonium sigilla — sunt appensa.*

Hieraus sieht man, wie wenig von verschiedenen Gelehrten inndeß der Sinn dieses Diploms getroffen worden ist.

Einige, wie Scheidt, f) Moser, g) Pfeffel und Fischer h) haben sie für ein Privilegium angesehen, um die Länder vertheilen zu dürfen.

---

f) Origin. Guelf. Tom. III. p. 66. præfat.
g) Im Kurfürstl. Bayerischen Staatsrechte, p. 36.
h) Gräflicher Neuwiedischer Kanzley-Director Author der Schrift: Diplomatische Untersuchung über die Rechte der Todttheilung mit Anwendung auf die Theilungen und Erbfälle im Herzogthum Bayern. Leipzig, 1776. S. 36.
hh) Mémoire touchant la succession reciproque des Maisons Pal. & de Bavière. MS.

8

Andere, wie Fischer i) und Balemann, k) betrachteten sie als eine Samtbelehnung. Die Erstere werden durch den deutlichen Innhalt der Urkunde selbst widerlegt; die offenbar nur dahin geht, eine Gleichheit zwischen den Kindern erster und zwoter Ehe in der zukünftigen Erbtheilung zu erreichen, und zu verhüten, daß keines unter ihnen für dem andern einen Voraus bekomme, folglich zu machen, daß die mütterlichen Erbschaften Haupterweise und nicht nach den Ehen abgetheilt werden möchtein. Die leztere Authoren irren sich in ihrer Meinung in sofern als die Samtbelehnung nicht der Hauptgegenstand ist, worauf diese Urkunde abzwecket. Ihre Absicht ist vielmehr die, eine gewisse Einkindschaft hervorzubringen, und den Kinderen zwoter Ehe ein eben so reichhaltiges Erbrecht, wie denen aus der Erstern zu verschaffen. Um dieses zu bewerkstelligen, und besonders den Nachkindern an den Lehen der verstorbenen Stiefmutter zu einem Erbrecht zu verhelfen, muste der Vater sie sämtlich in die Samtbelehnung sezen lassen. Es ist aber zu bemerken, daß die Söhne Ludwigs des Strengen die Samtlehen nicht zu dem Ende empfiengen, als ob sie ihnen zu einer künftigen Succeßion in die väterliche Lehen nothwendig gewesen wären. Mit nichten! Da waren sie nach dem einstimmigen Herkommen ihres Hauses schon durch die Abstammung vom ersten Erwerber gewahrt; sondern um mit ihrem ältesten Bruder Ludwig dem Jüngern durchaus ein gleiches Erbrecht, und besonders mit ihm bey der Erbschaft desselben eigener mütterlichen Lehen anstehen zu dörfen, wovon sie eigentlich als Extranei ausgeschlossen gewesen wären.

Dieß ist der wahre und einige Grund der erhaltenen Samtbelehnung. Alles andere sind leere Vermuthungen. Damit dem Publicum die ganze Sache auf eine deutlichere Weise ins Licht fällt, so wollen wir ein paar Urkunden bekannt machen, die uns keinen weitern Zweifel zurüklassen werden.

Der

---

i) Friederich Christoph Jonathan (Verfasser der Erbfolgsgeschichte des Herzogthums Bayern unter dem Wittelsbachischen Stamme, Stück II. S. 57.
k) Author des Sendschreibens von den Rechten der Todttheilung in ihrer Wirckung auf das jüngsthin erledigte Herzogthum Niederbayern. S. 35. 34. u. f.

Der jüngere Ludwig giebt 1288. als ein *primogenitus*, welches nach der Ausführung eines gewissen Schriftstellers ^{l)} nicht einen erstgebohrnen, sondern einen aus erster Ehe gebohrnen Sohn bedeutet, nochmals seine Einwilligung, daß nach des Vaters Tode sowohl die väterliche als mütterliche Güter nach der Anzahl der Köpfe zwischen ihm und seinen Brüdern abgetheilt werden dürften: ^{m)} Nos Lodvicus primogenitus Domini Lodwici illustris Comitis Palatinj Reni Ducis Bavariæ notum facimus præsentiam inspectoribus universis, quod cupientes cum Liberis ejusdem Dominj & Patris nostrj carissimj, quos ex Illustri Domina et Matre nostra charissima conthorali sua Mechtilde Comitissa Palatina Rheni Ducissa Bawariæ serenissimi Domini nostri Rudolfi inclitj Romanorum Regis filia jam suscepit vel susceperit in futurum equalitatem in omnibus observare, ne aliqua inæqualitatis signa in nobis utrobique valeant deprehendi, promissimus et provaleant promittimus, nosque ad id de Au-

B   ctori-

---

l) Fischers Versuch über die Geschichte der teutschen Erbfolge, B. I. S. 151.

m) Urkundenbuch. N. 2. Von dieser Urkunde sagt Augustin Kölner in einem noch ungedrukten Werke: Verzaichnus der Königen Kaiser Fürsten vnnd Herzogen von Bayrn Altvater Herkhomen Sipschaft vnnd pluetstamm mit der Kurz nach Anzeigen der alten Historien vnnd brieflichen Urkhunden vnnd wie das fürstenthumb Bairn nach Kaiser Karols des Großen vnnd seiner Süne vnnd Enickl absterben in fremder Fürsten Regierung khumen vnnd zertrennt vnnd am Jüngsten wiederumben zusamen gebracht worden. Item hernach vollgt ain Verschreibung in Latein, Wie Herzog Ludwig der Jung weils sennd vorgenannts Pfaltzgraf Ludwigs Erstgeborner Sun, den derselb Pfaltzgraf bey seiner anndern Gmachl Frauen Anna gebornn von Pollnn gehebt hatt, sich mit Vorwissen Khunig Ruedolfs vnnd Frauen Mechtildis seiner Stieffmueter Pfaltzgraf Ludwigs dritter Gemahl von wegen seiner Geschwisterget, der dritter Ehe, Irer thailung vätterlichs Guets halben verschriben hat, vnnd diser Herzog Ludwig der Jung vnnd Erstgebornn Sun, Ist im negsten Jar darnach als er dise Verschreibung gegeben hat, in ainem Gesellen Gestech zu Nürnberg durch ainen Grauen von Hocheneloch a. 1289. errennt worden. — Vnnd wiewoll dise Nachvollgende Verschreibung aus vorangezaigter warhaffter ursach In khain Württghung kumen, jedoch dieweil mair die der färtten taillung halben annderer gestalt auslegen möcht, hab Ich Augustin Koellner zu Fürkhumung khünfftiger Irrung sollichs vnangezaigt nit wellen lassen, vnnd deshalben allain denn Summarium sollichs brieffs in dieses Buech aus Latein in teutsch mit der Kurz transferirt.

&ctoritate et Assensu ipsius Patris nostrj obligavimus & præsentibus obligamus, quod omnia bona paterna et Materna ubicunque sita sint sivê in Bawaria sive in Schwevia, sive apud Renum sive allibi ubicunque quocunque titulo ipse Pater et Mater nostra defuncta ea tenuerint, vel possederint, sive quæ jdem Pater noster et ipsa Mater Nostra ciusdem Domini nostri Regis filia conquisiverunt vel conquisiverint, in futurum eas condividemus æqualiter secundum Numerum Personarum, et ipsi nobis idem facient è converso *quocunque jure vel consuedutine in Contrarium non obstante.* Er thut hernach auf alle Gewohnheit, und insbesondere auf diejenige, welche in der Rheinpfalz üblich wäre ⁿ) und vermöge deren die Kinder zwoter Ehe mit denen erster Ehe nicht gleiche Portionen empfangen könnten, förmlich Verzicht: Renunciantes hinc inde de assensu et authoritate ciusdem Patris nostri omni juri et consuedutini per quod vel quam equali Divisionj inter nos faciendæ utrimque posset in alioquo derrogarj et *specialiter renunciamus illi consuedutini sive juri si quod vel si qua foret circa Renum quod vel quæ Liberos secundi Matrimonii in bonis, quæ Pater vel Mater possidebant vel uterque Proprietatis vel feudi titulo, succedere prohiberet,* et generaliter omni juris auxilio canonici vel civilis, vel consuetudinarij, *per quod equalis inter nos facienda divisio sive in bonis, que jure proprietatis, sive in bonis, que jure feudi ipse Pater et Nostra vel eorum alter possedebant, sive que idem Pater vel ipsa Mater nostra prælibati Domini nostri Romanorum Regis filia vel ambo conquisiverunt vel conquisierint in futurum, posset in aliquo impediri.* In eben diesem Jahre sagte Pfalzgraf Ludwig der Strenge sein Lehen über das Schloß und die Stadt Heidelberg Bischof Simon von Worms in der Absicht auf, damit dasselbe seiner Gemahlin Mechtild unter der Bedingung verliehen werden möchte, daß nach

ih=

---

n) In Bayern ward diese Gewohnheit schon in den ältesten Zeiten abgeschafft. Siehe den *Legem Bajuvarior.* Cod Benedictbur. Sec. XI. (der nächstens bey einer neuen Ausgabe dieser Gesetzsammlung bekannt gemacht werden wird) C. VIII *Vt si utres hereditatem patris qualiter diuidant. siue (pater) multas mulieres habuisset, et tute libere fuissent de genealogia sua, aut que non equaliter diuites, vnusquisque hereditatem matris suæ possideat, res autem paternas equaliter diuidant.*

ihrem Tode seine Söhne erster und zweiter Ehe ein gleiches Theilrecht daran haben sollten. o) Einer von den Stiefbrüdern, zu deren Gunsten jene Acte ausgestellt worden ist, gab nachher 1324. als Römischer König seinen Kindern zwoter Ehe ebenfalls ein Privilegium p) daß sie mit denen erster Ehe gleiches Successionsrecht haben, und gleiche Erbtheile empfangen solten, Nos Ludovicus Dei gratia Romanorum Rex semper Augustus, publice recognoscimus in his scriptis, nos velle et sic ordinasse et statuisse, ut Liberj nostrj quos — ex inclita Margareta conthoralis nostra — procreabimus, equaliter cum aliis liberis nostris, quos prius habuimus, in omnibus bonis nostris nobis succedere teneantur, et parem cum eisdem in nunc habitis et in futurum habendis per omnia recipere portionem. pp)

Als sich nun der Sterbfall Pfalzgraf Ludwigs des Strengen ereignete, so waren nur die zween Söhne aus der lezten Ehe, Rudolph und Ludwig vorhanden; denn der Stiefbruder Ludwig war schon 1289 auf einem Thurnier von Kraften von Hohenlohe getödtet worden. Ludwig befand sich damals noch unter der Vormundschaft seiner Mutter der Mechtild von Habspurg, q) und es wurden ihm während seiner Minder-

---

o) Urkunden. N. 50.
p) Ebendas. N. 26.
pp) Aus dem Grunde wollte sich auch Landgraf Otto nicht zum zweytenmal vermählen. Heß Chronick bey Herr: „Dieser Landgraf Otto regieret wohl, bate seine Söhne, „sie wollten die Unterthanen gnädig hören, und das Land nicht theilen und wann „er dann seinen Wittwen Stand nicht keusch halten könnte, wollte er auch in keinem „sündigen Leben funden werden vor Gott, aber auch keines Fürsten, Herrn, noch „Graven Tochter nehmen, damit durch zweyerley Kinder das Land nicht zer„theilet würde, sondern wollte eine fromme Jungfrau von Adel zur Ehe, und die „Kinder mit Geld- und Lehenschafft und andern Gütern wohl versorgen, daß das „Fürstenthum beyeinander bleiben sollte.
q) *in n Furste sild breve Chron. Bav. in Oef T. II. Script. Boic. pag 516.* Junior autem filius Ludovicus qui in patris obitu tantum septennis erat sub matris adhuc tutela nutriebatur.
Aventini Annal. L. VII. C. XII. N. 1. p. 691. qum (Mathildis) tutelam fiduciariam Ludovici filii nondum regno maturi exclusis caeteris suscepit.

12

jährigkeit etliche Ortschaften zum Unterhalte von dem ältern Bruder bestimmt, welches aber, da die Wittib iezo gleich einen ganzen Antheil vom Lande haben wolte, ¹) zu grossen Mißhelligkeiten Anlaß gab.

Man hat irgendwo ²) von Aventin und Falckenstein getäuscht, dieses für den Ludwig nur auf seine Minderjährigkeit eingeschränkte Deputat als eine förmliche Abtheilung betrachten wollen. Es kann aber dießseits aus Archival Nachrichten versichert werden, daß dieses Vorgeben nicht gegründet ist, und daß sich vor dem Jahre 1310 nicht die mindeste Spur von einer geschehenen Abtheilung zeige, sondern es lebten vielmehr beide Brüder zusammen in der genauesten Gemeinschaft.

Bey seiner Volljährigkeit trat Ludwig sogleich in die gemeinschaftliche Regierung mit dem Bruder, ᵗ) und war auf seine Condominialrechte so aufmerksam, daß er nicht leiden wolte, daß derselbe seines Sohns Gemahlin Maria Kaiser Heinrichs des VII. Tochter den Wittum auf den Rheinpfälzischen Orten versicherte, ᵘ) sondern aus Unwillen darüber ᵛ) eine Auszeichnung der Ländereyen begehrte.

Ru-

---

r) *Avent. e. l.* Porro funerato Ludovico secundo, regulo Boiorum, praefecto praetorio Rheni, Rudolphus filius terras cum matre diuidit. Lengfeld, Rietenburg, Neustat, Voghurg, Ingolstat, Neuburg, Aicha, Landsperg, Pal, Hochstet et Sucuie reliquae vrbes praeter Werdeam traduntur Mathildae, reliqua Rudolphus possedit. *Nic. Burg. Hist Bav. L. I. p. 5.*

²) Beleuchtung und Erörterung der Erzherzoglichen Oesterreichischen Ansprüche auf Niederbayern und andere Theile der Kurbayerischen Verlassenschaft, 1778. S 14.

t) *Dipl. de 1305. in Cod. diplom. Eichstett.* N. 153. und 154. p. 130. *Dipl. de 1306. ap. Hund. in Metrop. Salisb. Tom. III. p. 205.*

u) *Velenart Chron. de flis principum in O salii Tom. II. Script. rerum Boicar. p. 540.* Verum Illustris Rudolfus Dux Bavariae cernens Regem (Henricum VII.) laetis successibus Romanum Imperium gubernare, filium suum adhuc tenellum filiae eius — per desponsationem legitime sociauit, dans ei pro dote cum manu Regis *dominium Palatii* apud Rhenum sub chirographo et cauto testimonio litterarum. Nach der Archivischen Nachricht, die Oefele T. II. pl. 128. anführet, ward die Rheinpfalz nicht zum Wittume verschrieben, sondern nur für die 16000 Marck Silbers Wiederlage zum Unterpfande eingesetzt: "Die ganze Summa soll Herzog Rudolf anstatt seines Sohns

Lud-

Rudolf, der ihn vergebens von dieser Forderung abzubringen suchte, muſte ihm wirklich die Theilung bewilligen. ʷ) Noch ehe ſie vor ſich gieng, bekamen die beiden Brüder 1308 und 1309 von Heinrich VII. das obgedachte Diplom ˣ) wodurch ihnen alle ihre alte Rechte, Freyheiten, und Haus Urkunden auf das neue feyerlich beſtättiget wurden. Die ältere Erbverträge mit Nieder Bayern waren alſo hiemit neuerdings gewährt und geſichert.

Im Jahr 1310 befahlen Rudolf und Ludwig ihren getreuen: Hainrich von Seueld, Eberhard von dem Tor, Herman von Rorbach, Berchtold dem Truchſeßen von Küllenthall, Ott von Greiffenberg, Albrecht dem Judman, Oberſten Marſchalck, Ott von Eyring, Berchtold von Rechlingen, und Heinrich, und Heinrich von Gumppenberg, daß ſie ſich niederſezen ſolten, und eine Theilung über ihr Vizdomant zu München ihre Güter zu Schwaben, und zu Oeſterreich, die ſeithero ungetheilt ʸ) geweſen wären, veranſtalten ſolten.

B 3   Nach-

„(Ludwigs) mit Güetern am Rhein wiederlegen. Si vnus horum conjugum deceſſerit antequam conſacuerint, tam dos quam donatio propter nuptias ad eos vnde venit, libere revertentur. Franchenvordiæ IIII Cal. Decemb. MCCCVIII. Siehe das Diplom ſelbſt im Urkundenb. N. 49.

v) *Volcmar c. l.* Ludwicus vero junior Dux et Comes Palatinus non erat in conſilio eorum, hujusmodi tractantibus, qui videns diſtrahi et ad manus alienas devolui ea bona, quæ ad eum jure hæreditario pertinebant, mox iracundiæ ſtimulo incitatus, cœpit cum fratre ſuo Rudolfo grauiter diſcordare et abhinc orta eſt inter eos ſæua contentio, quæ nunqnam ambobus viuentibus expirare potuit vsque, quod verum fuiſſe nulli dubium eſt, ſicut poſtea rei exitus comprobauit; et cum iam per nullum modum poſſent concordare, variis cauſis exigentibus quæ cenſeo ſilentio præterire.

w) *Volcmar c. l.* Junior Dux poſtulat partem rerum ſuarum et dominium eorum requirit diuidi et a ſe inuicem ſeparari; et cum cœptis nollet deſiſtere Dominus Rudolfus Dux ſenior et maturior, ſciens fratri ſuo utile non eſſe. quod poſtulat; ſed poſtea experientia doctus, ſciat non expedire cuiquam de facili recedere ab amico, ſuis precibus acquieſcens, de conſilio ſuorum per arbitros terram ſuam cum ſuis attinentiis diuiſerunt cum aliis ſuis facultatibus æqua lance. *Chron. Saluburg. ad a. 1310. ap. Pez Script. rer. Auſtr. T. I. col. 406.* End. etiam anno Duces ſuperiores Rudolfus et Ludwicus fratres hæreditatem inter ſe diuiſerunt.

x) Urkundenbuch. N. 3. und 4.
y) Ebendaſelbſt. N. 5.

Nachdem jene Männer die Theilungs-Briefe entworfen hatten, so verlofeten die Herren iezt die Theile unter sich, und da fiel auf Rudolfen z) „München die Stat. Vohburch burch und March. Pfertin„gen der Marcht, die Nweftat, Sigenburch, burch und Marcht, Mayen„berch burch und Marcht, Roteneck die Burch, Haimenhaufen die „Burch, Swabn die Burch, und marcht, Wazzerburch burch und „Stat, Glingenberg die Burch, Hadmarfperch die Burch, Dyblingen „Burch, und marcht, Valay die Burch, Valchenftain die Burch, „Orlan die Chlaus, Ebs die burch, Chufftain, Burch und Marcht „Werberch die Burch, Ratenberch, burch und marcht, Chitzpühel die „Stat, Tölntz Burch, und marcht, Wolfrathaufen Burch, und Marcht „der Grünwalt die Burch; und auf Ludwigen: a) Ingolftat die Stat, „Chefchingen Burch, und Marcht, Gannerfchan der Marcht, Leutingen „Huntfperch die burch, Recklershofen die Burch, Rübenburch burch „und Stat, Rain die Stat, Iryffehaim die burch, Donerfperch die „burch, Hohftetten burch und Stat, Gundelfingen die Stat, Hagelu „die Burch, Aslabingen die Burch, Aychach die Stat, Fridberch burg, „und Stat, Mülhaufen die Burch, Snaitpach die Burch, Schrowen„haufen der marcht Schiltperch!die Burch, Dachawe Burch, und Marcht, „Weickershofen die Burch, Wildenrod die Burch, Widerfperch die „burch, Lantfperch Burch und Stat, Nyben Lechfperch die Burch, „paúl die Burch, Weilheim die Stat, Pfaffenhofen der Marcht Geiffen„veld der march, und daz gut in der Wachawe ze Oefterreich." b) Damit doch ieder Herr zu feinen Antheile einen eigenen Zugang, und wegen

der

---

z) *Volcmar c. l.* Porro ciuitas Monacenfis et prouincia vltra Yʂram cum ciuitatibus et villulis earum et terra circa Montana et citra Oenum cellit in partem Domini Rudolfi Ducis fenioris. Urkunde. N. 7.

a) *Id.* Terra vero infra Lycum et Yferam et vsque ad Danubium cum ciuitatibus et villulis earum, cum prouincia circa Noricum cum fuis attinentiis ceffit in fortem Domini Ludwici Ducis iunioris. Urk. N. 7.

b) Nikolaus Burgund, d. i. der Jefuite Brunner war alfo nicht recht unterrichtet in feiner *Hiſt. Bav. p. s.* Rudulphus fuperiori Bauariæ fratri tradita Palatinatum Rheni fibi corripuit. Adultus autem Ludouicus diuifionis inæqualitatem arguere cœpit.

der Jagd mehrere Bequemlichkeit hätte, so beliebte man hernach einen Austausch gewisser Stüke, wie dieses der Leser aus dem hier zuerst hervorgezogenen Theil=Briefe sehen kan, der in dem Mannheimer Hauß Archive aufbewahret wird. c) Das wichtigste in dem Tractate sind allerdings diejenige Stellen, wo ausdrüklich zwischen den Herren die Gemeinschaft des Eigenthums ihrer abgesonderten Güter beybehalten wird. Wer schon eine genaue und ausführliche Kenntnis von der Wittelsbachischen Hausverfassung besizt, dem werden diese Auszüge ganz überflüssig dunken, weil nach derselben und kraft der ältesten Investitur ohnehin alle Agnaten als Abkömmlinge vom ersten Erwerber untereinander in gehöriger Erbschaftlichen Verbindung bleiben müßen, und, ohne daß sie gegeneinander auf alle wechselseitige Succession feyerlich Verzicht leisten, zu dem Ende ihre gemeinschaftliche Lehen wieder dem Lehenherrn förmlich aufsenden, und sich dieselbe einzeln aufs neue als ausdrükliche feuda nova reichen laßen, niemals ihre angestammten Erbrechten verlieren können. d) So richtig dieses sowohl nach der allgemeinen teutschen Lehen= und Reichs Verfassung als nach dem eigenen Bayerischen Herkommen ist, so sehr bin ich doch zu der Zeit, wo man durch alle mögliche Scheingründe, und durch die gewaltthätigste Zudringlichkeiten die uralten und geheiligten Rechte dieses durch sein graues Alter eben so höchst ehrwürdigen als durch seine erhabene Thaten und grosse Verdienste um das teutsche Reich Durchlauchtigsten Hauses über den Haufen werfen will, genöthiget, zu allem Ueberflusse noch verschiedenes zu sammlen, wodurch das angenommene Lieblings=System von Bayerischen Todtheilungen in seiner Blöße dargestellt und vereitelt wird.

Man wisse also, daß die Gebrüder Rudolf und Ludwig gleichsam aus ahndungsvoller Vorhersehung, daß man einmal diese ihre Famili-
enpa-

---

c) Urkundenb. N. 7.
d) Zweytes Sendschreiben an Herrn Geheimen Justizrath Pütter zu Göttingen von den bey allen Bayerischen Erbtheilungen bewahrten Erbrechten des gesammten Wittelsbachischen Hauses. S. 13. und 14.

enpacten, die sie bloß in der Absicht gemacht hatten, um in der Folge in desto grösserer brüderlicher Eintracht zusammen leben zu können, so sehr misdeuten würde, um daraus Anlaß zu nehmen, ihren spätesten Enckeln die altväterliche Stamm Lehen und Fideicommißgüter streitig zu machen; daß sie, sage ich, in dieser ahndungsvollen Vorsicht nicht nur den gemeinschaftlichen Besitz der Pfalzgrafschaft am Rheine und des Haupt=Archivs bedungen, sondern auch verordnet haben, daß die auswärtigen Lehen von beiden Linien zugleich verliehen und die Töchter gemeinschaftlich ausgesteuret werden sollen. — „Und swaz wir anderr „Lehen baid, anzgerhalb unser Tail, ze Leihen haben, diw suln wir „miteinander leihen an umb dw Pfallentz, e) da sol es umb „sten in allem dem Rechten alſ vor getaidingt iſt, — swaz auz „der andern Hantfeſt ſej, umb daz ungetailt Gut und die uns baiden „ſtend und gemain ſind, die ſuln wir baid mit gemainen Rat antwur„ten an die Stet, da wir Ir baid gewaltich ſein,„ — „ſwaz wir auch „baid unſerr Shweſter von Lunnenburch und unſerr Sweſter von Naz„zawe ze Hamſtuer und ze Vertigung ſuln, daz ſuln wir baid mitein„ander tragen, und abrichten.„

Uebrigens behielten sie, wie es sich zwar ohnehin verſteht, bey dem jezigen gefährlichen Zeit=Laufe aber doch, obschon ganz überflüßig, angemerkt werden muß, die gleichmäßige Führung ebendeſſelben Titels und ebendeſſelben Schilds und Helms, ungeändert bey. Denn es iſt dieſes nach den Ausführungen gewiſſer Männer, f) deren Arbeit, wenn ſie nur etwas anpaſſender wäre, man ſich gegenſeits ſo gerne bedienen möchte, g) das ſicherſte

---

e) *Volcmar* ap. *Oef. T. II. p. 540.* Sed Comitiam Palatinam apud Rhenum decreverunt indiuiſam remanere.
Chron. Salisb. ad a. 1310. ap. *Pez. T. I. col. 406.* Gravis inter eos discordia est suborata, asserente Ludwico, quod secum Comitatum Palatinum condiuidere debebat, Duce Rudolfo sibi hoc penitus denegante.

f) Kremer, Reinhart, Preuschen, Pürker ꝛc. Verfaſſer der Deductionen in dem berühmten Rheingräflichen Erbfolgsſtreite.

g) Drittes Sendschreiben an Vätter von der Unächtheit der Principien, aus welchen man die Baperische Erbtheilungen beurtheilen will. S. 43. u. f.

ste Kennzeichen des unabgesonderten Landeseigenthums. Doch hievon bey der Auseinandersetzung der Erbtheilung von 1255. ein Mehrers.

Des nächsten Donnerstags nach Sant Michael ward von den nemlichen Räthen, welche die eben bemerkte Theilung vor 1310 entworfen hatten, noch ein besonderer Theilungsreceß über das ganze Schuldenwesen gemacht, der hier ebenfalls aus dem Manheimer Archive angehängt erscheint, h) und dem eine weitere Uebereinkunft wegen dem Zollwesen, und gewissen Schuldsachen beygefügt ist. i)

Einen weitern Beweis, wie sehr die Brüder seit diesem Vertrage miteinander in der genausten agnatischen Verbindung geblieben sind, gibt uns die 1312. erledigte Vormundschaft in Niederbayern, welche hier um so weniger übergangen werden darf, als sie zugleich zu einem wiederholten Beyspiele von den unbezweifelten Erbrechten der Ober-Bayerischen Linien an das 1255. dem Heinrichischen Stamme ausgezeichnete Niederbayern dient; denn es ist in der Rechtsgelehrsamkeit des mittleren Zeitalters eine ausgemachte Wahrheit, daß das Recht zur Agnatischen Vormundschaft nothwendig auch das Recht zur künftigen Erbfolge in sich schließt.

König Otto von Hungarn und Herzog von Niederbayern sah vorher, daß durch einige unruhige von Adel über die Vormundschaft der bey seinem Tode vorhandenen unmündigen 3 Prinzen Heinrich den ältern Otto und Heinrich von Natternberg einige Bewegungen entstehen könnten. Er befahl daher vor seinem Tode, daß die beiden Städte Straubingen und Landshut sich dieser Kinder annehmen, und sie augenblicklich dem Herzog Ludwig von Oberbayern als Rechtmäßigen Vormunder samt dem ganzen Lande überliefern solten. k)

C Die

---

h) Urkundenb. N. 6.
i) Ebendas. N. 8.
k) Erbfolgsgeschichte des Herzogthums Bayern unter dem Wittelsbachischen Stamme St. III. S. 79. und 80.

18

Die Städte verabsäumten nicht, sich ihrer Pflicht auf das genaueste zu entledigen.

Sie übergaben nicht nur die Prinzen 1313 den beiden Herren Pfalzgraf Rudolfen und Herzog Ludwigen, sondern ließen ihnen auch vom ganzen Lande huldigen. l)

Es war destounerwarteter, daß sich Herzog Friederich von Oesterreich in diese Sache mischen würde, da er kaum das Jahr vorher in einem Vertrage, den er unter Authorität Herzog Ludwigs von Oberbayern mit den jungen Niederbayerischen Prinzen geschlossen hatte, ebendenselben für einen Vormund dieser Herren erkannte. m)

Nichts destoweniger wuste eine gewisse Faktion unter dem Niederbayerischen Adel Friederichen zu verleiten, n) daß er sich zur Vormundschaft einzudringen suchte. Als aber Ludwig unverruckt auf seinem Rechte bestehend und auch die iungen Herren von der ungerechten Oesterreichischen

---

l) Urk. von Erichtag nach sant Pancratientag 1313. *in spec. Diplom. Baj. p. 118.* Von St. Marien Magdalentag 1313. Ebendas. — das sy (Rudolf und Ludwig) forchten Werberbnuß unser vorgenannten Herren iren Vettern unnd ir Lannd und ir Leut habend sy durch ir trewen Willen, der sy iren Vettern und iren Land unnd Leuten schuldig synnd, unnd auch alsdann unnser lieb Herrn Khunig Ott von Hungern und Herr Stephan — Dieweil sy lebben und wolgesund waren, dem vorgeschrieben Herzog Ludwigen ire Khynnd unnser Herrn unns unnd Land unnd Leut empfolhen habent, unnd auch ime die haissen hulden unnd schweren, sambt unns haben die vorgenannten — Rudolf und H. Ludwig unns die Burger zu Straubing — in ir Pfleg, Schirm und Gnad genomen.

m) Urk. von S. Prixientag 1312. a. a. O. p. 127. Unnd wann die vorgenanten unnser Oheym König Otten Sun von Ungarn unnd Herzog Stephanns Sune Herzogen zu Bayrn ze iren Jaren ñt komen synnd, habend unns (Herzog Friederich und Leopold von Oesterreich) unnser lieber Oheym Herzog Ludwig von Bayrn und Pfalzgraf ze Rein, ir Pfleger :c. :c. Diesen Vertrag hat vermuthlich der V. der Bayerischen Erbfolggeschichte für Augen gehabt, wenn er S. 82. schreibt: „Herzog Friederich schloß unverzüglich mit dem Lande über die Form der zu führenden Vormundschaft Verträge." und scheint sich also gar sehr geirrt zu haben.

n) *Jo. Thom. de Wild. nr. 2 in Unen Bav. al. a. 1312 Tom. I. Script. Boicar. p. 106.* Derselb König Otto entpfalch an seinen lezten Zeiten sampt seines Brueders Stephans kindt Hains

schen Zudringlichkeit überzeugt hatte, º) so kam die Sache endlich nach der Schlacht bey Gamelstorf dahin, daß die Herzoge von Oesterreich die beiden Oberbayerischen Prinzen Pfalzgraf Rudolfen, und Her-

zogen

Hainrich und Otten — seinem vettern Herzog Ludwig von Oberbayern, darwider waren samt alle Dienstleut und ritterschaft in Nider Bayrn und vermanten die Kinder und ir Fürstenthumb dem Herzog von Oesterreich zu empfelhen, damit die Kinder und das Lant besser versorgt wären, und als sich Herzog Ludwig besambt von Obern Bayrn, und wolt das Fürstenthumb Nidern Bayrn mit Gewalt einnemen, da besambten sich auch die in Nidera Bayrn mit hilff des Herzog von Oesterreich.

o) *Volcmar in Orf. Tom. II. p. 545.* Cum enim Dominus Otto, quondam serenissimus Rex Vngariæ et Dux Bavariæ, nec non et frater eius Dux Stephanus ambo post obitum suum heredes post se ætate adhuc teneros reliquissent, Fridericus Dux Austriæ ascitis sibi prius ministerialibus Bavariæ, quos sibi claris dulcibus promissionibus attraxit, non rogatus, volens se intromittere de ducatu et prouidentia puerorum et de regimine terræ, non tam; vt puto, pro vtilitate puerorum, quam pro fructu proprio in futurum. Dux vero Ludowicus, cum audiisset forte præmonitus a puerorum illustribus matribus adhuc viuentibus, summa cum festinatione properat ad principes juniores suggerens eis, vt per nullum modum consentiant, in Ducem Austriæ, qui toto posse laborat eorum fieri procurator, dicens, non eis expedire, sed se ipsum vitæ propinquitatis et sinceræ fidelitatis dignius et decentius debere eorum curam gerere et majora eorum disponere, quousque ad ætatem peruenerint pleniorem.

Codex Wihenstephon. ad a. 1311. ap. Meichelbeck Tom. II. Hist. Frising. p. 119. Hoc anno præfato Domino Regi ac Duce mortuo relicto paruulo hærede cum aliis fratruelibus filiorum Ducis Stephani major pars non sana Dominorum terræ Duci Austriæ adhæserunt, et illos nobiles cum aliis in terram introducentes. Tunc Dominus Ludovicus Dux Bavariæ superioris misericordia motus super paruulos patrueles terram ense suo laudabiliter defendit.

History von dem Lande Bavaria Mscpt. Bl. 53. Vnd da König Ott empfandt, daß er sterben muest, vorbert er die Burger zu Landßhuet vnd Straubing, vnd bey Inn Albt bevalch er Innen, daß sie den Zeigenannten seinen Sohn Heinrich, vnd auch seins Brueder Herzog Stephans Kindt, Heinrich der war bey acht jahren vnd Ott bey vier oder fünff Jaren, niemand andern solten bevelhen mit sambt dem Fürstenthumb, dann seinen Vettern Herzog Ludwig zu München den Jungen, der darnach König ward, das sie auch treulich verbrachten, darwider waren samb alle Dienstleut vnd Ritterschafft in Niederbayern, vnd vermainten die Kinder, vnd Jr Fürstenthumb den Herzogen zu Oesterreich zu entpfelhen damit die Kinder, vnd das Land baß versorgt wurden, vnd aus solcher Ursach begabe es sich, daß niemand sicher war im Lannd, vnd als nun Herzog Ludwig in Obern Bayrn sich besamlet, vnd wolt das Herzogthumb mit Gewalt einnemen, darwider besamblet sich auch der Abl vnd Ritterschaft mit Hilff der Herzogen in Oesterreich.

zogen Ludwigen in dem zu Salzburg 1314 geschlossenen Tractate p) förmlich für die rechtmäßigen Vormünder und Regenten in Nieder Bayern erkennen mußten.   q) „Wür schaiden auch Sprechen, und „haissen, daß Herzog Rudolf, und sein Bruder Herzog Ludwig die „Pflege der Kinder, und des Lands zu Bayern mit Leut, und mit „Gutt, und mit aller der, und darzu gehört, gerichtlich haben sollen, „als Sy Jhn empfolchen ist, und daß Herzog Fridrich von Oester-„reich, und sein Brueder die Sulbe Pfleger an der Sulbn Pfleg für-„baß nicht hindern mit kainer Sachen."

Kaum war die Theilung 1310 in dem Kabinette berichtigt, so äußerten sich bey der wirklichen Vollziehung und Ausantwortung der Vesten, Burgen, Städte und Märkte aus Mangel zureichender Geograpischer Kenntniße und Unvollständigkeit der Ertragsbeschreibungen mancherley Anstände, und Schwierigkeiten.   Es gieng wie bey der Theilung von 1255. Ueber die Zugehörungen, Mäute, Zölle, Straßen-Gerechtigkeiten ꝛc r) entstahnden alle Augenblike Zweifel.   Hätte man es damals, wie nach der Convention vom 3 Jenner 1778 zu machen gewust, wo der bloß einseitigen Convenienz gemäß zu For-
mi-

---

p) Des nechsten Mittichen nach der Osterwoche bey Oefele *in sprcim. Diplomat. Baj. p. 119.*

q) *Ebrau de Wildenberg in Tom. I. Script. Boje. p. 306.* Da behielt Herzog Ludwig den Sitz, und macht im das Land unterthänig, als ain Vormund; barnach fiel das Land auf im mit rechter Erbschaft, als er Kaiser ward.

r) *Volcmar. c. l. Diuisione ergo facta & Ducibus a se inuicem separatis, quantis malis attrita st Bauaria quæ eis subiacebat, non potest de facili explicari præsertim cum paruo recens esset discordia inter eos, non quibant in terra pacifice pariter commorari, sed paruo interjecto tempore coeperunt rursus sæuissime præliari, et ad majoris malitiæ cumulum exercitum de prope congregantes et de remotis partibus et ad sui et suorum destructionem, adjutores, quos poterant, conuocabant, et sic ordine peruerso et contra jura naturæ etiam frater contra fratrem armatur, et qui mutuo se debebant adjuuare sicut frater adjuuat fratrem, jam mutuo se destruere conantur. — Vterque enim cum suis annis duobus præliantibus inter se terram suam vastabant ignis concremation, spolio et rapina. Fertur enim, quod Ludovicus Dux adolescentior. sed tunc insolentior ignem arripuerit et manu propria vehens villam primus incendit et facto magno rogo gauisus est gaudio magno.*

mirung einer vortheilhaftern Rundung gewisses und ungewisses untereinander in Besiz genommen wurde, so wären freylich auf einmal alle weitere Anstände gehoben gewesen. Allein damals war man mit den geheimen — und Wendungen der Staatskunst noch nicht so gut bekannt, sondern wenn der eine Theil sah, daß ihn der andere irgendwo in der Besiznehmung übervortheilte, so wiedersezte er sich ohne alle Umstände mit dem Degen in der Faust.

Aus der Ursache ereigneten sich gleich nach geschehener Theilung 1310 und 1311 verschiedene Aufläufe, indem die Burgmänner und Landsaßen bald für dieses Schrannen Gericht und Vizdomenamt, bald für jenes gezogen werden wolten, das sie am Ende so auslegten, als wenn sie keinem von beiden unterworfen wären.

Die Unordnung, die daraus entstand, war so groß, daß man selbst Herzog Friederich von Oesterreich um Nachbarliche Vermitlung und Ausgleichung anrufen mußte. s) Rudolf wand sich 1312 noch besonders an den Kaiser Heinrich VII. der neben andern Fürstlichen zwar verschiedenes in der Sache unterhandlete, allein doch nichts zu Ende brachte. t) Ludwig, der an allen Unruhen die meiste Schuld hatte, bot zulezt selbst dem älteren Bruder einen Vergleich an, und verstahnd sich mit ihm ihre Güter wider in das alte Samteigenthum zusammen zu werfen. u) Merkwürdig ist, daß Kaiser Heinrich VII. in dem Diplome von 1312 die beiden Brüder, ohngeachtet der 1310 vorgegan-

---

s) Urkundenb. N. 9. 10.
t) Ebendas. N. 11.
u) *Volcmar p. 541.* Sed Dominus Rudolfus Dux senior ad praeliandum segnior, sciens esse dedecus et multipliciter in honorum pugnare proprio cum germano, tamen necessitate perurgente partem suam strenue tuebatur. Igitur Ludovicus Dux cernens non proficere sed magis deficere per hunc modum, quia multa pretiosa praedia pro expensis Augustanis ciuibus obligauit, et cum jam esset etiam praeliorum incommodis fatigatus, reuersus in se coepit de pace tractare, ad fratrem rediens tanquam junior placare cupiens seniorem, qui motus pietate ipsum benigne recipi-

genen Theilung doch noch Consortes (Gemeiner, Ganerben) nennt; und daß in der Urkunde von Freysingen Mittwoch vor Oswaldi 1311 gesagt wird. „Wann die Grafschaft zu Hirschberg, und die Land-„grafschaft zu den Leuchtenberg noch ungetailt sind, ist getaidingt, und „gesezet, daß Unser iedweder seinen Diener die in denselben Grafschaft „gesessen sind, versprechen soll, und das Recht von Im Bieten. und „thuen um alle sache, es sey nun aigen oder um Lehen." v)

Woraus sich also immer mehr zu Tag legt, wie daß die Erbtheilung von 1310 gleich den übrigen, sowol vorhergegangenen als nachgefolgten, nur eine Samttheilung oder wie es an anderen Orten heist, eine Mutschirmung, Derterung, Theidigung, Auszeichnung, ꝛc. wobey nicht das Eigenthum des Lands getrennt, sondern nur die Nuzbarkeiten und die davon unzertrennbare Gerechtigkeiten abgesondert werden, gewesen ist. Es bestärkt sich die Sache vollends durch den eben erwehnten Zusammenwurf der Ländereyen. Dieser hätte, wenn eine Todttheilung vorher gegangen gewesen wäre, aus dem Grunde mit Recht nicht mehr geschehen können, weil die Befugniß des Lehenherrns, sich bey dem unbeerbten Abgange eines ieden Theilers seiner Portion mit Ausschluß aller andern zu bemächtigen, bereits eingetreten gewesen wären, und man ihm folglich durch eine solche Thatsache nichts an seinem Rechte hätte nehmen können. w) Wäre also 1310 eine Todttheilung vorgegangen, so hätte 1313 ohne Kaiserliche Oberstlehenherr-

---

piens et inter eos reconciliatione facta ambo ad pacis redeunt unitatem, et omnia sua bona perdita componunt iterum, sicut ante.

Nic. Burg. Hist. Bav. p. 5. Discordia in bellum exitura transactione sopita est. Conditiones dictæ vt indivisa esset paterna hereditas.

v) Urkundenb. N. 10.

w) Diese ganze Argumentation hat man nur zu dem Ende von einem gewissen Schriftsteller entlehnt, um dem Leser damit eine kleine Unterhaltung zu machen. Man sehe die (unerhörten) Rechte der Todttheilung in ihrer (vermeinten) Wirckung auf das jüngsthin (durch die Convention vom 3. Jenner 1778.) erledigte (gemachte) Herzogthum Niederbayern. S. 12.

herrliche Erlaubnis kein Zuwurf gemacht werden können. Da dieses aber doch geschah, ohne daß sich Kaiser Heinrich VII. der sich unrechtmäßiger Weise gewiß nichts entziehen ließ; im geringsten dagegen gesezt hat, so ist ausser allem Zweifel, daß jene Theilung nur dasjenige gewesen ist, für was wir sie mit der ganzen unpartheyischen Welt wirklich gehalten haben, und halten zu müssen allerdings glauben.

Pfalzgraf Rudolf bekennt in der Urkund von 1313 x) daß wir mit unserem Bruder Ludwig „ainen Leiblichen Zuewurff gethan haben, „an dem Rheine überall: und ze Bayrn, ze Oesterreich; und ze Schwa„ben, und swa wür Erbe haben an Leithen, und an Gutten Herr„schaften, und welchlicherlay Guttes sey klein oder groß Lehen oder „aigen besücht und unbesüecht, also daß wür gemänniglichen miteinan„der besizen, haben und niessen sollen, und in Unser Herrschaft belei„ben: und miteinander Leichen: und geben, dieweil wür Leben." y)

Auf den frühzeitigern Todesfall Eines der Brüder ward in Betracht der zuruklassenden Kinder diese Verordnung gemacht: „Ist auch „das Unser Lieber Bruder Ludwig Uns überlebt, soll er der vorge„nannten Land und Herrschaft an dem Rhein: und ze Bayrn Herr „seyn Uns an seinen Dott, und soll auch die Wahl haben an der Chur „des Reiches, und sollen Unser Kind mit ihm noch mit seinen Kin„deren keinen Thail suechen, noch foberen, die weil er lebt. wär auch, „daz Wür Unsern lieben Brudern überleben, sollen wür ihm, und „seinen Kinderen, obe er kinder Gewinet, daß Gott gebe, alle die „recht stätt, und Vest behalten, und Uns seine Kinder herwider als

„sich

---

x) Urkundenb. N. 13. Hiemit stimmt überein das pactum Henneberg. de 1365. bey Haltaus in Glossar. Germ. med. ævi col. 2178. zusammenwerfen die Güter.

y) Brunner will darüber noch die besondere Nachricht haben: D. Burgundi Hist. Bav. p. 5 Palatinatum Rheni communi nomine Rudolphus administraret; Ludovicus vero superiorem Bauariam.

24

„sich Unser Bruder Ludwig vor Gen Uns und unsern Kindern verbun-
„ten: und verschriben hat." z)

Wären aber beide Brüder mit Tod abgegangen, so solte es un-
ter ihren beiderseitigen Kindern auf diese Weise gehalten werden. —
„wan auch wir und Unser Lieber Brueder beede nicht seind, so sol der
„älteste unter Unser Bayder Kinder die Wahl haben an der Chur des
„Reichs, a) dieweil sye ungethailt miteinander sint, fodern sie aber ih-
„ren Thail aneinander, so sollen sie gleich thaillen bey dem Rhein und
„ze Bayrn, und wo sie in anderen Landen Leuth und Gut haben,
„und sol ihr keiner weeder Aelterer noch Jünger besser recht haben,
„weder an der Wahl, noch an den gut, noch an der Herrschaft,
„vor dem anderen, und welicher an die Wall mit rechten Thail ge-
„fället, der soll dem anderen, oder dem andern, alle Lieblichen; und
„Freindlichen die vorgenannten Wall widerlegen mit andern Guet
„oder Herrschaft, daß Er oder sy es für guet haben."

Dieser Tractat ward am Ende von den baiden Brüdern durch
einen Eidschwur bekräftiget, wie diese Feyerlichkeit in dem Willebrief
der Pfalzgräfin Mechtild, Rudolfs Gemahlin, b) ganz umständlich
beschrieben wird. — „Und daz dw vorgeschrieben Theidigung der ge-
„mein und Frönhdlich zuwurff stet, vest und unzerbrochen beleiben,
„haben wir unserm Lieben Brüderlin unser Trewe geben in Aydes
„des weiß, für uns, und für unsern Herrn, und Wirt, und unser
„liber Bruder graf Gerlach von Nazzaw hatt ze den Heiligen geschwo-
„ren, und mit ihm von unsern wegen, unser getrew Herman von Hal-
„denberch, Rudolf von Haßlang, Gothfrid der Penler unser Vizetum
„ze

z) Man merke sich diesen Artickel. Er ward bis zum Pavischen Vertrag auf das ge-
nauste beobachtet, und verschiedenemal, wie 1317 und 1325 bestättiget.
a) *Burgund. p. s.* — coque defuncto ex vtriusque liberis senior eligeret.
b) Urkundenb. N. 11. Von der grossen Regiments-Theilnehmung dieser Prinzessin
zeugt unter andern N. 12.
c) *Burgund p. s.* Electoratus Bauaricus tota vita Rudolpho cederet; inde perven-
turus ad Ludovicum.

„ſe Bayern und an den Rein. So hat hertwider geſchworen unſer
„libes Brüderlin mit ſein ſelbes Leib dev vorgen. Teidninch) und Zu-
„wurff ſtet ze behalten, als vorgeſchrieben ſtehr, und mit ihm Graf
„Berchtold der Trukſez von Chußenthal, und Weigel der Vizthum von
„Amberch. Wir und Unſer Brüderlin mügen und ſullen ze den vor-
„gen. Teidninchen und Zewurff ſtet beleiben, alſ wir geſchworen haben,
„und ſullen noch mügen nicht überfarn werden.„

  Durch eben dieſen Hauſ-Vertrag — „Und wir Herzog Rudolf
„ſuln die Wal hauen an der Chur des Reichs, dw weil wir Leben;„
Bekam Rudolf die Kurſtimme auf ſein Lebtag. c) Noch zu Lebzeiten
Kaiſer Heinrichs VII. hatte er ſich gegen ſeinen Vetter Herzog Friede-
rich von Oeſterreich anheiſchig gemacht, ihm zur Krone behülflich zu
ſeyn. d) Er ſchloß daher ſchon 1312. nemlich zu einer Zeit, wo ſein
Bruder Ludwig noch nicht die geringſte Abſicht, ſelbſt um die Kaiſerl.
Würde zu werben gehabt hat, e) mit den beiden Kurfürſten Diethern
von Trier, und Heinrich von Cöln in der Abſicht Verträge. f)

  Allein 1314 brachte Herzog Ludwig die beiden Erzbiſchöffe Petern
von Mainz und Balduin von Trier auf ſeine Seite, wobey ins beſon-

D   dere

---

d) *Volcmar in Tom. II. Script. Boic. p. 547.* Dux Rudolphus fratrem ſuum noluit eli-
gere accepta ante a Ducibus Auſtriæ pecunia copioſa, vel adeo quia pondus hujus
regiminis multis de cauſis fratri ſuo ſciens minime expedire.
 Henr. Aten in Rebdo § pag. 422. Rudolphus autem frater ſuus ratione Comitatus Pala-
tini accepta pecunia a prædictis Ducibus Auſtriæ auunculis ſuis — eligit Fride-
ricum.

e) Häberlins Auszug der allgem. Welthiſtorie, Th. III. S. 102.

f) Nos Heinricus Dei gratia ſanctæ Colonienſis Eccleſie Archiepiſcopus ſacri Impe-
rii per Italiam Archicancellarius. — Datum et actum in die ſanctæ Ceciliæ Virgi-
nis anno domini MCCC. duodecimo.

 Nos Diethericus Dei gratia Treuirorum Archiepiſcopus. — Actum et datum apud
Heumbach, feria ſexta proxima ante feſtum beati Galli Confeſſoris Anno Domini
Milleſimo CCC*mo*. ... *Vid. Tom. Privil. LXIII. Arch. Monac. fol. 3. et 4.*

26

dere jener aus Haß gegen das Habsburgische Haus sich des Wahlgeschäfts so eifrig annahm, daß er die Ernennung Ludwigs bald bewirkte. g) Rudolf, der einmal Friedrichen von Oesterreich sein Wort gegeben hatte, h) wählte daher diesen Prinzen mit Heinrichen von Cöln und einigen andern, deren Kurgerechtsame freylich nicht auffer allem Zweifel waren.

Das ist die ächte Wahltags=Beschreibung von 1314. Pfalzgraf Rudolf war nach seinen schon lange vorher geschlossenen Bündnissen verpflichtet, Friederichen seine Stimme zu geben, und diesem, wenn er anders seine eigene Wahl nicht selbst vernichten wolte, getreu anzuhängen. i) Ludwig, dem diese Verträge nicht unbekannt waren, ließ sich nicht beygehen, seinen Bruder deswegen anzufeinden.

Indes suchte Rudolf die Reichs=Stadt Augspurg gegen Ludwig aufzubringen und sie für Friederich Herzog von Oesterreich einzunehmen. k) Dieses muste freylich eine Verbitterung unter den Brüdern verursachen,

die

---

g) *Häberlin a. a. O. S.* 103. et cit. *Tom. Priv. fol.* 5. und insbesondere die geheime Artikel bey Guden. in *Cod. dipl. Mogunt. Tom. III. p.* 99.

h) *Villani L. IX c. 66. Cuspinian. in Austr. p.* 458. Huic accedit Rudolfus Bauariæ Dux et Rheni Palatinus *fidem promissam servans.* —

i) *Vit. Aimpekhii. Chron. Bajoar. L. V. C. XXIX. in Bernh. Pezii* Thesés anecdot. nouiss. Tom. III. P. III. col. 293. Porro mortuo Imp. - Hainrico - duo fuerunt per electores delecti Ludouicus Dux Bajoariæ superior et Fridericus Dux Austriæ, cui Rupertus (Rudolfus) C. Pal. Rheni votum suum dederat, et eidem iurauit, ac constanter adhæsit, non autem fratri suo carnali.

k) *Volkmar p.* 548. Verum Rudolphus Dux Bauariæ cum vxore sua Mechtilde diabolo instigante adhuc cum Rege Ludouico fratri suo non desinit discordare, qui timens propter malam voluntatem, quam ad inuicem habuerant, Bauariæ sibi introitum prohiberet, ante ipsum quantocius properauit, et cum Augustam pertransiret, persuasit ibidem ciuibus et nihilominus rogans vt fratrem suum non habeant pro rege.

27

die erst 1315 durch den Vertrag zu München beygelegt wurde.¹) „Wir
„Ludwig von Gottes Genaden Römischer Khünig, zu allen Zeiten
„merer des Reichs, und Wir Ruedolf von Gottes Genaden Pfallntz-
„graf bei dem Rhein und Hertzog in Bairn, verJehen und thun khunt
„allen den di disen brief ansehent oder hörent lesen, daß Wir aller der
„Khriege, vmb Mißhellung die zwischen Vnser her gewesen sind, hintter
„Vnser Lieben vmb Getreuen, — gangen sein — die Wir Baide ze
„gemainen Mann darüber genommen haben, und haben vns die von
„dem Gwaltt den Wir In Baid geben haben, auf Jr aide, die sy
„darüber Vns geschworen haben, miteinander verfürnt, verrichtet, und
„verainnt, alles hernach geschrieben steet. Des Ersten das Wir sollen
„sein, war vnd gut Freundt, und Brüederlich, vnd lieblich mit ein-
„ander Fürbas sullen Leben, und Wesen.

Hierbey muste Rudolf seinen bruder als Römischen König erken-
nen und von ihm entweder zu München oder zu Nürnberg nicht nur
für sich selbst, sondern auch, wenn dieser Söhne bekommen würde,
für dieselbe als Gerhaber, die Lehen empfangen. — „Und das Wir

D 2 „Her-

---

1) Id. Igitur Rex intrans Bauariam venit Monacum, vbi fratrem Ducem Rudolfum cum tota ciuitate extra muros in campis obuiam habuit, qui cum fraternam dilectionem simularet, non tamen synceus amor erat inter eos ab heri et nudius tertius, vnde crassa cauissante rancore non quibant pacifice pariter habitare. — Verum illo in tempore Dominus Chonradus Frisingensis Ecclesiæ Antistes ex dissensione Principum Bawariæ, videlicet Ludwici et fratris sui Rudolfi cernens terrarum discrimina cumulari pia consideratione, assumptis sibi quibusdam nobilibus tentat eos ad pacis reducere unitatem.

Meichelbeck in H. fl. Frising. Tom. II. p. 124. Cum interim indies magis, magisque gliscerent fraterna odia, Conradus Episcopus noster muneris sui esse censuit eo conniti, vt fratres ad concordiam reuocare posset. Vias igitur omnes tentauit, quibus fraternos rancores mitigaret. Commeauit atque remeauit a Ludovico ad Rudolphum, a Rudolpho ad Ludovicum, et votis aspirante numine arduum negotium tanta dexteritate gessit, vt tandem interposita iurisiurandi religione spoponderunt ambo fratres se *opes virusque sociaturos, et fortunam seu laetam seu tristem, eademque semper consilia habituros esse. Totus tractatus in litteras redactus est, quae adhuc superesse dicuntur.* Siehe Urkundenb. N. 15.

Chrisl. Gewoldi Defensio Ludov. IV. Imp. Ingolst. 1618. P. II. p. 37. seq.
Häberlin a. a. O. S. 119.

„Herzog Ruedolf yezunt hie zu München, oder ze Nürnberg, Weder-
„thalb Vnser Lieber Herr vnd Bruder der Khünig Wil alle Vnser Le-
„hen, die Wir von dem Römischen Reiche haben vnd empfahen sul-
„len von onsern vorgenannten Herrn vnd Bruder dem Khünig empfa-
„hen sullen, als von ainem Römischen Khünig von recht die sullen Wir
„auch also Empfhahen, ob Vnser vorgenannter Herr Khünig Sün ge-
„winnet, das Wir derselben Lehen seiner Sün Ir gerrnd nach suln
„sein."

Im übrigen bestättigten die beiden Brüder nochmals eidlich ihre gemeinschaftliche Regierung in der Form: „Wir Herzog Rudolf ha-
„ben auch Vns ze Vnserm Herrn vnd Brueder, dem Khünig ver-
„bundten, vnd Jm ainen Aid ze den heiligen geschworn, daß Wir
„Jm beholffen sullen vnd wellen sein, mit Leib, und mit guet, bei Jm
„treulichen Brüederlichen, vnd Freundlichen beleiben sullen, vnd Übel
„und gut mit Jm leiden, vnd nymer von Jm kheren, mit Leib und
„mit gut, one daß Wir für Jn nicht versetzen, noch anwerden sullen,
„on als vor ausgenommen ist, Wir thun es dan gern.   Vnd Wir
„Khünig Ludwig, haben Vns ze Vnserm Brueder Verbunden, vnd
„haben Jme Vnser Treue geben.   In Aides Weyß.   Das Wir dasel-
„be gen Jme hinwider thun sullen, und wellen, und treulichen Brieder-
„lichen, vnd Freundlichen, mit Jm Leben, mit Leib, und mit gut, Jn
„allem dem Rechten, alls er sich gen Vns Verpundten hat, vnd alls
„vorgeschrieben ist."

Man verordnete sodann, daß die Festungen mit Landleuten, der Viz-
dom in Bayern und am Rheine aber gemeinschaftlich besezt werden solte. Würden sie sich hierüber nicht vergleichen können, so solten die aufgestell-
te 9. Schiedsmänner in der Sache erkennen; denn Vizdom wäre der Blut-
bann von Herzog Rudolfen, der überhaupt bey seinen Lebzeiten alle Lehen und Kirchensäze zu vergeben hätte, zu verleihen.

Nach dessen Tode sollte dieses Vorrecht auf Kaiser Ludwigs Söhne Ab-
wechslungsweise gelangen, mit dem Anhange: „Wenn auch Wir Khünig
„Lud-

„Ludwig Jenner Lanndes sein, je Bayern, oder an dem Reine. so sul-
„len Wir allen den Gewalt haben, den vnser Bruder hat, one alls vil
„daz unser Brueder, Dieweil er lebt, alle Lehen vnd die Kirchensätze vnd
„pann soll leihen, und wenn er nicht ist, so sullen vnnser Sune, oder
„sein Sune, Wenn es an di khumbt, di vorgenannten Pann, Kirchen-
„sätze vnd lehen leihen, vnd Erben in allem dem Rechten, als die Hand-
„fesst saget, die Wir beed geben haben darüber.„ Eben so behielt sich
Kaiser Ludwig die Reichs Erwerbungen für seine Linie allein vor: „Was
„auch Wir Khünig Ludwig bej dem Reiche gewunnen, das soll vnnser
„und vnnser Erben sein, und haben Wir Hertzog Ruedolf, noch vnser
„Erben khainen tail daran.„ Es ist zu bemerken, daß die Brüder sich
schon im Münchner oder Alochischen Vertrage von 1313. Abänderungen
oder Zusäze machen zu därfen vorbehalten haben, doch mit der Einschrän-
kung, daß dadurch der Hauptinnhalt desselben nicht vernichtet werden
solte. „Wir und vnser Brüderlein, heißt es in demselben, mügen und sol-
„len je den vorgenannten Daydingen sezen mit gemeinen Rath dauon alle
„unser sachen gebessert werden siwie es auch get, so sollen doch dies oftge-
„nannten daydingen und zuewurf stät beleiben, als wir geschworen ha-
„ben, und sollen noch mugen nicht überfahren werden.„ Man erlaubte
einander wechselsseitig die Veräusserung des gemeinschaftlichen Guts,
doch sollte iedesmal nicht mehr als eine Burg oder Stadt angegriffen und
die ganze Veräusserung nicht über den halben Theil eines ieden Landes-
Antheils betragen. „Wir Khünig Ludwig mugen auch vnsers gemainen
„Guetes versetzen, vnd anwenden, was Wir wellen, und soll vns vnn-
„ser Bruder daran nichts Irren, doch soll er die Hand darum nicht re-
„chen, noch sein Gunst darzu geben, Es werde Im vor dann von vns
„Widerleget. Wann auch Wir Im es widerlegen. Wolt er vns dann
„darüber Irren, so sullen vns Lannd und Leute Burg vnd Statt Edel,
„und vnedel beholfen sein, alls lang bis er sein gunst darzu geit, Wir
„sullen auch khain Burg noch Rat anwenden, noch versetzen, noch hin-
„anntwurten, dann aine. Es war dann das Burg vnd Stett bei ain-
„ander gelegen wären, vnd ainen amman hätten, vnd an derselben burg

„vnd

„vnd Stat sullen vns die Burckhman noch die Burger nicht Irren, wol=
„ten aber sy vns daran Irren, So soll vns vnnser Bruder darzu beholf=
„sen sein, so er bössi mag mit Leib und gut, und auch Lannd und Leü=
„te, vnd Wir Im hinwider, ob sein not beschicht. vnd wenn Wir Im
„die widerlegen, So mugen Wir aber aine hinantwurten, versetzen oder
„anwenden, als vorgeschriben steet. — Wir Herzog Ruedolf mugen auch
„hinanntwurten, versetzen, oder anwerden, von gemainen Gut, was
„Wir wellen, an allem Rechten, als vnser Herrn und Brueder der
„Khunig vnd was auch Wir versetzten, hinanntwurten, oder anwerden,
„das sullen Wir Im widerlegen, In denn Rechten, alls vorgeschri=
„ben steet.„ Es auch vnser Eintweder vberhalben tail vnnsers Landes ze
„Bayern, oder an dem Reine nicht anwerden, noch versetzen, an der
„andern Willen und Gunste.„

Es muß dieser Artikel einem ieden, der die Bayerische Haus= und
Landes=Verfassung kennt, etwas befremden. Er ist aber aus den da=
maligen Zeitumständen zu erklären. König Ludwig war Anfangs dem
mächtigen Oesterreichischen Hause, mit welchem er um die Rechtmäßig=
keit seiner Krone zu kämpfen hatte, gar nicht gewachsen; m) und hat=

te

---

m) *Volcmar* p. 547. Dux Austriæ (Fridericus) abiit et recessit, confidens in mul-
titudine divitiarum suarum, et in brachio fortitudinis suæ dixit intra se; etsi jam
fraudatus sum a regno, tamen destruam illum, et postea libere mihi imperium
vsurpabo; æstimans illum videlicet regem Ludovicum vix ad annum dimidium
vel integrum posse sibi resistere, maxime cum in prompta pecunia et aliis Regi
necessariis sit tenuis et exilis.

n) *Id.* p. 550. Et videns (Rex Ludovicus) in regno se non proficere, pro eo mul-
tis laboribus habitis sine fructu mente sollicita cogitat et pertractat, quod expe-
diat: vtrum pro regno debeat amplius decertare, vel parcendo sibi et aliis omnino
debeat resignare. — De se autem dicebat, melius est, inquit, se regno, quam
multos vita priuari.

Joh. Daniel von Olenschlagers erläuterte Staatsgeschichte der ersten Helfte des
XIV. Jahrhunderts, Frankf. 1755. S. 111. und 245.

Erbfolgsgeschichte des Herzogthums Bayern, St. IV. S. 104.

31

te zugleich den schwaren Arm des Päbstlichen Hofs auf seinen Nacken liegen, so, daß er verschiedenemal in das äusserste Gedränge kam, und schon im Begriffe stahnd, dem Throne auf ewig zu entsagen. n) Man kan sich also vorstellen, zu was für Mittel er bey diesen verzweifelten Umständen seine Zuflucht nehmen mußte, und daß er um den kostbaren Kaiserl. Aufwand machen und den Landes verderblichen Krieg gegen Oesterreich fortsezen zu können, auf alle mögliche Weise Geld auszutreiben genöthiget war. Es ist auch kein Zweifel, daß die Agnaten in Niederbayern, wenn sie anders mündig gewesen wären, oder die Landstände, wenn der Veräusserer nur nicht selbst das Reichs-Oberhaupt, oder das Vaterland, in dessen Mittelpunkt gerade damals die Oesterreicher sengten und brannten, durch irgend ein anderes Mittel zu erretten gewesen wäre, o) sich diesen Verfassungswidrigen Unternehmungen gewiß mit allem Ernste widersezt haben würde. Allein, so mußte man alles der Nothwendigkeit der Zeit aufopfern.

Am merkwürdigsten ist die Rüksicht, die man in diesem Vertrage auf Niederbayern genommen hat. Man verabredete, daß die Vormundschaft dieser Prinzen, die beiden Brüdern aus dem Geblütsrechte zustahnd, und, wie bekannt, ehmals das anwartschaftliche Erbfolgsrecht in sich schloß, fernerhin von beyden zugleich geführt, und das Niederland in einem gemeinschaftlichen Besiz erhalten werden solte.

„Wir

p) *Volcmar. p. 550.* Vnde scire possumus, totum factum fuisse in dolo, vt fugato Rege vel perempto *Auſtralis* videantur esse victores belli et jam nemine prohibente *valeant in Bauaria dominari.* poſt receſſum igitur Regis Auſtralis Duces cum suis exercitibus Bawariam intrauere, gaudentes et quaſi de victoriæ gratulantes *dantes ſua poteſtati, quod potius debebatur noſtris vitiis et peccatis.* — Denique decreuerunt deſcendere ad inferiores partes Bawariæ; quibus deſcendentibus *omnem circa se incendunt prouinciam* et volentibus transire Danubium, vt intrarent prouinciam Noricorum vetati sunt; *Ratisponenses* enim compatientes Regi (Ludovico) dolentes *super maliitia et perſidia in eo facta,* transitum ciuitatis eis negantes, vt Noricorum prouinciam non intrarent. Ideo vehementer iracundiæ concitati, omnia rura et villas circa ciuitatem igne et spolio vaſtauerunt; poſt hæc recedentes et a se inuicem diſcedentes, Dux Fridericus apud Muldorf transiens Enum regreditur in Auſtriam; Leupoldus vero frater ejus partes occidentales repetens, *antequam Bawariam exivit, tam dumo exactionibus depecuniauit, et nihilominus igne grauiter deuaſtauit.*

"Wir ſollen auch bald vnnſer lieben Vettern Hainrichen Otten, und "Hainrichen der Hertzogen In Bayern Pfleger mitainander haben, ge= "treulichen und bruͤderlichen vnd miteinander beſetzen, vnd enntſetzen, "vnd was Wir Amtleute Burckhman ſetzen, die ſollen Vns balden "ſchweren gemeinlichen zewartten, und zedienen, ainem alls dem an= "dern." p) Schon in dem Landtags=Abſchiede, der kaum vorher zu Regensburg verfaßt, und König Ludwigen darinn von den Nieder= baieriſchen Staͤnden eine Klohſteuer bewilliget worden war, erkannte man widerhohlter die Mitvormundſchaftlichen Rechte Rudolfs. "Will "auch unſer Bruder mit ſampt Uns in den Thaidingen und Bunden "ſein, das iſt unnſer guter Will, und ſoll auch dann mit ſamt Uns "Pfleger ſein, als vor." Die Oberbayeriſche Linie hat demnach bey keiner Gelegenheit ihre erbrechtliche Anſpruͤche und uͤbrige Gerechtſame an Niederbayern auſſer Acht gelaſſen, und eben ſo wenig hat das Nie= derbayeriſche Haus ſeine gegenſeitige Agnatiſche Verbindungen vergeſ= ſen, wie wir es unter andern aus dem Bundbriefe der 3 Prinzen Heinrichs des Aeltern, Ottens und Heinrichs des Juͤngern mit König Heinrich in Boͤhmen erſehen, wo es heiſt: "das wir naͤmlichen (von "dem offenſiv Buͤndniße) ausnehmen Roͤmiſch Reich unſern lieben "Herrn Khönig Ludwigen und ſeinen Brudern Herzog Rudol= "ſen ze Bayern." q)

König Ludwig bewarb ſich in ſeiner aͤuſſerſten Beklemmung auf allen Seiten um Bundsgenoſſen, und weil dieſe nach damaliger Ge= wohnheit nicht anders als mittelſt groſſen Geldſummen und in Er= manglung dieſer durch Verpfaͤndung und Veraͤuſſerung der Patrimonial=
Guͤ=

---

p) Dahin gehört auch die Stelle des Niederbayeriſchen Landtagsabſchieds dd. Regens burg Montag vor St. Johannestag ꝛc Sonnwenden 1315. bey Oefele *in ipsum. Cot. diplom* p 132. "Wollt aber unſer Brueder in dieſen Thaͤdingen unnd Punden nit "ſein, ſo ſoll auch unſerm Lannde unnd ir Leut die Punde gen Im und ſeinen Er= "ben unſchaͤdlich ſein."
q) ap. *Oef. Tom. II. p. 134.*

33

Güter zu erhalten waren, so muste er sich immer tiefer in den Schuldenlast stecken, r) und erfuhr immer gröſſere Entkräftung.

Pfalzgraf Rudolph ward durch diese traurige Lage seines Bruders selbst gerührt, und sah ein, daß bey diesen kläglichen Umständen, wenn man nicht Ludwigen mit den äuſſerſten Kräften unterſtützte, am Ende das ganze Bayerische Hauß zu Grund gehen würde. Er war daher so großmüthig, oder vielmehr die Nothwendigkeit, seinen Bruder in den Stand zu sezen, sich den Feinden mit mehr Macht entgegen zu stellen, bestimmte ihn, demselben, der bereits im Samtgenuſſe aller Länder und Güter war, bis zu Endigung dieses ganzen schwehren Kriegs, 1317. den alleinigen Genuß und die alleinige Regierung zu übergeben, und sich indeß mit einem Deputat von 5000 Pfund Pfennigen, welches von 5 in der Urkunde s) genannten Schiedsmännern auf Dachau auf den halben Zoll zu Wasserburg auf der May- und Herbſtſteuer im Amte Kizbichel, im Vizbomamt München auf der burg und Gerichte zu Regenstauf auf dem Markte Mittenau und Schergamt und alles was diſhalb der Staab im Vizbomamte Lengenfeld iſt, um Lengenfeld selbst die Dörfer, Teubliz, Kunsdorf, Goldendorf, Vollau, Rotaug, und das Holz Raueich ausgenommen, sobann am Rhein auf Wisenloch und auf dem Zolle zu Chaub angewiesen, und noch mit besonderen Unterpfändern versichert wurde, zu begnügen. In der Uebergabs Urkunde Samstag vor Reminiscere 1317 t) erzählt er selbst die Ursache seiner Entschließung auf diese Weise: „Wir haben „angesehen der Arbeit, die Unser Lieber Bruder der vorgenant Khünig „Ludwig lidet von des Riches wegen, und durch unser beeder from, „und nuz haben wir Uns verwegen mit im ze liden gewin und fluſt,

E

„daz

---

r) Urkundenb. N. 16. 17. 23. 24.
s) Urkundenbuch. N. 20.
t) Ebendas. N. 18.
Gewolti Defens Ludov. IV. Imp. P. II. p. 48.
Olenſchlagers Staatsgeſchichte S. 98.

„daz er ſin Arbait, und den Chriech, den er lidet durch daz Riche,
„und durch Uns, und durch unſer baider not, deſt baz überwinden
„mag. Hier macht er ſich anheiſchig ſobald ſeine Geſundheit wieder her-
„geſtellt ſeyn wurde, dem Bruder perſöhnlich zur Hilfe zu kommen. Und
„wan Wir laider von Chranchait unſers Libes im nicht wol gehelfen
„megen mit unſers ſelbes Libe haben wir uns gänzlichen hinz ſuen
„truen Lazzen, und habn im geantwurtet, und empfolhen in rechten
„truen unſer beder Land, und Lût ze Bayren, und an dem Ryn,
„daz er im ſelbem davon geholfen ſi, ſo er beſt meg, alſo daz er da mit
„ſchaffen mach, mit verſetzen, mit leihen mit geben, und mit an wer-
„den, nach ſeinen trun, als im, und Uns, und unſer Baider chin-
„den als nuzlicheſt und nothdürftlich iſt." Da nicht nur das ganze
Land am Rande ſeines Verderbens, ſondern ſelbſt das Wittelsbachi-
ſche Haus in äußerſter Gefahr war, bey dieſen grauſamen Kriege alle
ſeine Beſitzungen zu verlieren, ſo bekame die ſchon im vorigen Tractate
bewilligte Veräußerung und Verpfändung der Domainen und Lehens-
pertinenzen hier noch gröſſere Ausdehnung. „Es ſoll auch unſer lieber
„Bruder der Khünig, Land, und Lüt, als lang inne haben, und niez-
„zen, ze verſezen, und an zewerden, an als vor aufgenommen iſt, bis
„er ſuen Chriech gen dem von Oſterich überwindet an gewerbe.„ Folg-
lich wurden dabey nur einige wenige Einſchränkungen gemacht. Es
verwahrte ſich auch Herzog Rudolph, daß ihm ſeine Nachgiebigkeit an
ſeinen Reichsrechten keinen Schaden bringen ſolle. „Es habent auch die
„vorgenanten Siben gwalt, ſwas ſy darüber üdentent umb der Fodrung,
„und um die Dienſt, den wir iezo unſern lieben Brueder dem Chunig
„mit der in antwurtung des Landes tun daz daz uns, unſern Er-
„ben, Herſchaft, Land, und Lüten, an der Pfalenz und ze Bayern für-
„baz dhein ſchad ſi, gen dem Riche, und gen andern Römiſchen Chuni-
„gen.„ Behielt ſich die verſeihung, aller Kirchenſäz und der geringern
„Lehne vor.„ Wir ſuln auch alle Chirchenſäz ſeihen alſo, daz wir die
„erſten Chirchen, die mo ledich wirt leihen ſuln, ſwem wir wellen,
„und die andern darnach nach unſers lieben Bruders des Chüniges bet

„und

„vnd haitze, wenn er will, vnd fúrbaz mehr alledieweil der Chúnig daz
„lant inne hat, so sulln wir lihen je ain swem wir wellen vnd die andern
„nach des Chúnigs bet vnd haitze. Vnd swen vns daz Lant ingeantwurt
„et wirt, so sullen wir si denn lihen, swie wir wellen, vnd swem wir
„si gern lihen. Wir suln auch allew Lehen lihen die vns ledich werden,
„nach vnsers Herren Chúnig Ludwig Haizz vnd bet, an als vil swaz bi
„zehen pfunden giltet, in swelcherlay Múnzze daz Gelt ligt. Daz mogen
„wir lihen, swem wir wellen, von uns selben, an daz der Salbuch an=
„triffet, vnd swas lehen ledich wirt, dew Erben habent, die suln wir
„auch lihen darzw suln wir lihen, swas lehenl aine dem andern machet
„vnd auf git. swenn auch vns daz Lant wider ingeantwurt wirt, so suln
„wir lihen allew lehen, swie si genant sint mit aller gewonhait und
„rechten, als wirs herbracht habn. Wir sullen auch alle bánne lihen
2c. 2c. Auf gleiche Weise bedung sich Rudolf die Bestättigung der bereits
geschehenen, oder etwa noch erfolgenden Veräusserungen; Verleihungen
und Verpfändungen, und am Ende noch an allen Erwerbungen, die Lud=
wig nicht nur als Herzog sondern auch als Römischer König machen wúr=
de, ein Miteigenthumsrecht. „Swaz auch vnser lieber Bruder der Chú=
„nich bi dem Riche gewinnet, vnd wir bed bi dem Herzogthum Daz sol
„sin vnd vnser baider chind gemain sin." Hier bekommen wir also, ohn=
geachtet des bereits vorhandenen Ubersflußes noch ein Argument, vermög
dessen, wenn es sich etwa zugetragen hätte, welches doch niemals gesche=
hen ist, daß von Kaiser Ludwig das Niederland 1342. als Reichsober=
haupt eingezogen worden wäre, dasselbe nichts destoweniger mit den Pfäl=
zischen Linien hätte abgetheilt werden müssen.

Auf den Fall, wenn ein Bruder vor dem Andern versterben sollte,
wird in diesem Tractate verabredet, daß hernach der Ueberlebende mit den
Neffen sich der Handfeste, die in dem Achloch gegeben worden, gemäß be=
tragen sollte: „Wer auch daz vnser Bruder der Chunich nicht entwaer in
„der brist, das gott nicht geb, so suln wir mit sinen chinden leben nach
„der Handfest sag, die in dem Achloch geben wart, mit dem Gut, daz
„wir habn, vnd daz bi dem Riche gewunnen wirt, vnd daz selb sol er

E 2   auch

„auch tun unsern Chinden, ob wir nicht enwären.„ Diese Handfeste unter dem Namen Achloch findet sich nun weder in dem innern Archive zu München, noch in den auffern Archivsbeschreibungen Michael Arobens und Augustin Koelners. Es gibt uns aber der zu Trausnitz den 13. Merzen 1325. mit Herzog Friederich von Oesterreich geschlossene Friede König Ludwigs, worinn es heist: über den Zuewurff in dem Aloch, deutlich zu erkennen, daß man darunter den 1313. zu München gethanen Zuewurff der Güeter gemeint hat, welches um so wahrscheinlicher wird, als nicht nur dieses Achloch ein Herzogliches Jagdschloß unweit München u) gewesen ist, sondern auch in dem Vertrage von 1313. unter einem eigenen Artikel ausführliche Verordnung geschiehet, wie es nach dem Absterben Eines der Brüder mit desselben Kindern gehalten werden solle. Im übrigen ersehen wir die Vollziehung unsers Traktats von 1317. aus dieser Urkunde v) „Herzog Rudolfen Gewaltsbrief auf Graf Gerlachen von „Naffau seinen Schwager die Widerlegung Frau Mechtilden seiner Gema-
„hel, und was noch auszurichten am Rein, nach Aufspruch der dreyen „oder Fünfen von König Ludwigen seinen lieben Herrn und Bruder ein-
„zunemmen. Wan diß geschehen und die Buudnuß gemacht, soll Land „und Leut am Rein König Ludwigen sworen, als die Haudvest sagt, „und er Rudolf wil die Untertone ierer Gelübb ledig zellen, bis auf die „Zeit da sie im wider werden sollen. Regenspurg am S. Marx tag A. „1317.

Der Autor der unparteyischen Gedanken w) wagt es dem Publico unter die Augen zu sagen: da sich nun dieser (Pfalzgraf Rudolf) einer förmlichen Aufruhre gegen seinen Bruder Kaiser Ludwigen schuldig machte, wurde er von dem lezteren für einen Reichsfeind erkläret, und als ein solcher mit Einziehung aller seiner Länder bestrafet: und führet zum Beweise Burgund und Volkmarn an. Der

Er-

---

u) Man sehe die Note r)
v) ap. O f. l. in Specimin. Diplomat. pag. 155.
w) Haupst. II. §. 3. S. 19.

Erſte oder vielmehr (nach der neuſten Entdekung des Profeſſor Häberlins zu Helmſtädt x)) der Jeſuite Brunner ſagt nicht einmal ſolche verwegene Dinge, und wenn er ſie auch behauptete, ſo verdient er als ein neuer Schriftſteller ſo lang keinen Glauben, bis er ſeine Angabe durch Urkunden oder Zeugniſſe älterer Autoren beſtärket. Keines von Beiden aber würde er zu leiſten im Stande ſeyn, denn weder in dem Archive noch bey irgend einem alten Geſchichtſchreiber findet ſich etwas dergleichen.

Der andere Autor, auf welchen man ſich am a. O. bezieht, ſagt: poſthæc (Ludovicus Rex) fratrem ſuum Rudolfum Ducem et quosdam Miniſtercales ſibi *rebellas* (dieſes Wort bezieht ſich offenbar nicht auf Rudolfen, ſondern auf die Ludwigen widerſpänſtige Miniſterialien) in Bavaria duxit invadere. Prius caſtrum in Vohburg obſedit et expugnavit; quosdam etiam nobiles, eorum caſtris deſtructis, ſatis humiliavit, Denique illuſtrem Ducem Rudolfum fratrem ſuum, in caſtro de Wolfrechhauſen morantem, obſidione cinxit, quo recedente poſt eius abſceſſum caſtrum cepit, et laborioſe expugnavit. y) Wo iſt hier Rudolf als ein Reichsfeind erklärt, und ſeines Landes zur Strafe entſezt worden?

Rudolf, der ſeit der Landes Ubergabe wieder mit ſeinem Bruder in einige Zwiſtigkeiten gerathen war, wird von dieſem feindlich angegriffen, und in ſeiner Burg belagert. Er kennt die gähe Hize deſſelben z)

E 3

und

---

x) In der Vorrede zum III. Bande der neuen Hiſtorie.
Epiſt. Brunneri ad Ehinger. Monach. 4. Jul. 1636. De quarto (ſcil. Annalium Tomo) nihil eſt, quod ſperes. Ludovici IV. res eo complexus ſum libertate germanica candoreque, quem veſtis meæ color, crede mihi, non obfuſcat. — *Monachii 16 Dec. 1616.* — Ludovicus IV. viam mihi ad libertatem aperuit, quem cum duobus libris ſumma cura fideque deſcripſiſſem, quodque neceſſe fuit, nonnulla ſubinde ulcera intrepida manu tangerem rumperemque, non cariturus inuidia videbar, et fortaſſe etiam religionem, quam ſequor, eidem obiecturus, ſi meo nomine odium paritura veritas mitteretur in lucem.
y) Es geſchah 1318. Siehe *Nauclerus in Chron. Gener. 44. ad b. 4.*
z) *Vitmar p. 548.* Ex quo Rex omnia mala memorans nouiſſima et antiqua ſibi a fratre ſuo illata, ſi non interceptum fuiſſet ibidem a ciuibus, armata manu germanum proprium inuaſiſſet. Qui declinans ab eo, ciuitatem exiens cum vxore Mechtildi et tota familia recepit ſe in caſtro dicto Wolfrechhauſen.

und entweicht vor ihm nach Engelland. a) Wie könnte ihm Ludwig seine Länder nehmen, da er sie ihm schon vorher aus brüderlicher Liebe, und aus Mitleiden mit seinem Unglücke bis zu Endigung des Oesterreichischen Kriegs freywillig abgetretten hatte? Wie paßt die Achts Erklärung mit der Urkunde an den Abt Markward zu Tegernsee von 1321. wo Ludwig Rudolfen seinen lieben Brudern nennt? b) Wird nicht in der Pfandverschreibung der Niederbayerischen Herzoge an Kaiser Ludwigen vom St. Walburgs tage 1319. c) (in welchem Jahr Rudolf gestorben ist) von einer künftigen Theilung Ludwigs mit Rudolfen gesprochen, „soll unser „Herr der König, und seine Erben mit seinem Brueder Herzog Ruedolf „unsern Vettern, weder mit tail noch mit andern taibing nit berichten „er statt und vesten uns diese taibing und Sazung alls die hier sind ge=
„schrieben:„ und diesen das Losungs Recht an die von Ludwigen versezte Bayerische Orte bedungen? „Wär aber unser vorgenannter Herr „und sein Kind nit, so mag sein Bruder unser Vetter Herzog Rudolf „und seinen Erben die oben geschriben vest und Gült von Uns und un= „sern Erben um das obgenannt Gut ze erlösen, und auch anders nit:„ Blieben nicht die Söhne des vermeinten Aechters nach des Vaters Abzuge

„un-

a) *Anonym. Leobiens. in Chron. L. V. Pezii Script. rer. Austr. Tom. I. col. 915.* Ludwicus Rudolfo Palatino fratri suo *infestus* castra, munitiones, homines eius et quicquid sui iuris fuerat, et ad eum pertinuit, (d. i. was er sich bey der Landesübergabe vorbehalten hatte) totis viribus occupauit et expugnauit obsidionibus grauibus ad se traxit, (Mithin hat er ihn bloß durch die Gewalt der Waffen übermeistert, und keineswegs durch reichsgerichtliche Entscheidungen besiegt) *fraternae karitatis* ass. rens violatorem (nicht einen rebellischen Unterthanen und bundbrüchigen Vasallen) huius scissurae auctorem (weil er nicht ihn, sondern den Herzog Friederich von Oesterreich zum Kaiser erwählet hatte) et totius regni per consequens perturbatorem. Eben dieses hätte Friederich dem Erzbischof Peter von Mainz mit gleichem Rechte verwerfen können) contra fas et ius Friderici *in fraternum obprobrium* (wieder nicht als Uebertreter der Pflichten, die er ihm als Römischen König hätte schuldig seyn sollen) adiutorem. Castris ergo pluribus et munitionibus fratris obtentis vsque ad obitum *persecutionem intulit* (hat ihn also von 1318. wo die neue Mishelligkeiten unter ihnen ausbrachen, bis 1319. da Rudolf starb, auf eine blos kriegerische Weise verfolgt)

b) *Oefel. Script. Tom. II. p. 89.* München an dem nechsten Pfinztag nach St. Matthias Tag 1321.

c) c. l. p. 137.

unter dem Schutze ihres Oheims unberuhigt zurück, und erst nachdem die Mutter den Aeltesten davon mit der Tochter eines Feindes Ludwigs vermählt hatte, ᵈ) musten auch sie das Land, wie wohl nur auf eine kurze Zeit während welcher sie an ᵉ) der Oesterreichischen Fehde, wie es zween Bundbriefe zu erkennen geben, Antheil nahmen, räumen.

Sie verwirkten aber dadurch keineswegs ihre altväterliche Länder, wie wir es aus der gedachten Pfandverschreibung Kaiser Ludwigs an die Nieder Bayerischen Herzoge von 1319. sehen, „ze gleicher weis, heist es darinnen, „sollen die obgenannten unsers Herrn Erben sich mit unsers „Vetteren Erben Herzog Rudolfs sich nit berichten mit tail noch mit an„dern täding untz so uns die hie geschriben täding (welche eine Verpfän„dung etlicher Stüke von Oberbayern enthält) allerding bestätten.„ Die Pfälzischen Prinzen standen binnen der Zeit, da ihre Mutter an der Oesterreichischen Fehde Antheil nahm, unter dem Vormundschafts Beyständer Graf Johanns von Nassau. ᶠ) Nach dem Oesterreichischen Verluste der Schlacht bey Mühldorf kamen sie wieder unter die Vormundschaft ihres Oheims des König. Ludwigs zurücke. ᵍ) Doch diese Epoche

Nau-

ᵈ) *Voltmar p. 515.* Tunc temporis enim Domina Mechtildis Duciſſa Bawariæ relicta quondam Rudolfi illuſtris Ducis Bawariæ, quæ vehementer exercebat tyrannidem contra Regem, filiam memorati Comitis (Ludovici Oetingani) filio suo Adolfo accepit in uxorem, in quo etiam malam voluntatem suam oſtendit, quam habuit contra Regem, nam uterque contractus fiebat contra eum, et sine eius licentia et aſſenſu, quod tamen non ceſſit eis in proſperum, ambo enim ab Rege exterminati ſunt de terra propria et expulſi.

ᵉ) Urkundenb. N. 25. und 22.

ᶠ) Urkunde Graf Johanns von Naſſau von 1320. in *Torineri Cod. diplomat. Palat. N. 194. p. 84.*

ᵍ) History vom Lande Bavariæ Mſcpt. Bl. 107. b Doch als er vernahm seines Bruders Rudolphs Todt, gab er seinen Sühnen die Pfalz und entlich stet wider.

Nic. Burgundi Hiſt. Bav. L. II. p. 122. Tres erant filii Rudolpho Palatino geniti Rupertus, Adolphus et Rudolphus, quos Cæſar defuncto fratre in gratiam tutelamque receptos liberorum inſtar pulcherrime habuerat.

An. Leob. in Chron. L. V. col. 915. Quo enim conſorte defuncto Ludwicus filiis ablata reſtituit et in amicitiam ſtrinxit.

müssen wir näher beleuchten, weil der Oesterreichische Schriftsteller h) zu behaupten fortfähret: Kaiser Ludwig hat also die Länder seines Bruders als verwirkte Reichslehen eingezogen, und selbe auch durch 10. Jahre ohne aller Widerrede für sich allein regieret. Endlich ließ sich derselbe dennoch bewegen den Kindern, seines Bruders zu verzeihen, und mit ihnen einen Vertrag zu Pavia zu errichten, worinnen denenselben der gröste Theil der von ihrem Vater besessenen Lande wiederum überlassen wurde.

Kaiser Ludwig war sowol nach dem 1317. bestättigten Artickel des Vertrags von 1313. („Ist auch daß unser lieber Bruder Ludwig Uns „überlebt, so soll er der vorgenannten Landt und Herrschaft an dem Rhein „und ze Bayrn Herr sein Uns an seinen Dott,„) und kraft der erhaltenen Landes Ubergabe von 1317. welche, wie wir gesehen haben, so lange bestehen muste, bis der Oesterreichische Krieg, der erst 1325. zu Ende gieng, vollkommen beygelegt war; als vermög seines agnatischen Vormundschaftsrechts, der allein regierende Herr, und Besitzer von Ober-Bayern und der Pfalzgraffschaft am Rheine. Sobald sich aber der älteste dieser jungen Herren der Volljährigkeit zu nähern anfieng, so war es nur der großmüthigen Denkungsart eines Kaiser Ludwiges angemessen, i) ihn als Mitherrn zu erkennen, und bey Handlungen, wo das gemeinschaftliche Interesse aller Agnaten obwaltete, seine Einwilligung zu begehren.

Wä-

Nauclerus in Chron. Gener. XLIV. Rudolfo mortuo vxor eius Metza cum filiis ad Heidelbergam declinauit, Ludouicus vero Imperator filiis, qui minores erant, tutor in Bauaria factus erat. Siehe auch Urkundenb. N. 27.

h) **Unpartheyl. Gedanken.** Hpest. II. §. 4 Eben dieses sagte ehmals schon **Abrah. Bzow** *in Tom. II. Ann. Eccl. p. 828.* Allein **Herwart von Hohenburg, Christoph Gewold** und **Andreas Brunner** haben ihn wegen dergleichen Schmähungen so jämmerlich durchgegeisselt, und der Welt als ein solches literarisches Scheusal dargestellt, daß man sich wundern muß, wie **Schrötter** dieses warnende Beyspiel hat aus den Augen setzen können, und wie der **Beantworter der Auffklärung** die Sache als noch niemals widerlegt hat ansehen können. S. 24 und 25. Art. 13. 14.

i) *Gewoldus in Defensione Lud. IV. p. 50.* Ludouicus vero in viduam et ex fratre nepotes insigniter pius semper extitit, de qua re alio dicetur loco. *Toerner in Hist. Pal. p. 47.* Deinde morte fratris ipsius a 1319. comperta, iram posuit Cæsar, et suos

ex

Wäre der Rudolfische Antheil an Bayern und an der Rheinpfalz Ludwigen als Kaiser verwürkt gewesen, und von ihm als ein feudum novum besessen geworden, so würde er gewiß diese Einwilligungen seiner Neffen übergangen haben.

Im 1323. ließ König Ludwig den Pfalzgrafen Adolf verschiedene zur Rheinpfalz gehörige Lehen selbst verleihen, k) und bey der Heiraths-Beredung seines Sohns Markgraf Ludwigs des Aeltern mit Königs Christophs von Dännemark Tochter ward wegen der Widerlags-Versicherung von diesem Prinzen ein eigener Willebrief gefordert. l) Ludwig ersuchte ihn samt seinen Brudern auch um den Consens, seiner zwoten Gemahlin Margaretha Graf Wilhelms von Holland Tochter den Wittum auf den Vesten Caub, Fürstenberg, Reichenstein und Lindenfels versicheren zu därfen. m)

In dem Archive zu Ryssel finden sich die Diplome über diese Sache wovon man hier die beglaubte Abschriften dem Urkunden-Buche einverleibt hat. n) In dem ersten von Kaiser Ludwig in Franchenfurt IV. non. Jan. 1324. heist es: Notum facimus quod de consensu et bona voluntate Illustris Adolfi Comitis Palatini Reni, et Ducis Bavariæ pro se, ac Rudolfo et Ruperto comitibus Palatinis Reni et Ducibus Bavariæ

F suis]

ex fratre nepotes plenissime in gratiam recepit et variis beneficiis et fauoribus prosecutus multa ipsis donauit. v. Freher et Duboav. in Hist. Bohem.

k) Pfalzgraff Adolfs Lehenbrief in teutscher Sprach, womit er Graff Henrichen von Nassau mit dem Gericht zu Hayger belehnt, ist datiret a. 1323. 1. Jan. in Hayger — mit einem grossen Siegel in grünem Wachs einer Hand breit.
Pfalzgraff Adolfs Bewilligungsbrieff, womit er Herrn Geysen von Wolfsburgk a 1323. bewilliget, daß er das Gericht zu Ebersbach im Dillenburgischen sambt dessen Zugehör an Graff Henrichen zu Nassau übergeben möge. ap. Toelner in Hist. Pal. p. 38.
l) Mich. Arodin. Regest. Summar. in Specim. Diplom. Bajoar. p. 144. Heurats Teidigung inter Ludowicum Marchionem Brandenburg et Domicellam Margaretham Kœnig Christoph aus Dännemarck Tochter; Jr Hewrathguet 12000 March puri argenti Widerleg auch so viel, darumb sollen Schreiben aufgericht werden von Kœnig Ludwigen, seinen Sone auch Ludwigen, Adolfen König Ludwigen Bruders Son.
m) Ofel Tom II p. 144.
n) Urkundenb. n. 27. 28. 29. 30. 31. 32.

suis fratribus auctoritate nostra tanquam curatoris confencientis, Damus, constituimus et assignamus in Dotem seu Donationem propter nuptias &c. Das zweyte von nemlichen dato fangt an: Nos Adolfus, Rudolfus, et Rupertus Dei Gratia Comites Palatini Reni et Duces Bavariæ notum facimus presentium Inspectoribus universis quod non una cum serenissimo Domino *Ludovico* Romanorum Rege patruo *coherede nostro* Clarissimo nostri Rudolsi et Ruperti predictorum *curatore, de verbo et auctoritate ipsius* damus, constituimus & assignamus in dotem seu donationem propter Nuptias: und am Ende: In cujus rei testimonium presentem dedimus Litteram Sigillo nostri Adolfi prædicti pro nobis omnibus, cum nos Rudolfus et Rupertus præscripti Sigillis careamus.

1326. scheinen alle 3. Pfälzische Prinzen die Volljährigkeit erreicht zu haben, und zum Mitbesitze der Reinpfalz gekommen zu seyn. Wir schliessen dieses aus einem Diplome in der eben bemerkten Wittums Angelegenheit, welches diesen Eingang hat: Nos Adolfus, Rudolfus, et Rupertus Dei Gratia Commites Palatini Rheni, et Duces Bavariæ per presentes promittimus et respondemus; worinn Ludwig nur *schlechthin* Carissimus Dominus et patruus noster genennet wird, und am Ende die Worte vorkommen: Alioquin castra et municiones nostre Heidelberg, Wellesaire, Wissenloch, Oberucheim Niweustatt et Wolfsberg cum ipsorum Castellanis et fidelibus jurisdictione ac pertinentiis et redditibus universis simul cum predictis castris sibi in dotem erunt ad tota tempora vite sue.

Wir möchten nun wissen, wo der berüchtigte Wienerscribente °) die Menge Urkunden gesehen hätte, nach welchen K. Ludwig 10. Jahre hindurch ganz allein Eigenthümer der sämtlichen Pfälzischen und Bayerischen Länder gewesen seyn solle. Wenn wir nicht so sehr Ursache hätten an seiner Belesenheit zu zweifeln, so würden wir ihn aufrufen, der Welt diesen literarischen Schatz mitzutheilen.

Kai=

°) Beantwortung der zu Berlin erschienenen Betrachtungen über das Recht der Bayerischen Erbfolge. S. 14. 15.

Kaiser Ludwig war so gewissenhaft seine mit dem Bruder geschlossene Erbverträge auf das genaueste zu erfüllen, daß er noch 1324. also lange nach dem Todsfall Pfalzgrafen Rudolfs in dem mit seinem Widersacher Herzog Fridrich dem Schönen von Oesterreich zu Trausnitz gemachten Frieden sogar diesen verband, nach seinem Tode den Neffen zur Erfüllung des Hausvertrags von 1313. behülflich zu seyn. „Wer auch, heist es in dem gedachten Friedens Instrumente, p) „daß der König „abgienge, und der Herzog Fridrich zu dem Khünigreich käme, so sul „er des Chunings Chinden alles das verlihen, daß sie von dem Riche zu „Lehen haben sullent, und mit Namen die Marche zu Brandenburg, und „alles das darzu gehört, und von alter dazu gehört hat, und gehören „sul, und sie daran beschirmen und behalten, und in ihres gleichen Theils „von weiland Herzog Rudolfs Chinden gehelffen, nach der Briefe sage, „die zwischen dem Chünige und dem vorgenannten Weiland Herzog Ru„dolfen seinem Bruder gegeben, und geschrieben, wurden, uber den „Zuwurff in dem Aloch q) (d. i. der 1313. gemachte Zuwurf der Güter zu München, denn man hat die Urkunde lieber von München, einer Hauptstadt aus datieren wollen, als von dem in der Nachbarschaft gelegenen Jagdschlosse Aloch). Doch eben so wenig vergaß Ludwig seine Rechte, die ihm kraft dieses Vertrags, wodurch Er auf den frühzeitigen Sterbfall seines Bruders die lebenslängliche Alleinherrschaft bekommen hatte, zustanden. In dem Lehenbriefe, den er 1325. Heinrich dem Rothen Burger zu Ulm über die Stadt Gundelfingen gegeben, und sich dabey die Wiederlosung vorbehalten hatte, behauptet er, daß Pfalzgraf Adolf und seine Brüder, so lange Er der König lebe, kein Recht zu die-

F 2 ser

---

p) in *Gewoldi* Defens. Lud. IV. p. 89. seq.
q) Johann Georg Herwart von Hohenburg übersetzt *in P. I. seines Ludovici IV. Imp. contra Bzovium defensi p. 321.* diese Stelle: *super aduerswrem allodii*, und Christoph Gewold in Def nf. Lud. IV. pag. 96. *super contestionem Allodialism.* Daß dieses Aloch wircklich ein Ort und kein Alodiale gewesen ist, zeigt die noch ungedruckte Urkunde von 1265. „Item Herzog Ludwig soll seinen Verweser sezen der Güter zu Ahloch und Morching und soll seinem Bruder Herzog Heinrich an dem halben Theil der Enden entweischen.„

ser Wiederlosung ʳ) hätten. — „auch sullen sie, sagt die Urkunde, von „den vasallen, dezselben Widerchaufes nicht gehorsam sein noch stät tun „unserm Vettern Herzog Adolfen noch sein Brudern dieweil wir, und „unser leiplich Erben leben, an unser, und derselben unser Erben of- „fenen Willen und Gunst.„ Allein er bekennt zugleich, wie er schuldig seye, ihre Einwilligung zu suchen: „Wir sullen auch in unser vorgenann- „ten Vettern Herzog Adolfs und seiner Bruder gunst darüber gewinnen: „möchten wir aber dez nicht getun, so mugen sie sich gein in halten an ir „alte Brief.„ Zum Verständnis dieser Urkunde ist noch zu bemerken, daß die Pfalzgrafen solang Kaiser Ludwig lebte, kein Recht hatten, das hier auf Wiederkauf gegebene Lehen zu lösen, weil sie sonst gegen den klaren Innhalt des Vertrags von 1313. gehandelt hätten, als nach welchem Ludwigen der alleinige Pesiz und das alleinige Nuzniessungsrecht aller Länder lebenslänglich gebührte. Weil aber diese Lehensreichung eine Verdusserung vom Lande war, und folglich dem Condominialrechte der Pfalzgrafen nachtheilig, da zumal das im Vertrage von 1317. ihm eingeräumte freye Gebahrungs Recht durch die mit Herzog Friderich zu Trausniz geschlossene Verträge bereits ihre Endschaft erreicht hatte, so war er schuldig, hierüber die Einwilligungen der Pfalzgrafen auszuwirken. Hieher gehört unter andern auch der Pfandbrief König Ludwigs an seinen Heimlichen und Schwager Graf Berchtholden von Henneberg Dat. in Werdea feria V. ante diem Nycolaj 1326.ˢ) „Wir suln „uns auch mit unsers Bruders Herzog Rudolfs seligen Chinden nicht „richten, ez sey dann diese taydnich ir Will und Wort.„ Das gute Verständnis zwischen König Ludwig, und seinen Neffen vermehrte sich überhaupt von Tag zu Tag, so daß er während seines Römerzugs den Pfalzgrafen Adolf zum Stadthalter in Bayern bestellte. ᵗ) Ludwig fand

so-

ʳ) in *Oefelii* Specim. Diplom. Baj. Tom. II. Script. p. 148.
ˢ) cit. l. pag. 152.
ᵗ) *Ladislai Sunthemii familia Ducum Bav. in Tom II. Script. rer. Boicar. pag. 564.* et *Rudolphus praetactus etiam ad tempus rexit in superiori Bauaria.* Häberlins Reichshistorie B. II. S. 202. *N. Bav. Hist. L. II. p. 121. Posthac in Italiam proficiscens Bauariae curam Adolpho mandauit.*

45

sogar, nachdem der heilige Stuhl ihn in einer Bannbulle von 1327. seiner Länder entsezt hatte, u) und der Päbstliche Legat sich zu Rom alle Mühe gab, den jungen Pfalzgraf Rudolfen von ihme abwendig zu machen, IV) rathsam, sich mit seinen Neffen näher zu vereinigen und allem Anlaß, der etwan zu einem Misverständnisse unter ihnen Anlaß geben möchte, sorgsam auszuweichen. In der Absicht errichtete er zu Rom Donnerstag nach Quasimodogeniti 1328. mit Pfalzgraf Rudolfen einen Hausvertrag, der hier das erste mal aus dem Archive zum Vorschein kommt. w)

Der Kaiser, und Pfalzgraf Rudolf samt dessen Bruder und Vetter (denn Adolf war bereits gestorben) „verrichten, vereinigen und ver„binden sich mit einander in eine ganze und statte Liebe, und true zu be„lieben, bei einander und an einander geholfen zu sein an allen sachen „wider allermeniglich ewiglich die Wille wir leben.„ Sie und des Kaisers Söhne unterwerfen sich für die Zukunft den in der Urkunde bemerkten 7 vesten „Mannen, welche vollen Gewalt haben sollen von unsern „Herrn des Kaisers, und von unsern wegen einen teil zu machen von „unserm Lande x) an der Pfallenze ze Beyrn, zu Swaben, ze Franken, „und zu Oesterreich Leüt und gut auf ir ayde, und auf ir true, und doch „also, daß beede tail, Leüt und gut bey einander beliben sullen diewile „wir es bedersit wellen. Welcher ainer unter uns seinen teil haben will „den sullen im die ander geben on allen verzoch, und irrsal: „ Die Pfalz„grafen bestättigen dem Kaiser alle seine aus äusserster Nothwendigkeit ge-

F 3   mach-

---

u) *Häberlin am a. O. S. 206.*

v) *Odor. Reynald. Ann. Eccl. Tom. XV. ad a. 1328. n. 16. p. 370.*

w) *Urkundenb. N. 33.*

x) *Chron. Ludov. IV. Imp. ad a. 1328. inter Pez. Script. rer. Austr. Tom. II. col. 432. Anno eodem diuisit principatus suos cum fratruelibus id est dedit eis duas Partes cum Palatino, ipse vero reseruabat tertiam partem cum Monaco.*
Chron. Bav. ad a. 1313. c. l. col. 80. Ipse Rex Ludwicus et filii fratris eius Ducatum superioris Bauariae et Comitatum Palatii inter se diuiserunt, ita quod ducatus Bavariae superioris cessit Regi Ludwico, Comitatus autem Palatii filiis fratris eius.

machte Veräusserungen und Verpfändungen ⁷⁾ „Wir offtgenannten Ru-
„dolf, Ruprecht, und Ruprecht, und unser Erben verjehen auch und
„geheissen stät zehaben, und bestätten mit unsern Briefen swaz unser lie-
„ber Herr der Kaiser getan, und verschriben hat durch Gott, und ze
„sein not, und des Landes, und durch Hilfe, und Dienst, den
„man im getan hat." Für die Zukunft aber wird zu Begegnung aller
weiteren Entfrembungen ein Fideicommissarisches Verbindnis getroffen,
„Wir haben uns auch verbunden, und verbinden uns mit guten, und
„verdachten willen ewiglich, daß wir von kainen tail weder Leut noch
„gut niemand verkaufen, noch anwären sollen, noch entmugen, danne
„uns selber unter einander durch kainerlei Sache." Es ward die Clau-
sel angehängt, „welcher auch unter uns seinen teil nimt, dez Land und
„Leüt sullen in der bundnus beliben, alß vorgeschriben stet." Wobey
„noch diese Versicherung gegeben wird: „Wür Kaiser Ludwich verjehen
„auch, Swaz wir erlosen oder vergelten daz daz unser obgenannten Vet-
„tern, die wile si bei uns belibent mit iren teile, oder swelcher bei uns
„belibet gleicherweis sol sein, als unser Erben. Die Gewährleistung und
Vollziehung des Tractats übertrug man, wie gewöhnlich, den Landstän-
den, „Und were daß Wir Kaiser Ludwich, oder unser Erben diese tei-
„dung überfuren, So sullen Land und leüt warten und gebunden sein
„Herzogen, Rudolfen, Ruprechten, und Ruprechten und ihren Erben
„als lang unz Wir gänzlich aufrichten, was Wir überfaren haben. als-
„dann geschäch, daß wir Herzog Rudolf, Ruprecht, und Ruprecht,
„oder unser Erben diese teidüng überfuren, So sullen Land und Leute
„unsern vorgenannten Herrn Kaiser Ludwigen, und seinen Erben war-
„ten, und gebunden sein, als Lang unz wir gänzlich aufrichten, was
„wir überfaren haben. Und sullen Land und Leüte sweren, welcher über-
„uert, daß sie dem andern wartend und gebunden sein, bis daß er auß-
„gericht." Ehe noch derselbe zum Vollzuge gebracht werden konnte, so
wurde 1329. zwischen dem Kaiser und seinen Söhnen auf einer – dann
Pfalz-

---

⁷⁾ Ebendieses wiederholen dieselbe 1329. zu Pavia an Mittichen vor Oswaldi in einer
eigenen Urkunde, die hier unter N. 14 a) erstmals erscheint.

Pfalzgraf Rudolfen Ruprecht dem älter- und Ruprechten dem Jüngern auf der andern Seite, der so berühmte Pavische Vertrag errichtet, welcher hernach von allen Kurfürsten bestättiget ᵃ) und seitdem sowol von dem Pfälzischen als Bayerischen Hause als ein ewiges Haus-Grundgesez auf das heiligste beobachtet worden ist. ᵃ) Der Eingang desselben überzeugt uns vollkommen, daß die hiebey veranstaltete Theilung der sämtlichen Länder keineswegs eine von Kaiser Ludwig bloß abhängig gewesene Gnadensbezeugung, wie uns etliche alte Klösterlinge, ᵇ) die von dem ganzen Hergange der Sache nicht genug unterrichtet waren, und etliche neuere Schriftsteller, die ihnen aus unlautern Absichten nachsprechen, bereden wollen, ᶜ) sondern ein wahres Familien-Recht der jungen Pfalzgrafen gewesen ist, das ihnen vermöge der ältern Haus-Verträge gebühret hatte. ᵈ) „Wir Ludwig von Gottes Gnaden Römischer Keiser ꝛc

al

---

z) Siehe *Scheidtii Bibl. Goett. P. I. p.* 249. Der Sächsische lautet auf diese Weise: Wir Rudolf v. G. G. Herzog ꝛc Sachsen verlehen öffentlich an diesem Brief, daß wir aller die gemacht und Tailung, die zwischen Kaiser Ludwigen von Rome und seinen Chinden einseits und zwischen unsers Oheims H. Rudolfs seligen Chinden anderseits geschehen ist: Es sey umb die Chur in dem Reiche und die Herrschafft etc Lande oder Theilung, daß sie stat halten, und bestättigen es auch mit diesem Brief in aller der weiß, als die Brief sagend, von Wort ꝛc Wort, die sy darüber gen einander geben habent. Strauchenfurt an der Mittwochen nach Nicolai 1333.

a) Urkundenb. N. 23. b) Man sieht aus dieser beglaubten Abschrift des Pfälzischen Originals, daß der Wedekindische Abdruck fehlerhaft gerathen ist; denn alle in dem nüzlichen Zusammentrag der wichtigen Urkunden in der Bayerischen Erbfolgesache S. 11. bemerkte Varianten finden sich hier nicht.

b) *Tritthem in Chron Ed Freh. p.* 310. His quoque temporibus (1339.) Ludovicus Imperator videns elegantiam filiorum Rudolphi fratris sui Comitis Palatini — ait, pater eorum peccauit in me, non filii; nunquid ergo portabunt iniquitatem patris innocentes filii? absit. Iussit ergo filiis reddi omnia, quae patri abstulerat, principatum videlicet Comitatus Palatini cum aliis in Bawaria in Amberg et Napurzi caeterisque vniuersis, quae pater possederat. *Andr. Presbyt. Chron. Bav p.* 34. Igitur Ludovicus Rom. Imperator videns elegantiam puerorum fratris sui Rudolphi in exilio defuncti fertur dixisse: pater istorum puerorum peccauit in me, et non filii numquid filii portabunt iniquitatem patris? absit!

c) und noch weniger eine neue Verleihung, wie in der Beantwortung der sogenannten Auflösung der Veränderungen ꝛc. S. 25. n. 15. vorgegeben wird.

d) *Vit. Aventini Chron. Bajoar.* in *Pez Thes. Anecdot.* Tom III. p. 11. C. XXIX. col. 201. Alibi sic scribitur: Rudolphus et Rupertus Rufus dictus frater & filii Rudolphi Comitis Palatini fratris Imperatoris Ludovici ac Rupertus filius Adolfi fratris eorum in prouinciis, cum Ludouico Caesare in Rheno Bauaria, Sueuia et Austria diuiserunt in Pauia VI. ante Oswaldi A. Chr. 1339.

48

„allen Zeiten Merer des Richs, verlehen für Uns, für unser Erben Lud-
„wigen Marggraf von Brandenburch, Pfaltzgrafen ze Rin, und Her-
„zogen in Baiern, und Stephan Pfalentzgraf bi Rein und Herzogen
„in Baiern, und ihr Erben offentlich an disem Brif, daz wir mit
„verdachten Mut mit gutem Willen, und mit Rat unser Lant bi dem
„Rein, ze Baiern, ze Shwaben, und ze Oesterrich frenntlich und liep-
„lich getailt haben mit unsern lieben Vettern Rudolfen Ruprechten und
„Ruprechten Pfallentzgraf bi dem Rein, und Herzogen in Baiern, und
„ir Erben, als hernach geschrieben stet, daz in ist ze iren Tail angeval-
„len die gut, di zu der Pfallentz gehörend, und gehören suln.„ Eben
diese Sprache führte schon der 1328. vorhergegangene Römische Ver-
gleich. e)

Nur in so fern war diese mit den Neffen gemachte Theilung eine
Gütigkeit des Oheims, als er kraft des geschehenen Zuwurfs von 1313.
bey seiner Lebenszeit zu einer förmlichen Auszeichnung der Länder nicht
verbunden war. Hingegen war sie es nicht in der Rufsicht, als wenn
die Pfalzgrafen vorher gar kein Condominial-Recht an den Ländern ge-
habt hätten. Das ist es, was die alten Chronikschreiber mit einander
vermischen, und was wir seither durch verschiedene Dokumente aufge-
klärt und unterschieden haben.

Die Pfalzgrafen waren vor den Trausnizer Friedensschlüssen blosse
Miteigenthümer ohne Niessungsrechte. Seit diesen hatten sie wol ein
Recht zum Mitbesize, wozu sie Ludwig auch zugelassen hat, aber wegen
dem entgegen stehenden 1313ᵗᵉⁿ Vergleich Keines, die Theilung zu hei-
schen. Diese hieng blos von der Grossmuth Ludwigs ab.

Es wurde die in dem vorigen Vertrage gemachte fideicommissarische
Disposition in dem Pavischen auf diese Weise erneuert und ausgedehnt:
„Wir

---

e) Mit welchem Grunde schreibt man also in der Beantwortung der Berliner Be-
trachtungen S. 15. „Es wird jedermann von selbst erkennen, daß der Vertrag von
„Pavia weder als eine Erneuerung der vorhinigen Verträge von 1310. und 1313.
„noch auch als eine schuldige Abtretung, sondern nur als eine freywillige Zurückgabe an
„die Söhne des geächteten Bruders zu betrachten sey.„

„Wir sulen auch unser Herrschaft Vesten und Gut nieman geben, noch
„verchauffen, und Swaz wir ir verchauffen müzzen, di sulen wir in ze
„chauffen geben, und anders Nieman, daz suln si uns herwider tun.
„Wir suln auch unser Veste, und Gut, swi di genannt sind, nicht ver-
„sezen, dheinen Chunig noch Fürsten er sei Pfaff oder Lay, also suln
„si auch tun, wir suln auch unser Herrschaft, Purg, Stett, und Gut
„nieman leihen, versezen, und verwechseln, mit gevärd auf iren Sha-
„den, daz selb suln si uns herwider tun. ee)

Das Land am Rhein und in Bayern wurde überhaupt in zween
Theile abgetheilt, und dabey den jungen Pfalzgrafen, wovon die zween
ältere Rudolf, und Ruprecht anfangs dem jüngern Ruprecht das Ver=
tretungsrecht nicht eingestehen wolten, allein durch Kaiserliche Entschei=
dung darzu gezwungen wurden, die Wahl gelassen, welchen sie sich zueig=
nen wolten. f) Dieses ist unter andern eine von den besondern Gefällig=
keiten, die Kaiser Ludwig hiebey seinen Neffen erwiesen hat, und von
der ein paar Chronikschreiber soviel Aufhebens machten, daß hernach die
spätere Schriftsteller glaubten, das ganze Theilungsgeschäft seye eine
blosse Gnadensbezeugung Ludwigs gewesen.

G   Der

---

ee) Dieses Veräusserungs=Verbot war 1) nur eine Wiederholung der gewöhnlichen Haus=
Verfassung und der ältern Verträge, und 2) eine Aufhebung der indeß aus Nothwendig=
keit der Zeitumstände erlaubten Abweichung. Mithin fällt dadurch sowal der 9te als ins=
besondere der 10te Einwurf in der Beantwortung der Aufklärung S. 23. über den
Haufen.

f) *Nic. Burgund. Hist. Bav. Lib. II. p. 137.* Imperator paternam hæreditatem, quam cum
fratre pro indiuiso possederat, in æquas partes distribuit, fraternis liberis optione
data, quam vellent, portionem eligere. — Rupertus et Rudolphus præterea pe-
tierant, vt Rupertus junior Adolphi filius paulo ante extincti a successione remo-
veretur. Quod iniquum esse respondit Cæsar: oportere enim nepotes paternum
locum ingredi, et cohæredibus partem auferre. Wie vielen Zweifeln diese Rechtsge=
wohnheit ehmals unterworfen gewesen ist, davon siehe Fischers Versuch über die Ge=
schichte der teutschen Erbfolge B. I. Haupst. VIII. Abschn. III. S. 141. wo
zugleich andere Bayerische und Pfälzische Beyspiele vorkommen. Uebrigens folgte der
Kaiser hier der germanischen Rechtsregel: Der Aeltere theilt, der Jüngste kiest. Siehe
Toelner in *Hist. Palat. C. II. p. 41.*

Der übrige Innhalt des Vertrags war:

Eine jegliche Parthey konnte für sich allein die Lehen in seinem Antheile vergeben.

Uber die Ausübung der Wahlstimme beliebte man eine Mutschierung, so daß dieselbe zwischen beiden Häuseren umwechslen solte.

Ungeachtet kraft den Rechten der gemeinsamen Abstammung vom ersten Erwerber und vermög der ältern Hausverträge sich die wechselseitige Succeßion der beiden Häuser von selbst verstanden hätte, so unterließ man doch nicht, dieselbe hier, nochmals festzusezen. „Und ob wir oder „unser Chind an Erben verwaren, so suln unser Land, Leut, und Herr-„schaft, und die Wal dez Richs uf si und ir Erben gevallen, und erben „also suln herwider ir Land, Leut, Herrschaft, und die Wal des Richs „uf uns und unser Chind erben, und gevallen, ob si one Erben verwa-„rent.„ Man bemerke dabey, daß die Worte allgemein auf alle Länder, die sich bey einem zukünftigen ledigen Anfalle vorhanden befinden würden, gefaßt worden sind. g) Es beziehet sich folglich dieser Erbvertrag auch auf das damals von einer Seiten-Linie besessene Niderbayern, wenn es in der Folge nach Ausgang derselben wieder mit der Ludewigischen Linie vereiniget werden solte.

Wir sehen aus der Stelle, wo es heißt, daß eine jede Linie, die bey einer Kaiser Wahl gerade die Kur führe, wohl darauf bedacht seyn solle, daß alle Lehen und Rechte, die von ihren beiderseitigen Vorfahren an sie erstorben wären, beständig bey dem Hause erhalten würden, deutlich, daß man damals von seinen gemeinschaftlichen Succeßionsrechten an das Niderland vollkommen überzeugt gewesen. „Und Swenn es „dazu khumt, daz si den Römischen Chunig welen suln, so sulen si und „ir Erben, unser Chint, und ir Erben bawaren, und besorgen, gen „dem Römischen Chunig alß sich selben dez in widervar um Lehen, um
„Sa-

---

g) II. Sendschreiben an Pürcer, von den bey allen Bayerischen Theilungen bewahrten Erbrechten des gesammten Wittelsbach. Hauses. S. 17.

51

„Sazung, und um anber Recht, di si haben suln von dem Rich, und di
„zu iren Landen gehörent, Di unser baiden vodern gehabt haben,
„und an uns, und an si bracht haben. gg) Daz selb suln unser
„Chint, und ir Erben in und iren Erben hinwider tun, als oft die wal
„des Richs an si khumt.„

Ja eine andere Stelle giebt uns noch mehr zu erkennen, daß zwi-
schen Ober= und Niederbayern eine beständige Landesverknüpfung erhal-
ten worden ist. — „als unz her, heist es da sittlich und gewönlich
„ist gewesen zwischen dem Obern und dem Niederland ze Bayern.
Wir haben alle diese Stellen nur zu dem Ende gesammelt, um schon vor-
läufig diejenige zu wiederlegen, die behaupten, der Pavische Vertrag hät-
te auf Niderbayern keine Beziehung gehabt. Man wird aus denen Be-
weisen, die weiter oben vorgekommen sind, und noch mehr aus der Aus-
einandersezung der Theilung von 1255. und ihrer nachgefolgten Verträ-
ge desto stärker überführt werden, daß Niederbayern niemals von dem
Oberlande durch Todttheilung getrennet gewesen ist.

Vorläufig sehe man die Bestättigungs=Urkunde der Herzoge Ernst
und Wilhelm von München von 1431. Vermög denen ehmals die Nie-
derbayerischen Herzoge Heinrich der Aeltere, Otto und Heinrich der Jün-
gere allen Prälaten in Oberbayern (welches Land doch nach der ab-
geschmakten Meinung jener Schriftsteller wegen der 1255. vorgegange-
nen Todttheilung mit ihnen keine Verbindung hätte haben sollen) Pri-
vilegien ertheilt haben. h)

G 2 Wie

---

gg) Damit bekommt also der 11te und 18te Punct des Beantwortes der Aufklä-
rung S. 24. und 26. seine Abfertigung, indem es ganz klar ist, daß die Verordnung
dieses Vertrags nicht allein auf die zu Anfang in demselben angezeigte Oerter, sondern
überhaupt auf alle Stammländer geht.

h) Dipl. de 1411. in Vol. V. Monum. Boicor pag 499. n. 37. „W. G. G. Wir Ernst und
„Wilhalm Gebrüder Pf. b. Rh. u. H. in B. ıc. bekennen osenlich in dem briefe — daß
„unser anbächtiger der Probst und sein Convent gemainclich des Gozhaus ze Penharting
„für uns kommen sind, und habent uns verhören lassen zwaen Briefe die unser Uranherr
„Kaiser Ludwig von Rom' löblicher Gedächtnuß, und einen den unser Vordern
„Hein-

Wie es bey der Bayerischen Hausverfassung überhaupt herkommlich war, so geschah es auch hier wieder, daß man den Landständen die Gewährleistung des Vertrags mit dem Anhange übertrug, daß sie den übertretenden Theil mit Gewalt zu dessen Beobachtung anhalten möchten.

An der Aufrechthaltung und Vollziehung unsers Pavischen Vertrags wird wohl Niemand, der die Pfälzische und Bayerische Geschichte kennt, zweifeln. Indeß gab es doch jemand,[i]) der auch dagegen einige Einwürfe machen zu können glaubte. Wir müssen daher zu seiner Widerlegung eine kleine Nachlese liefern, deren Innhalt zugleich die Wahrheit von der untrennbaren Vereinigung der beiden Bayern vollends außer Zweifel sezen wird.

1338 an Johann Baptist erneuerte Pfalzgraf Rudolf, der den 18. Hornung mit seinem Bruder und Neffen die im Pavischen Vertrag enthaltene Länder abgetheilet hatte, mit K. Ludwig von Bayern, und seinen Söhnen Ludwig, Stephan, Ludwig und Albert den Artikel jenes Vertrags von der wechselseitigen Hilfsleistung. k)

Am nemlichen Tage übergab er sich samt allen seinen Besizungen K. Ludwigen als einen Mundmann, l) und vermachte zugleich diese leztere auf seinen Sohnlosen Sterbfalle, des Kaisers Söhnen. m) Obschon Ludwig diese beide Urkunden als Kaiser bestättigt, und genehmigt hat, n)
so

„Heinrich, Ott und Heinrich Herzogen in Bayern auch saliger Gedächtnus allen „Prälaten in Obern Bayern gegeben haben." Hieraus widerlegt sich also der 7. und 8. Punct in der Beantwortung der Aufklärung S. 22. von selbst.

i) Unpartheyische Gedanken Haupst. II. S. 20. Beantwortung der zu Berlin erschienenen Betrachtungen, S. 16. 17. u. f. Eben diese Sprache führt natürlicher Weise auch der Repettor in der Beantwortung der sogenannten Aufklärung der Veränderungen nach dem Tode Max. Jos. S. 16. n. 16.

k) Urkundenb. N. 39.
l) N. 40.
m) N. 41.
n) Wovon der Schuzbrief bey Lünig im Reichsarchiv P. Spec. n. 211. p. 566. die Bestätigung des Vermächtnisses aber hierunten n. 42. befindlich ist.

so könnte man doch auf den Zweifel gerathen, ob nicht dieses Landes Übergabe zum Beweis diene, ob nicht die vorgegangene Pfälzische Theilung eine Todttheilung gewesen seye, da ausserdem Pfalzgraf Rudolf, seinen Bruder und Neffen nicht hätte übergehen und seine Länder auser der Linie, zu welcher er gehörte, vermachen dürfen. Allein die Sache wird, bey der näheren Betrachtung der Beschaffenheit, welches mit den teutschen Stamm= und Fideicommiß Gütern hat, ganz klar. Ihr Endzweck, geht bloß dahin, die Besitzungen beym Namens=Stamme zu erhalten, und folglich ist es ganz gleichgültig, ob ein Agnate mehr, oder weniger am ganzen Fideicommiß besizt. Eben daher können die Stammsvetter untereinander selbst alle mögliche Contracte von Verschenkungen, Vermächtnissen, Vertauschungen, Verkäufen und dergleichen schliessen. Wenn dabey nichts vom Hause abkömmt, so ist es keine Verletzung ihrer Fidei=Commissarischen Obliegenheiten. Man sieht es aus einigen Churfürstlichen Willbriefen, die gerade um diese Zeit, nemlich der Sächsische 1338. der Böhmische 1339. und der Brandenburgisch= und Trierische 1340. über den Pavischen Vertrag den beiderseitigen Kontrahenten ertheilt worden sind, daß damals dieses Hauß=Grund Gesetz noch im frischen Angedenken stand.

1341. räumte Pfalzgraf Rudolph K. Ludwig seine Lande auf 4. Jahre als binnen welcher Zeit dieser die Tilgung seines Schuldenlasts besorgen solte, ganz ein. o)

In eben demselben Jahr ließ er auch des Kaisers=Söhnen zur Bestättigung des ehmals gethanen Landes Vermächtnüsses vom Erzbischof Baldewin zu sich in die Samt Lehenschaft setzen. p) K. Ludwig muß jedoch schon zu seiner Zeit gefürchtet haben, Rudolf möchte in der Folge diesen Vertrag nicht in Erfüllung bringen wollen. Er ließ sich daher

1342. von ihm eine andere Acte aufstellen wodurch sich derselbe nochmals eidlich verpflichtete, das den Kaiserlichen Söhnen gethane Ver-

---

o) Urkundenb. N. 43.
p) Dipl. de 1340. in O. fel. Specim. Cod. dipl. Bjoar. Tom. II. p. 168.

54

mächtnis auf das genaueste zu erfüllen; Rudolf ließ zu dem End dem Kaiser und den übrigen Baierischen Prinzen von dem bestellten Vizdome eine gemeinschaftliche Huldigung leisten, und erklärte alles, was er gegen diese Verträge vornehmen würde, ^q) im voraus als ungültig und unkräftig.

1349. kam in der Baierischen Theilung diese Anwartschaft an die Rudolfische Länder auf die 3. Prinzen Ludwig den älteren, Otto, und Ludwig den Römer, die zusammen Oberbayern erhalten haben. ^r) Um eben diese Zeit geschah es aber auch, daß Pfalzgraf Rudolf II. auf einmal alle seine mit ihrem Vater geschlossene und so feyerlich verwahrte Tractate vergaß, und bey der Ausheurathung seiner ältesten Tochter an K. Karl IV. diesem in der Heiraths Beredung die künftige Erbfolge in seine Länder zugestand. ^s)

So nichtig nun diese Urkunde war, da sie den Verträgen von 1338. und 1340. deren Unverletzlichkeit der Pfalzgraf so feyerlich beschworen hatte, widersprach, so hatte sie doch die Wirkung, daß der Rudolfische Erbtheil nach desselben Tode den übrigen Pfalzgrafen verblieb. Markgraf Ludwig der Römer vergaß seine, und seines Hauses Gerechtsame so weit, daß er Karln über seine Ansprüche eine Verzichts Acte behändigte. Von Otten lehrt uns schon der Kauf-Kontract, den er mit jenem über die Mark Brandenburg geschlossen hatte, wie wenig er um die Aufrechthaltung seiner Familie besorgt gewesen ist, und Markgraf Ludwig der ältere hatte immer bald mit diesem Kaiser, bald mit den Oesterreichischen Herzogen die Hände voll zu thun, daß er sich also der Sache nicht nach-
drück-

---

q) Urkundenb. N. 41.
r) Theilung von 1349. im Zusammentrag der Urk. in der Bayer. Erbfolgssache S. 43. — „Darwider wir wartent sullen sein, alles des angevalß das uns von unsern lieben Wettern „Herzog Ruedolfen — angevallen mag, als das mit taidingen herkommen und verschriben ist."
s) Urk. bey Goldast *de regno Bohemiae* Tom. II. Beyl. n. 31. 32. Wer, daß wir nach unserm Tod verliessen Töchter und nicht Söhne, so soll unser Land Unser vorgenannten Tochter Frauen Annen allzumal ohne alle Verhindernis verfallen und wartend seyn mit allen Fürstenthumen, Herrschafften und Würdigkeiten und Ehren, die dazu gehören.

drüklich genug annehmen konnte. Die 3. übrigen Ludwigischen Söhne Stephan, Wilhelm, und Albrecht, ließen es aus dem Grunde so hingehen, weil der ganze Rudolfische Anfall in der 1349ᵐᵉⁿ Theilung denen 3. Prinzen zugeschieden war, und ihnen folglich deswegen kein unmittelbarer Nuzen zuwachsen konnte. Nur darauf richteten sie ihre Aufmerksamkeit, damit nichts der Verordnung des Pavischen Haus Gesezes zuwider entfremdet würde.

1351. erneuerte daher H. Stephan von Bayern mit eben diesem Pfalzgraf Rudolfen am Rhein den Artickel von der wechselseitigen Hilfsleistung. t) Rudolf fuhr nichts destoweniger in seinen Vertragswidrigen Handlungen fort, und versicherte K. Karl IV.

1355. die eventuelle Succeßion in seinem Erbtheil. u) Dessen ohngeachtet ließ sich dieser nach jenes Absterben so wenig einfallen, von dieser Erbschaft Gebrauch zu machen, daß er vielmehr selbst unter den beiden Pfalzgrafen Ruprechten dem ältern und dem jüngern über die erlassene Rudolfische Länder eine Theilung veranstaltete. v) Die 3. Ludwigische Söhne, die in Niederbayern regierten, konnten dieses aus dem Grunde geschehen lassen, als es ihr Interesse nicht unmittelbar berührte, und sie des Anfalls auf den Abgang aller Pfalzgrafen, vermög des Pavischen Vertrags ohnehin versichert waren. Bloß die 3. Oberbayerische Herzoge, die nach dem Zeugnisse aller Geschichtschreiber, so vieles vernachläßigt haben, waren dabey vernachtheilt.

1374. schoß endlich Karl IV. unter dem Kaiserlichen und König Wenzeslau unter dem Königlichen Insigel mit der ganzen Bayerischen und Pfälzischen Agnatschaft einen Vertrag, daß sie nicht mehr nach ihren

---

t) Urkundenb. N. 35.
u) Zusammentrag der Urk. zur Bayer. Erbfolgesache Th. I. S. 56. n. 16. Pfalzgraf Ruprecht der Jüngere machte sich ebenfalls anheischig, dem Kaiser zu dieser Erbschaft behülflich zu seyn. Häberlins pragmatischer Auszug aus der Welthistorie, Th. III S. 53.
v) Zweybrückische Vorlegung §. 52. S. 58.

ren Fürstenthumen und Herrschaften mit Namen der Pfalz bey Rhein, ihren Landen zu Obern und Niedern Bayern, zu Schwaben zu Franken, und zu Görze steen noch werben wollten. w) Da sie aber nachher doch fortfuhren, der Obern-Pfalz noch verschiedene Stücke zu entziehen ww), so glaubten sich Pfalzgraf Ruprecht der Kleinere (in der Folge Römischer König) und die Bayerischen Herzoge ebenfalls, an die von ihren Vorfahren mit Böhmen geschlossene Verträge nicht mehr gehalten, und nahmen Wenzeln die so berüchtigte Böhmische Lehen wider ab; Ja damit sich ihre Nachkommen ferner nicht mehr beygehen lassen möchten, noch einmal gegen dem Pavischen Vertrag zu handlen, und etwa die Lehenherrlichkeit der Krone Böheim über diese rechtmäßigerweise dem alten Fideicommisse wieder einverleibte Ortschaften neuerdings einzuräumen, so traten sie, nemlich die Herzoge von Baiern und die Pfalzgrafen am Rheine

1387. zu Amberg förmlich zusammen, und verpflichteten sich gegen einander auf das feyerlichste, daß zu ewigen Zeiten nichts mehr von der Obern und untern Pfalz hinweg kommen, und alles, was dagegen vorgenommen würde, unkräftig, und von Unwürden seyn solte. x) Auf welche Weise also nachher die Pfalzgrafen einseitig mit K. Georg Pobebrad den Lehensvertrag von 1465. haben abschliessen, und auf diese Art ihrer Verbindlichkeit vergessen können, das mögen die Oesterreichischen Schriftsteller auseinander setzen, die allein die besondere Fertigkeit besitzen, unauflößliche Zweifelsknoten in einem Augenblike zu zerstücken. Uns ahndet es sehr, daß die Crone Böheim am Ende alles gewonnen zu haben glauben wird, wenn sich nur von ihr der künftige Bayrische Erbfolger die Lehensverbindlichkeit wieder auflegen läßt; welches jedoch ohne

„Nach-

---

w) Anmerkungen über das IV. Hauptstück der Unpartheyischen Gedanken n. 2. S. 4.
ww) Von Karl IV. sagt eine alte Strasburger Chronik, Mscpt. „Diser keiser stalt ser „nach leut vnd nach sant vnd waj im von gut mocht werben baj ordenet er vnd leit es „an das kunigreich je Beham vnd nit an das Reich.
x) D. Hempel von Zinsterwald Erläuterte Germania princeps, III. Fortsetzung von Bayern S. 1293.

Nachtheil der dißseitigen Haus-Grundverfassung auf keine andere Art möglich seyn kann als daß sie zugleich die quaestionirte Ortschaften als partes integrantes Ducatus Bavariæ und folglich von demselben auf ewig untrennbar feyerlich anerkenne.

1411. ließ sich Herzog Stephan II. von Ingolstadt über den Pavischen Vertrag ein Notariats Instrument verfertigen ʸ⁾ und

1419. sein Sohn Ludwig der bartige auf dem Landgerichte zu Hirschberg ein Widums ertheilen. ᶻ⁾

Herzog Albrecht von München, und Herzog George von Landshut die Erbeinigung „das löblich Huf von Bayern inn seinem Herkommen „Ern und Wirden zu behalten erneuert.„ ᵃ⁾

1490. wiederholte man diese Erneuerung, der auch Pfalzgraf Otto beytratt. ᵇ⁾

1517. geschah dieses zwischen Ludwig und Fridrich von der Pfalz, und Wilhelm und Ludwig von Bayern nochmals ᶜ⁾

1524. schloß man endlich zu Nürnberg den 15. Merzen diese Verein: ᵈ⁾ „von Gottes Gnaden Wir Ludwig des heiligen Römischen Reichs „Erzdruchseß und Churfürst, und Wir Friederich, Wir Wilhelm, Wir „Ludwig, wir Ottheinrich, und Wir Philipps von denselben gnaden „gottes Pfalzgraven bey Rhein, Herzogen in Bayern ꝛc. bekennen und „thun kund allermenniglich für uns, all unser Erben, und Nachkommen „weltliche regierende Fürsten in dem Fürstenthum, und Hauß zu „Bayern als Weiland — Herr Ludwig Römischer Kaiser Pfalzgrave

„bey

ʸ⁾ Im Urkundenb. zur Zweybrück. Vorlegung, n. 19. S. 43.
ᶻ⁾ Urkundenb. N. 36.
ᵃ⁾ N. 37.
ᵇ⁾ N. 38.
ᶜ⁾ N. 45
ᵈ⁾ Im Urkundenb. zur Zweybrück. Vorlegung n. 28. S. 86. Noch ein paar andere dahin gehörige Urkunden befinden sich in unserm Urkundenb. n. 45. 47. 48.

58

"bey Rein und Herzog in Baiern und seine Süne Herr Ludwig Marg-
"grave zu Brandenburg, und Herr Stephan Gebrüder, auch die Hoch-
"gebohrnen Fürsten Herr Rudolf und Herr Ruebrecht gedachts Kaiser
"Ludwigs Bruedern Herzog Rudolfens des Eltern Sune baide auch Pfalz-
"grauen bey Rein, und Herzogen in Baiern für sich, und Herrn Rue-
"brechten der dazumal vorgemelter Herzog Rudolfens, und Herzog Rue-
"brechtens Bruedern nemlichen Herzog Adolfs verlassener Sune gewesen
"ist, von denen wir obgenannte Fürsten in absteigender Linie herkom-
"kommen, das Fürstenthum Bayern, und alles, so darzu gehört,
"miteinander getailt, und für sich die Erben und Nachkommen ver-
"bunden verpflicht, und verschriben, daß ein jeglicher dem anderen mit
"ganz treuen, mit leib und gut gegen menigklich, wie der genannt seyn
"mag, zuelegen, und gehoffen seyn sollen, alles nach vermög und Wei-
"sung aines theilverpundts, und ainigungs Brief des datum steet zu
"Pavia am Freytag vor Oswaldi, als man nach Christi geburd zelet
"1329. welche tailung verpundtnus und Ainung in allen iren Puncten
"von dem Churfürsten dazumal bestatt und bekräftigt worden ist nach Wei-
"sung der Brief, so deßhalben ausgangen, und verhanden seyn ꝛc. In
der darauf gefolgten Erläuterung heist es: "Nachdem vor Zeiten Wey-
"land unsere Voreltern Pfalzgrauen bey Rhein, und Herzogen in Bayern
"löbl. und seel. gedächtnusses fruendliche Ainungen und Verständnis für
"sich ir Erben und Nachkommen aufgericht, und gegen einander verschri-
"ben, also haben wir vhe derselbigen Erben und Nachkunmen, Stam-
"men Nammen und Geblüts seyn, die Wir Uns dann derselben unser
"Voreltern Verspruchnus, und Ebundnus zuhalten und vollziehen uns
"schuldig erkennen, auf denselben und andern beweglichen guten und
"tapfern Ursachen, hie auf diesem Reichstag vetterlichen und freundli-
"chen miteinander unterredt samthaft die vorgemelten alten Ainun-
"gen und Verträge zur Gedächtnus gefürt, und um besserer verstands
"Willen, künftig Irrung zu verhüten, denselben Erklärungen gethann,
"und uns verglichen wie dasselbige in zweyen gleichlautenden Copien,
"die mit unseren Secreten besiglet, und aigen handen unterschrieben seyn
"begrifen ist."

1541.

1544. war also K. Karl V. von dieser nicht lange vorher erneuerten Pfälzischen Bayerischen Hausverfassung ganz wol unterrichtet, wenn er in einem Diplome dem Pfalzgraf Otto Heinrich von Neuburg zu erkennen gibt, daß er ihm die gesuchte Veräusserung etlicher Stüke von der obern Pfaz nicht anders zu erlauben vermöge, als nach vorgängiger Einwilligung aller Pfalzgrafen am Rheine; und aller Herzoge in Bayern.

1546. erkannten eben dieser Kaiser, und sein Bruder der Römische König Ferdinand I. (von welch leztern der Kaiserin Königin Majestät in gerader Linie abstammen) in der mit Herzog Wilhelm IV. von Bayern geschlossenen Capitulation wiederhohlter die Verbindlichkeit und Gültigkeit des Pavischen Vertrags: c) Item quia præfatus Illustrissimus Dux ratione contractuum inter Majores tam Palatinum quam ipsius illustrissimi Ducis initorum et Juramento Vallatorum jus sibi ad Dignitatem Electoratus nec non ad cætera Palatinorum Dominia, et Ducatus in casu, quo Palatinj *sine legitimis filiis masculis* decederent, successum competere prætendit, ea omnia et Singula ipsi illustrissimo Ducj Guilielmo et Hæredibus salva esse et permanere debebunt &c.

1559. den 7. August kam zu Augspurg diese Vereinigung f) zu Stande. „V. G. Wir Friederich Pfalzgraf bey Rhein, Herzog in Bayern „des heiligen Römischen Reichs Erztruchseß und Churfürsten, und „Wir Albrecht Pfalzgraf bey Rhein, Herzog zu Ober= und Nie= „derbayern, und Wir Wolfgang Pfalzgraf bey Rhein, Herzog in „Baiern, und Graf zu Veldenz ꝛc. für uns selbst, und dann auch als „Vormunder, und im Nammen des Hochgebohrnen Fürsten Herrn Jorg „Hannsen Pfalzgrafen bey Rhein, Herzogen in Baiern, und Grafen „zu Veldenz ꝛc. Bekennen und thun kund meniglich für uns, und all un= „sere Erben und Nachkommen, weltliche Regierende Fürsten, in den Für= „stenthumen und Haus Pfalz und Bayern, demnach Weilendt aller un=
„ser

---

c) Beylagen zu der Antwort auf die Geschichte und Rechtmäßige Prüfung der Gedanken eines Bayern sub lit. H.
f) In Urkundenb. zur Zweybrück. Vorleg. n. 29. S. 98.

„unser voreltern lobseeligen Gedächtnis alſſ die Plutsippe zu jeder Zeyt
„miteinander in freundlicher vertraulicher verständtnus gestanden, und
„herkommen seind; derohalben am Jüngsten die Hochgebohrne Fürsten
„unsere freundliche liebe Brueder Herr Vatter, und Vettern Herr Lud-
„wig Erztruchseß und Churfürst, Herr Wilhelm, Herr Ludwig, Herr
„Philipp, Herr Friederich, und Herr Ott Heinrich, alle Pfalzgrafen
„bey Rhein, und Herzogen in Bayern seeliger gedächtniß, mit iren L.
„uns in freundliche Ainigung auch begeben, welche doch der zugetragene
„Todtfälle halber, und sonst aus anderen eingefallenen Menglen in et-
„was Abgang Mißverstand komen, also dardurch unbündig worden.
„Deßhalb wir mit gut vorgehabten Rathe, und aus dapfer bewegnus
„und darauf izo mit und zueinander für uns selb, auch in vormundschaft
„Namen alſſ obsteet, und unser aller Erben und Nachkommen weltlich
„regierende Fürsten in onsern Fürstenthumen, Landen und Gebieten an
„dem Rhein, zu Bayern und anderstwo, so wir Innhaben, und Wir
„und unsere Erben hierohin überkommen, zu Erhaltung unser aller Wohl-
„farth, Ehren, Würden, Landen, Leuten, Rechten, und Gerechtig-
„keiten obgemeldte unsere Voreltern Bundtnis und Verständnis soviel
„deren In ire unwiedersprechliche Würkung kommen sind, zu erläutern
„hiemit wiederum Jnn diese Erbsvereinigung, Bündnis und Verständt-
„nus, begeben haben, und thun des Jnn und mit Crafft diß Briefs.

1648. bestättiget der Westphälische Friede eben dasselbe Haus Grund-
geseʒ in dessen Worten: Torius Lineæ Rudolphinæ jura, quatenus huic
Dispositioni contraria non sunt, salva, rataque maneant. Art. IV. §. 10.

Um nicht allzuweitläufig zu werden, so muß man die Hausunions-
Tractaten von .676. 1724. 1734. 1740. 1761. übergehen, und kann
nur noch aus zweyen die Auszüge liefern.

Erstens aus demjenigen vom 6ten September 1766. „Gleichwie
„neben Gemeinschaft der Abstammung von Ott Witt. und Ottone illu-
„stri der zwischen Kayser Ludwig IV. und seinen dann seines Brudern
„Pfalz-Grafen Rudolphs Söhnen, als den Stammvätern unser bee-
„der

61

„der Häuser, zu Pavia im Jahre 1329. an St. Oswaldstag getroffe-
„ne, und mit Beybriefen von den Churfürsten in dem Römischen Reich
„bestättigt, und angenommener Theilung und Erbeinigungs Vortrag
„bey allen übrigen nachgefolgten Hauß Unions, und Erbverbrüderungs
„Erneuerungen zum Grund genommen worden, und das eigentliche
„Pragmatische Haußgesetz unserer Vor-Eltern ist, welches schon von
„der Zeit an, da Bayern und Pfalz zusammen gekommen, nach
„dem gemeinen Lehen-Rechten also hergebracht, und durch beständ-
„ige Observanz für und für beobachtet worden ist, dergestalten
„daß die unter den Manns-Stammen vertheilt altväterliche Stammgüter
„und Lande mit denenjenigen, so nach der Hand an Lehen oder eigen wei-
„ter erobert worden, unter der beständigen Erbeinigungs Verbindlichkeit
„vereinigt verblieben, und mit Ausschluß der Weiblichen Descendenz
„an den überlebenden Manns-Stammen von einer Linie auf die
„andere zurück gefallen sind: wie es sich bald darauf An. 1340. mit
„der Erbschaft des Landes in Niederbayern zugetragen hat; als wird ge-
„dacht Pragmatisches Hausgesetz auch Unsers Orts allhier bey gegenwärtig
„vorhabender Erb-Einigungs Erneuerung zum Grund genommen, und
„zufolg desselben Inhalts, zuvorderst alle mit Namen benannte Lande,
„Herrschaften, Pfleg- und Landgerichte, Städt, Märkt, Schlösser,
„und Güter mit ihrem ganzen Umfang und Zugehörungen, in Bayern
„und am Rhein, in der Obern Pfalz in Schwaben, oder wo sie sonst
„gelegen, auch das Land in Niedern Bayern, so weit Wir es nur Inn-
„haben, und solches zu gewehren im Stand sind, wiederum auf das
„neue versichert, und mit dem beständigen pacto mutuæ successionis wie-
„derhohlter belegt.„

Nach dem unermüdeten Bestreben gewisser Schriftsteller, die so klare
und unveränderliche Bayerische Pfälzische Hausverfassung in ein falsches
Licht zu stellen, und seine wichtigste Erbverträge durch verkehrte Deutun-
gen zu entkräften, geschah es auch, daß sich Einer ⁿ) bemühte, in diesen

H 3 Arti-

_____
ⁿ) Beantwortung der Aufklärung S. 56.

Artikel des 1766ten Hausvereins einen unrechten Sinn zu legen. Er nahm sich das Publicum zu bereden vor, die höchste Compaciscenten hätten selbst an der Anwendbarkeit des Pavischen Vertrags auf Niederbayern gezweifelt, und daher das erneuerte pactum succeſſorium nur in so fern dahin erſtreckt, als sie es zu gewähren im Stande gewesen seyn. Wie kan aber jemand die Wahrheit so sehr miskennen, daß er nicht gleich auf den erſten Anblick wahrnimmt, wie hier mit den richtigſten und angemeſsenſten Ausdrücken zuerſt die zween Grundprincipien voraus geschickt werden, auf welchen im Wittelsbachischen Hause alles Succeßionsrecht beruht? Ich meine das Recht der gemeinsamen Abstammung und die Hausverträge. Gleich beym Eingange unsrer Hausordnung ist man zu zeigen bemüht, daß der Pavische Vertrag selbst nur eine Wiederhohlung und Erneurung der im Bayerischen Hause ohnehin üblichen Abstammungsrechte gewesen seye §. „Was maſſen — finden solle. Die Worte: „Gleichwie neben Gemeinſchaft der Abſtammung von Ottone Wittelspacense et Ottone illuſtri„ — — und der darauf folgende Period: „welches schon von der Zeit an — zugetragen hat„ was sagen sie anders, als daß nach dem unveränderten Herzoglichen Bayerischen Herkommen schon die Succeßionsrechte auf der Abſtammung beruhten, und folglich nach dem Abgange eines Hauptſtamms alle Länder dem überlebenden anfallen müßten, wie es 1340. (hier wird gerade der Fall, den man jezo bezweifeln will, als ein Beyspiel angeführt) bey Abgang des Niederbayerischen Hauses geschehen seye? Noch vorher sagt man: „Nachdem — Wir — auf das „neue in Stand gesezt worden, nach dem Sinne Meynung und Willen „Unserer Voreltern und Stammvätern und nach ihrem Beyspiel in die „vorige durchzehends unbedingte Haus- und Erbeinung, mit glei„cher Verbindlichkeit allerseits einzutreten, dieselbe zu wiederhohlen zu „erneuern und zu erläutern„ — — Folglich wird in diesem Vertrage nicht bloß das Pavische Hausgesez erneuert, sondern überhaupt das Herkommen von dem vermög der Abstammung gebührenden Erbrechte beſtättigt.

Der Ungenannte, der beständig in dem Irrthume bleibt, als ob man in dieser Hauseinung nur den Pavischen Vertrag zum Grund gelegt hätte, fährt daher in seiner Behauptung fort: „das pactum successo„rium seye nur unter der Einschränkung so weit wir das gewähren kön„nen, auf Niederbayern ausgedehnt worden.„ Die hieher gehörigen Worte heissen: „Als wird gedacht Pragmatisches Hausgesez — zum „Grund genommen, und Zufolge desselben Innhalts zuvörderst alle mit „Namen benannte Lande ꝛc. ꝛc. in Bayern und am Rhein, in der Obern „Pfalz, in Schwaben oder wo sie sonst gelegen, auch das Land in Nie„derbayern, so weit wir im Innhaben und solches zu gewähren im „Stand sind, wiederum auf das neue versichert und mit dem beständigen „pacto mutuæ successionis wiederholter belegt.„ Jedermann sieht, daß die Worte, so weit wir im (indem) innhaben und solches zu gewähren im Stande sind, sich ganz allgemein auf alles vorhergehende beziehen. Wenn die Stelle bloß auf Niederbayern ihren Bezug hätte, so müßte sie heissen, so weit wir es indem besizen u. s. w. Da aber das Wörtchen es mit Fleiß ausgelassen ist, so hat man also auch dabey alle vorher erzehlte Länder für Augen gehabt, und sich dadurch nur von der Gewährleistungsbürde über diejenige Stücke befreyen wollen, die beide Häuser (denn unter dem Worte Wir sind natürlich beide höchste Contrahenten begriffen) sowol 1354. an die Krone Böhmen, als 1508. an Oesterreich, Würtenberg u. a. verloren haben. Will man aber doch jene Clausel durchaus auf Niederbayern einschränken, so wird dadurch nichts anders als die Loszehlung von der Gewehrleistung über diejenige Niederbayerische Ortschaften angedeutet, die das Erzhaus theils zu verschiedenen Zeiten von der Graffschaft Schärding abgerissen hat, theils ihm erst neulich von Niederbayern durch das von dem disseitigen geheimen Rath Baron von Ickstadt (um keinen härtern Ausdruck zu gebrauchen) übelveranstaltete Grenzscheidungswerk zugefallen sind, und die hernach aller dringenden Vorstellungen des höchstseeligen Herrns ohngeachtet niemals von der K. K. Majestät haben wieder zurück erhalten werden können.

Die Hausverein vom 26. Febr. 1771. enthält diese Bestättigung: „Zweytens haben Wir bemög desselben wegen der Erbfolge, auf ein oder
„des

„des anderen unsers gemeinsamen Erb-Einung, und wechselseitige Erb-
„verbrüderung nit nur auf unsern Haupt-Landen, und altväterlichen
„Stammgütern, nach dem Zustand, wie sie nach der ersten Abtheilung-
„und nach Inhalt des Pavischen Vertrags beschaffen gewesen, und an
„uns kommen sind, zum Grund genommen, sondern auch in Rücksicht
„der verschiedenen durch Auf- und Abnehmung gedachter Länder unterlof-
„fener Veränderung aus denen alda mit mehrern angeführten Ursachen
„auf sämtliche acquisita bis auf die Art. 3. festgesezte Zeit erstreckt, be-
„nanntlichen auf Seiten Baiern bis ad 1578. da Herzog Albrecht V.
„die von Kaiser Ferdinand bestättigte Primogenitur, und Fidei-Com-
„miß Disposition zuruck gelassen, und auf Seiten Pfalz bis an. 1558.
„der Pfalzgraf Wolfgang der Stammvater aller noch lebender Pfalzgra-
„fen bey Rhein, unter seinen Kindern mit lezter Willens-Meynung di-
„sponiert hat.„

Eben so wenig kan man sich hier auf die Beantwortung des Ent-
wurfs wegen Nichtbeobachtung des Artikels von der Kur einlassen. Man
wird die Ursachen, warum die Ludewigische Linie wider den klaren Inn-
halt des Pavischen Vertrags nicht zu Führung der Kurstimme gelangt
ist, an einem anderen Orte umständlich erläutert finden.

Ur-

Urkundenbuch.

I.

K. Rudolph von Habsburg ertheilt Pfalzgraf Ludwig dem Strengen 1281. ein Privilegium, daß dessen Söhne Zweyter Ehe mit denen Erster Ehe gleiche Erbsportionen empfangen sollen.

Rudolphus Dei Gratia Romanorum Rex semper Augustus, universis Sacri Imperij Romani fidelibus præsentes Literas inspecturis, gratiam suam et omne Bonum. Romani Decus Imperij in principibus quasi Columnis egregiis, quibus invicem mirificè solidatum, nobilioris decoris ornamentum induit. Dum iidem Principes in suo Vigore durabilioris permanentiæ suscipiunt incrementum. Nec ipsum Imperium posset persistere, sed immoretur, confractis parietibus ad ruinam, si status Principum tenderet ad occasum. Volentes igitur in filiis Ill.ris L. Comitis Palatini Rheni Ducis Bavariæ Principis nostri Chariffimi ruinæ hujusmodi salutari remedio obviare, ad universos præsentis ætatis homines et futuræ volumus pervenire. Quod idem dux Bavariæ in nostra præsentia constitutus ad manus nostras liberè resignavit principatus et omnia alia fœda, quæ à nobis et à Romano Imperio tenuit et possedit, devote supplicans nostræ Regiæ M.ti quod Sibi et Ludovico ac Rudolpho Ludovicj filiis suis prædictos Principatus et fœda clementer concedere dignaremur, cuius nos præcibus et instantiæ annuentes eidem Principi nostro, et suis filiis prænotatis principatus et fœda omnia, quæ vel quos à Cels. nostra et imperio tenuit, habuit et possedit, in fredum concessimus et concedimus et eosdem investivimus et investimus Solemnitate debita de ejsdem. Voluit tamen prædictus Princeps sir. et sic etiam de ipsius consensu et Beneplacito memoratam investituram valere volumus, et eidem talem Legem imposuimus, q. pti. Principis nostri filii supradicta fœda, et omnia bona sua paterna pariter et materna cum ad eos devenerint, reliquis memorati sui pris Liberis, quos iam habet vel successu temporis ex Ill.ri. filia nrā,

nrã, thori sui consorte clarissima, procreauerit condiuidere, et per ōia
in pmissis ōibº et singulis ipsis æquam legem in diuisione seruare. Quod
quia prædicti fratres approbauerunt, laudauerunt, et se non contrauentu-
ros aliquo tempore promiserunt, in nostra et infra scriptorum præsentia,
in evidens et perpetuum omnium præmissorum testimonium. Sigilla vēn:
Babenbergeñ. Herbipoteñs. Epōr, et Abbatis Vuldeñs. ac Ill:ris L. Ducis
prædicti una cum firo Sigillo præsentibus sunt appensa. Testes verò hu-
ius rei sunt honor. Viri Mgr. G. Patauiōr. Præpositus noster Prothonota-
rius Mgr. Andr. Werdeñs. Præpositus noster Notarius. Ill.ris Hartman-
nus Comes de Habspurg filius noster Nobiles viri Hermannus Comes de
Hennenberg. F. Burggrauius de Nurnberg, Gebhardus Comes de Hirz-
berg, Henricus Marchio de Burgau, Berchtoldus Comes de Graifspach,
Eberhardus, Comes de Cazenelenbogen, Fridericus Comes de Truchen-
dingen. Fridericus Landgrauius de Luckenberg et f. filius suus Chrafto.
et Godefridus de Hochenloch. Eberhardus et Udalricus de Müzelberg.
Hadmarus de Laber, Hedegeno de Grindelach, Hiltprandus Masalcus
de Pappenheim, Conradus de Cinfels. Ch. de Paulstorf. Dietricus de
Wildenstain, Eberhardus de Curia, et Henricus de Parsperg. ac qš plu-
res alii fidedigni: Datum Nurnberg Kalend: Aug: Indict: nona. A: D:
M. CC. LXXXi. Regni vero nostri anno viij.vo.

II.

**Pfalzgraf Ludwig der Jüngere verzeiht sich als ein Sohn
erster Ehe der Rechtsgewohnheit, vermöge deren die Kinder
zwoter Ehe mit denen aus erster Ehe nicht erben können.**
1288.

Nos Lodwicus Primogenitus Domini Lodwici
illustris Comitis Palatini Reni Ducis Bawariæ notum facimus præsentium
inspectoribus universis quod cupientes cum liberis eiusdem Domini et Pa-
tris nostri carissimi, quos ex Illustri Domina et Matre nostra charissima

con-

conthorali sua Mahtilde Comitissa Palatina Rheni Ducissa Bawariæ sereníssimi Domini nostri Rudolfi inclitj Romanorum Regis filiæ jam suscepit vel susceperit in futurum equalitatem in omnibus observare, ne aliqua inæqualitatis signa in nobis utrobique valeant deprehendi, promisimus et promittimus, nosque ad id de Aucthoritate et Assensu ipsius Patris nostri obligavimus & præsentibus obligamus, quod omnia bona paterna et Matrina ubicunque sita sint sive in Bawaria sive in Schwevia sive apud Renum sive allibi ubicunque quocunque titulo ipse Pater et Mater nostra defuncta ea tenuerint, vel posederint, sive quæ idem Pater noster et ipsa Mater Nostra eiusdem Domini nostri Regis filia conquisverunt vel conquisiverint, in futurum eis condividemus æqualiter secundum Numerum personarum, et ipsi nobis idem facient è converso *quocunque jure vel consuetudine in Contrarium non obstante*, Renunciantes hinc inde de assensu et authoritate eiusdem Patris nostri omni juri et consuetudini per quod vel quam equali Divisioni inter nos faciendæ utrinque posset in alioquo derrogari et *specialiter renunciamus illi consuedutini sive juri si quod vel si qua foret circa Renum quod vel que Liberos secundi Matrimonii in bonis, quæ Pater vel Mater possidebant vel uterque Proprietatis vel feudi titulo, succedere probiberet*, et generaliter omni juris auxilio canonici vel civilis, vel consuetudinarij, *per quod equalis inter nos facienda divisio sive in bonis, que jure proprietatis, sive in bonis, que jure feudi ipse Pater et Nostra vel eorum alter possedebant, sive que idem Pater vel ipsa Mater nostra prælibati* Domini nostri Romanorum Regis filia *vel ambo conquisiverunt vel conquisierint in futurum, posset in aliquo impediri*, ratum præterea et gratum servabimus si quod *promissum in Nurnberg* ordinatum vel obligatum, quatenus isti ordinationi non præjudicat, super hæc emanavit antea, seu præcessit. in cuius rei testimonium præsentes Damus una cum sigillis ipsius sereníssimi Domini Regis et venerabilium in Christo Patrum et Dominorum Dominj Henrici sanctæ Moguntiæ sedis Archiepiscopi sacri Imperii per Germaniam archi cancellarij et Domini Simonis Episcophi Wormaticnsis Ecclesiæ et prædicti Domini. et Patris nostri qui ad petitionem nostram eadem sigilla sua præsentibus appenderunt, sigilli nostri robore comunitas, nos quoque Ludwicus Dei gratia comes Palatinus Rheni Dux Bawariæ ad petitionem prædicti Ludwici nostri primogeniti prædictæ obligationi et renunciationi et promissis omnibus consensum nostrum, aucthoritatemque præbuimus et favorem. Nos præterea Rudolfus

dolfus Dei gratia Romanorum Rex et semper Augustus et Nos Henricus eadem gratia sanctæ Moguntiæ sedis Archiepiscopus Sacri imperij per Germaniam Archicancellarius et Nos Simon Wormantiensis Episcopus ad petitionem prædicti Ludwici primogeniti eiusdem Comitis Palatini Rheni et Ducis Bavariæ sigilla nostra in maius robur et testimonium præmissorum huic Litteræ Duximus apponenda datum Moguntiæ VII. Idus Januarij Anno Domini Millesimo Ducentesimo octogesimo octavo Regni vero nostri Regis aᵒ XV.

(A.S.) (A.S.) (A.S.)
(A.S.) (A.S.)

Extant Sigilla illæsa, nimirum Imperiale: deinde Archiepiscopi Moguntinensis ablatum est. Trevirensis oblongum. Ludovici Ducis equestre cum clypeo Bojico absque Leone. Tandem Sigillum Ludovici Primogeniti duntaxat cum clypeo Bojco in medio Sigilli. Dependent Sigilla omnia ex serico rubro.

III.
K. Heinrich VII. bestättigt den Herzogen von Bayern ihre Privilegien, Rechte, Schankungen, und Verträge unter dem Lützelburgischen Siegel.
1308.

Nos Henricus Dei Gratia in Romanorum Regem Electus, ad universorum Sacri Romani Imperij fidelium notitiam publicam volumus pervenire, quod cum Sacri Romani Imperij per hoc dignitas attollatur, cum per ipsum, qui ejusdem Imperii Gubernator est providus, Principum illorum commodis seu profectibus intenditur, quibus idem Romanum Imperium tanquam columnis immobilibus innititur, ac fulcitur, de bona voluntate et unanimi ac expresso consensu vener. Principum Mogunt. Coloniens. ac Trevirens. Ecclesiarum ArchiEpiscoporum, nec non Woldemari Marchionis Brandenburgens, et Rudolphi Ducis Saxoniæ, Principum nostrorum Illustrium, omnia Privilegia, jura, Donationes, seu Literas à divis Imperatoribus, seu Regibus prædecesso-
ribus

ribus noſtris Illuſtribus Principibus noſtris Rudolpho et Ludovico Comitibus Palatinis Rheni, Ducibus Bauariæ, & eorum Progenitoribus datas, collatas. ſeu Conceſſas approbavimus, ratificavimus, innovavimus et Confirmavimus, ac præſentibus Litteris eas et ea approbamus, ratificamus, innovamus, ac etiam authoritate Regia confirmamus, promittentes de conſenſu principum noſtrorum prædictorum omnium et Singulorum nihilominus bona fide, quod prædictos principes noſtros Rudolphum et Ludovicum in bonis eorum ac poſſeſſione eorundem non inquietabimus, impediemus, turbabimus aut moleſtabimus, ſed eos in eo jure ſtatu, et poſſeſſione ſtare et remanere pacifice permittemus, ſicut ea progenitores ipſorum temporibus prædeceſſorum noſtrorum habuerunt, tenuerunt, ac etiam poſſederunt. In cujus rei evidens Teſtimonium, præſentes conſcribi fecimus, et *ſigilli noſtri Comitatus de Lutzenburg robore* communiri. Hujus etiam rei teſtes ſunt, Dominus Ioannes Argentinenſis Eccleſiæ Epiſcopus, Henricus Abbas fuldenſis, Bertoldus comes de Hennenberg, vir ſpectabilis Gerlacus comes de Naſſau, Burchardus comes de Hohenberg, Eberhartus et Guilielmus Comes de Kazenelenbogen, Otto de Ochſenſtain, Conradus de Weinsberg, Rubinus de Oſoldingen, Ulricus de Lapide, et quam plures alij fide digni. Datum Francenvordiæ iiijto Calend. Decemb. Anno Domini milleſimo trecenteſimo octavo.

Dieſe obgeſchriebene Confirmationen haben vier Churfürſten, Meintz, Thrier, Cöln, und Sachſen, ſouil ſie dabej zethuen, auch confirmirt, und ſonderbare Brieff darüber gefertiget, am Jar und Tage, wie obſtet.

IV.

K. Heinrich VII. beſtättigt den Herzogen von Bayern ihre Rechte, Privilegien, Schankungen und Verträge unter dem Majeſtäts Siegel. 1309.

Nos Henricus Dei Gratia Romanorum Rex ſemper Auguſtus ad univerſos Sacri Romani Imperij fidelium noticiam

publi-

publicam volumus pervenire. Quod cum prædicti Sacri Imperij per hoc dignitas attollatur, cum per ipsum qui eiusdem Imperij Gubernator est providus, Principum illorum commodis seu profectibus intenditur, quibus idem Romanum Imperium, tanquam Columnis immobilibus innititur, ac fulcitur, de bona Voluntate et unanimi ac expresso Consensu venerabilium Principum Moguntinensium, Coloniensium Ecclesiarum Archi Episcoporum, nec non Woldemari Marchionis Brandenburgensis, et Rudolphi Ducis Saxoniæ, Principum nostrorum Illustrium, omnia privilegia, Jura, Donationes, seu Literas à Divis Imperatoribus seu Regibus prædecessoribus nostris, Illustribus Principibus nostris, Rudolpho et Ludovico, Comitibus Palatini. Reni, Ducibus Bauariæ, et eorum progenitoribus datas, collatas seu concessas, approbavimus, ratificavimus, innovavimus, et confirmavimus: ac præsentibus Literis eas et ea approbamus, ratificamus et innovamus, ac etiam authoritate regia confirmamus, promittentes de concessu principum nostrorum prædictorum omnium et singulos nihilominus bona fide, qua prædictos Principes nostros Rudolphum et Ludovicum in bonis eorum ac possessione eorundem non inquietabimus, impediemus, turbabimus, aut molestabimus, sed eos in eo jure, statu, et possessione stare, et remanere pacificè permittemus, sicut ea progenitores ipsorum temporibus prædecessorum nostrorum habuerunt, tenuerunt, ac etiam possederunt. In cujus rei evidens testimonium præsentes conscribi fecimus *et nostræ Majestatis Sigilli robore* communiri: hujus etiam rei testes sunt Dominus Joannes Argentinensis Ecclesiæ Episcopus, Henricus Abbas Fuldensis, Berchtoldus Comes de Hennenberg. Vir spectabilis Gerlacus Comes de Nassau, Burchardus Comes de Hohenberg. Eberhardus et Wilhelmus Comites de Kazenelenbogen, Otto de Ochsenstain, Conradus de Weinsperg, Rubinus de Osoldingen, Ulricus de Lapide, et quam plures alij fide digni. Datum Coloniæ Decima nona Calend: Februarij. Anno Domini Millesimo trecentesimo nono, Regni vero nostri anno primo.

V.

V.

1313.
Der Räte Tail Brief zwischen Hertzog Rudolph und Hertzog Ludwig der Kayser ward. 1310.

Wir Hainrich von Seueld, Eberhard von dem Tor, Herman von Rorbach, Berchthold der Truchseß van Kullenthall, Ott von Greiffenberg, Albrecht der Judman, Oberster Marschalck, Ott von Eyringsperg, Berchthold von Rechtlingen: und Heinrich, u. Heinrich von Gumppenberg. veriehen u. tun Kund allen den, die diesen Brief ansehent, oder hörent lesen, Wann die Hochgebohrn Fürsten H. Rudolph, und H. Ludwig die edlen Pfaltzgrauen bey dem Rein, u. Herzoge in Bayern Uns darzu erkohren, u. erwelt habent, von ihren Gnaden, daß Wir ihn daz Viztum Ampt zu München, u. daß Gut zu Swaben, u. zu Oesterreich, dz noch Ungetailt ist, taplten nach Unsern Treuen, als wir gleichs möchten Uf Unsern Ayd angeuerdte, haben Wir dasselb Viztdom Ambt: Und daß Gut zu Swaben, u. zu Oesterreich mit verainten Willen u. gemainen Rat entzwey getaplt, mit vesten Gerichten u. Leuten u. Guten auf Unsern Ayd, und auf Unser Treue, so Wir Beste kundten, als hernach geschriben steet, an des Reiches Gut an Beyden Viztum-Ampten Beide zu München, u. auch enhalb der Tunau daz Wir noch nit getailt haben, u. Uns doch den Gewalt behalten haben, diez wir jetz nach disem Tail taillen sollen, so Wir aller Best u. allergleichste konn u. mögen in allen den Puncten u. Ayden, als wir in dem Tapl ietzo gewesen sein.

Deß ersten haben Wir getailt zu ainen Tail. Die Statt zu Ingolstatt, u. die Veste Keschingen, die Burg und den Markht Huntsperg, die Burg Neuburg, die Statt und Purck Rain, die Statt Grinshaim die Purk Donersperg. die Purck Höchstet, die Purck u. Statt Gundolfingen, die Statt Hageln, Aydlingen, Aichach die Statt Fridberg die Purg und die Statt Schildperg. die Purck Muhlhausen, Snattpach, Schrobenhausen. Tachau die Purck, u. die Statt Wildenrot. Widensperg, neu Lechsperg die Purck-Pääl. Weylhaim, Pfaffenhouen Reichertshouen die Purck Geisenfeld den Markht, u. daz

B Gut

Gut in der Wachau zu Oesterreich mit Leuten, Guten, Gerichten, u. alle dem, daz dazu gehört, Besucht u. unbesucht, an waz Wir hernach daf von Gutes, mit namen, zu dem andern Tail nemmen, so sollen zu München der Statt, die Wur zu dem andern Tail haben getailt, gehoren Vohburg die Burck, und Statt, Pferingen der Marckt, die Neu Statt, Eigenburg Burck u. Statt. Raynberg Burck u. Marckt, Roteneck die Burck, Hainhausen die Burck, Schwaben Burck, u. Marckt, Wasserburg Burck, u. Statt, Klingenberg die Burck, Hadmarsperg die Burck, Valay die Burck, Apblingen Burck u. Marckt, Orlan die Klause, Ebse die Burck, Ratenberg Burck u. Marckt, Kotzbuhel, Tollenz Burck u. Marckt, Wolfrazhausen Burck u. Marckt, Grewald die Burk, und Valckenstain die Burck mit Gerichten, Leuten, u. Gueten, und mit allem dem, daz darzu gehört, Besucht und unbesucht, an waz Wir hernach davon zu dem andern Tail mit namen nennen. Daz auch jedwedern Herrn sein vart von dem Lande, daz im an dem Tail gevellet, dester besser, u. fridlicher sey zu seinem Lande enhalb der Tunau daz vor getailt ist, u. daz auch die Tail dester gleicher werden, gegenainander an der Glutt, nemmen wir von dem Tail zu Ingolstatt zu dem Tail zu München Pulach das Dorf, daz auf der Yser ligt. Den rechten Weeg Unz hinz Neuried, u. Neuried auch Unz hinz Lohen, oberhalb des Holz fur von Lohen bey der Wur hinab Unz hinz Pasingen, Doch gehört Lohe, und Pasingen mit ihrer Grafschafft recht hinz Paal, und von Pasingen zwischen des Harden, und der Kursen, den rechten Weeg Unz hinz Freymannen, Mülingschouen, und waz zwischen der vorgenannten Strassen, und Gemerkten, als Wir jezt aufgemessen haben, gelegen ist gegen der Yser biß an München Unz hinz Wohlfrathausen gehörg; mit Gericht zu allen rechten, der etlich von hinz Dachau u. hinz Peul gehörten, u. waz ausserhalb der vorgenannten Strassen, u. Gemerken ist, Daz sol gehören in die Gericht zu Tachau zu Peul, als jezt vor stet, u. als die Wurm entspringet, und durch den Würmser ausgeet, ab Unz hinten Pasingen, und von Paingen gein Freyman, als die vorgeschrieben Pan, und Gemerkte geet, als Wir jez aufgemessen haben, nach dem Tail gain der Yser sollen alle Hölzer, und Vörste, u. Vischenz, und auch Wildpan, die Uns vorgenant Herren angehörent, fur Baß gehörent Hinz Wolfrathausen Unzt am München, und waz enthalb der Wurm, u. des Gemercks, als Wir eß vorauß gemessen haben, Holzer Vorst Vischentz, und Wildpannes ist, Gein

Peul,

Peul, die sollen auch Hintz Peul gehören, Watz auch Holtzs, Vörst, Vischentz, u. Wildpannes ist, oberhalben, Da die Wirm entspringet, Die gehören in die Gerichte, Da sy vor eingehört haben, u. wo yeder Herre in seinem Lande u. auf seinem Wildpann Lat oder hetzet, so sollen sein Hunde Lauffen, wo das Wilt hinflühet, und soll im der ander Herre noch kein sein Amptman, noch Diener Layd thun weder an Jägern, Wilpret oder Hunden wo ez erloffen wirdet on geverdte. Ez soll auch yedweder Herr in des andern Lande, noch in seinem Wiltpan chein Wartt setzen. Ez sollen auch alle Urbar auf die Kästen Dienen, Da sy vor aufgedient haben, u. noch ausnemmen.

Wir haben auch genommen von dem Tail zu München zu dem Tail gein Ingolstatt auf dem Ampt zu Vohburg den Marckt zu Ebenhausen daz Dorf zu Manchingen yedweder halb des Wassers zway Stym Puhet Ainhofen, und waz zu iren Seiten gehort, der Pfarrlept Gein Ingolstatt von Ebenhausen Bey der Parr ab, bis in die Tunau, Datz das furbas mit der Graffschafft recht gehöre zu Pfaffenhouen, u. sol doch die Castengult von denselben Guten, u. Dörfern gehören, u. Dienen Lediglichen, und freylichen auf den Casten zu Vohburg, Da sy vorhin gehörten, Ez ist auch von Uns auf dem Ampt zu Tachau genommen, Haymhausen mit aller Casten Gult, und mit allen seinen Gerichten, Vogteyen, und Rechten, Die Darzu gehörent, zu dem Thail zu München zwen Kamerbergen auch die Camerberg inhabent Hittpranten von Cammer, und auf dem Ampt zu Pfaffenhouen Heinrichen den Preysinger zu Wollentsach mit sambt dem Marckt zu Wollentsach, und sollen von Eyrensburg auf dem Ampt zu Peul, aber auf dem Ambt zu Pfaffenhouen Roteneck die Pürck mit aller seiner Gult, u. mit allem dem, u. darzu gehört, an Leuten, u. Guten, u. sollen die gehören furbaß dem Herrn an dem der Tail zu München geuellt, und Datz darzu gehört. Ez soll auch yeder Herre in dem Tail, der im gefällt Leyhen alle Manns Lehen, Die Jn angehörent zu Lehen, u. Watz sy ander Lehen ausserhalb der Tail habent zu Lehen, Die sollen sy Baid mit ainander Leihen an umb die Pfalz, da soll ez umbsten, in alle dem Recht, als vor getaidingt ist, sy sollen auch alle die Recht die sy in der Statt zu Regenspurg haben, ungetaillt haben, u. niessen mitainander, und wann in dem Tail, der zu Ingolstatt menger, u. besser Kirchen satz sind, Dann in dem Tail, der zu München gehört, Tailen Wir, Daz der Herre, dem München zu Tail geuellt, und Datz Darzue getailt

tailt ist, mit Namen Leihe alle die Kirchen, die hernach geschriben sind, die Kirchen zu Vohburg, Gleispach, Schnierpach, Goltzhausen, Traßmarsried, Pfaffenhouen, Hausen, Rieden, Wolfrathausen, Tuzingen, Haimenfeld, Haudorf, Widersperck, Hochenried, Eglingen, Adeltzhausen, Friberg, Gedenhouen, Otmarnigen, Schiltberg, sant Peters Kirchen zu Neuburg sant Martins kappeln daselbs, Achingen halber, Purckhageln, Rauschausen, Plintheim, Lantlingen, Tenrephingen, So sol der Herre dem Ingolstatt zu Tail geuellet, und daz darzu gehoret, Leyhen die Kirchen die hernach geschriben sind, Die Brobstej zu Jůmůnster Stym Hamshouen, Wald, Welfschouen, Perenwoch, Manenhouen, Statzhart, Aynlingen, Mulhausen, Stetperck, Rorenfelsen, Pydingen, Plankenberg, Veldolfingen, Lantmarstorf, Sindhaym, Droßlingen, Halbert, Pachhageln, Pachen, Pachingen, Oetringen, Wetzmiß Zell, Erlingen, Manhingen, Hausen, Gundolfingen, sant Peters Altar daselbs, Wůr Dingen auch Unsern Bayden Herren ire recht in diß Tailung auf, u. armen und reichen, die in baiden Tailen gesessen sind, Edeln u. Unedln ire Recht, getreulich und gentzlich, u. ungefährlichen auf. Wann die Taillung die Wůr aus Unserm Ayde getreulich gelegch, u. Ungeuerde haben getan; sol den Herren an ihren Rechten, und den Leuten, die in baiden Tailen gesesst sind, an ihren rechten Thein schade sein, u. sol auch zedweder Herr in seinem Tail niemand auf seiner Gewer werffen an recht, waz er hat. Wůr tailen, u. machen auch, ob daß geschicht, daß auf ihr ayntweder tail des andern Dinstman, Ritter, oder Ritter mässig Knecht oder Pürger ein Haußfr nymt, und die in seines Herrn Tail, u. Land furet, Da Dieselbe fraue, u. ir Kynten die sy miteinander gewynnen, dem Herrn bleiben, in des Tail und Land sy gefuret würdet, wurde sy aber Wittwe, wil sy Dann zu dem ersten Herrn wider fahren, dem sol sy bleiben, u. auch ire Kint, die sy gewynnet, ob sy einen andern Mann daselbs Nymt, darober setzen, u. machen Wůr, Wer der ist, der von aines Herrn Tail in des andern Herrn Tail ietzund gefaren, u. gesessen ist, Daz er xiiij tagen wider zu seinen Herrn farr, er sy Amptmann, oder wie er gehaissen sey, u. auch von dem Herrn und er Vert er und sein Haußfrau, sol er, und sein Haußfrau, u. seine Kint gelapt haben für Gůlt, u. für alle Sach mit Leib, u. mit Gut Dieselben xiiij. tag. Wůr setzen auch, und machen, Daz iedweder Herr noch sein Erben in seinen Tail, und Lande cheinen Zol, Mautt, Ungelt

gelt, oder gelaitt von neuen Dingen von den feinen, oder von Außleuten auffez,
oder nemme, oder er habe seinen Bruder yberfaren, u. Darhber watz da-
uon einnymt, daß ist er dem andern seinem Bruder schuldig zu widerkern, u.
zuwider antwurtten gentzlichen oder welchen Schaden er des nymbt, des ist er
im schuldig abzuthun umb die neuen Zölle auch, die sie etlich weil, und Zeit
zu Wasserburg, zu München, in der Nenenstatt, zu Stynn, zu Pfaffen-
houen, zu Varoltzhausen, zu Altenmünster, u. anderstwo, in iz Baider Lan-
de ingenommen habent, Die sollen für Baß gentzlich absein, u. sollen ir fur-
baß nicht nemmen, sy wellent aber selbs, u. schaffent, das man sy ein-
nemme, als sy Untz her ingenommen sind als Lang die Vorger er sein frauen-
oder man Juden oder Kristen, die darauf verschaffet, oder geweiset sind, Biß
auf den henntigen Tag sand Michels tag ir Gelt gentzlich eingenemmen, und
watz yeder Herr von demselben Zollen in seinem Tail oder Lande einnemment,
Datz soll er dem oder dem Vorgern wider geben in xiiij tagen, Darnach in
der ander Herr gemonet, er habe etz in demselben xiiij tagen genommen oder
vor, thut er des nicht, so ist er dem andern Herrn seinem Brudern schüldig
den Schaden abzutun, den er dauon empfangen hat, oder empfahet, die
Zolle soll man entphellen ye mitten seinen Leuten an yeglicher Zollstatt, u. sol
derselb Zollner, u. zwen seiner Leut zu im als offt als er sein beclagt, u. Letzigen
wird, von dem, dem er Zol verschaffet ist, Bereden, watz derselb sein Herr,
oder sein Ambtman dauon ingenommen habe, daß datz gentzlich wider werde,
u. darzu der Schad, als vorgeschriben steet, wird auch der eegenant Zollner
von dem andern Herrn Bezigen, oder Beclagt, als vorgeschriben stet, daz
von dem Zoll icht genommen sey, dem sol er datz sagen, u. auch selb tritt Be-
reden, als vorgeschriben steet, u. wenn sich datz Gut auf den Zollen verget,
so sollen dieselb Zöhle absein, oder der Herr, der dawider tut, yberfert dem
andern, u. darpber watz er dauon ein nymt, detz offt er oder sein erben den
andern seinen Brudern und seinen Erben schuldig zuwider antwurten, u. zuwi-
dergeben gar, u. gäntzlichen, oder welchen schaden er des nymt, des ist er ihm
schuldig abzutun, alß an dem vordern Articul begriffen ist, yber die neuen Zöl-
le Gaymham auch von Lentingen mit allem dem, u. darzu gehört, wie des
vergessen sey dort oben an dem Brief sol gehoren zu dem tail hintz Ingolstatt.
Datz Ungelt auch, da man zu München die Statt von Gepauen hat, datz
haben Bayd Unser Herrn ablassen, u. setzen und machen Wir, daß yedwe-

weder Herr fürbaß daſſelb Ungelt innemmen, wolle er aber erpauen ſein Statt
u. welle ein Ungelt nemmen, daz ſoll er dem Lande an ſchaden nemmen, doch
wellent Dieſelbe Unſer Herrn, Daz die in Gelt dauon innemmen, die daſ-
ſelb Ungeld itzunt innemment, u. inhabent, u. darauf verſchafft ſind, u. für-
baß nicht mehr darauf borgen, noch geben, u. wann auf die Friſt, die man
geſatzt hat, daz alles Gut ſein komen geſchriben auf ſand Matheus tag der
hin iſt, daz man jetz getaillt hiet auf ſand Michelstag darnach nicht geſchriben
komen iſt gar und auch Unſer frauen Hertzog u. Hauſfrau recht, die ſy Guth
ſich zu haben an des Reiches Guten nicht fürbracht iſt, und davon ungetaillt
bliben iſt, deſſelben Reichs Gut, und zwo Grafſchaft zu Hirßberg, und zu
Lutenberg, und auch ſümmlich Gelt, behalten Wr Unſ den Gewalt, doch
nicht auf Unſer Ayde, wie doch vorgeſchriben ſteet, daz Whr zu dem Tail
unter den vordern Ayden, u. Pfunden gepunden ſein, Dieſelben Gut, u. Gelt
zuſchreiben unzutaillen auf tag, die darauf genommen werdent, an Geuärde,
der Wur auch Gewalt zu machen haben, auch an Geuärd, u. dieweil, u.
Zeit Dieſelben Gut ungetaillt ſind, ſol ſich yedweder Unſer Herrn derſelben
Gut, Grafſchaffte, Flegz oder Purg unterwünden beſunderlich, wann daz
man yr Baiden dauon wartten ſol, gleich ainer als dem andern, u. ſollen
auch derſelben Pfleger die Dieſelben Gut, und Grafſchafft inhabent yemitten
nicht verkeren dann mit gemeinen Rat, welcher Herr darwider tat, der ſol
Vortails gefallen von alle dem recht, daz er het an dem Gut, des er ſich ſun-
derlich unterwunden hat, u. ſol an dem anderen vorauf an allen Tail, mit
allen recht gefallen, Darüber wann der vorgenannt Unſer Junger Herr wol
gehabt hat auf den vorgeſchriben ſand Matheus Tag ob er tail wolt nemmen
auf des vorgenannten Reichs Gut, u. Dinen hintz Behaim oder nicht, u. auf
demſelben vorgeſchriben ſand Matheus tag geanwurtt hat, daz er auf demſel-
ben Gut tail nemen welle, und auch dinen hintz Beheim Unſern Herrn dem
Künige, Machen Wür als auch vorgeſprochen watz, daz er alle die Gab,
die ſein vorgenauter Bruder Hertzog, u. Unſer Herr umb Hülff deſſelben Din-
ſtes gegeben, und gehaiſſen hat, u. die koſt, die er darumb getan hat, oder
noch tut, gleich erb u. trag mit demſelben ſeinem Bruder u. auch mit ſein ſelbs
Leib dien, oder er geualle von dem tail deſſelben Gutes, Zugleicher weiſe ſol
ehſten umb ſeinen Bruder, ſy ire dann ehafft Not, Watz ſy auch gegeben ha-
bent iren ſundern Dienern um ewigen Dinſt, oder auf Zill yr, u. iren Erben,

Daſ

daß soll yederman selbs gelten, watz aber Gült, u. Gab ist beschehen, biß auf den nächsten sand Michälstag der hin ist, die sollen sy baid gelten, ainer als vil als der ander, sy sollen auch ir Rät, u. ir schreibär mit einander haißen, suchen, u. Lesen, Ir hantvest, die sy habent, und watz Handt vest ist, die zu den guten des tails zu München gehöret, die sol man dem Herren antwurtten, dem der selbs geuellet, watz auch der Handvest ist, die zu den Guten des tails zu Ingolstatt gehörent, die sol man antwurtten dem Herrn, dem derselb tail geuellet, Waß der ybrigen Handvest ist, die gemain sind. Um daz Ungetailt Gut, u. in Baiden stent, die sol man mit gemainen Rat antwurten an die Stet, da sy ir Baid gewaltig seyn. Ain tail auch ir Beder geltz ist angemerckt, um ir Gelt, wie sy daz gelten sölten, u. watz ihr yetweden des angevalle, dayber ein ander Brieu unter Unsern Jnsigln Geben ist, datz sollen sy nach demselben Brieu abrichten Umb daß ander gemain Gelt sol man teg laisten, und etz. abrichten, alß vorgeschriben stet, watz auch Leut Edl oder unedl syent, und wohnent in ir yetweders Tail, und auch mit Gericht, u. mit March, darin begriffen sind, u. die ir sind, die sollen ey bey dem Beleiben mit Dinst in des Tail Gericht, u. March sy begriffen sind. Watz sy auch irer swester von Leunenburg Unser Frauen, und ihrer Schwester Tochter von Naßau, zu Haymsteur und zu Vertigung sollen, datz sollen sy mit einander tragen. Wür machen auch, daz diser Brieu, den andern Brieu u. Handvesten, die sy gein ander gegeben habent an Schaden. zu einem Urkundt u. zu ainer Gezeugnus diß Tails, und diser Taidingen gehen Wür disen Brief versigelten mit Unsern Jnsigeln. Der geben ist zu München, da man zalt von Unsers Herrn Gepurte Dreyzehenhundert Jar, darnach im zehenten Jar des negsten Pfingtags nach sand Michaels tag.

VI.

Schulden theilung zwischen, denen Brüdern Pfaltzgrafen Rudolf und Ludwig de An. 1310.

Wir Heinrich von Sevelt, Eberhart von dem Tor, Berhtolt von Röhlingen, Herman von Rorbach, Albrecht der Jndman, obrister Marschalch,

Schalch, Berhtolt der Srubsaz von Chünental, Otte von Griffenberch, Otte von Eytmspurch, vnd Heinrich von Gumppenberg, tun chunt allen den, die diesen brief ansehent öder hörent lesen, daz wir gesezzen sin, ob dem gelt, daz unser Herren, Hertzog Rudolf vnd Ludwich, die edeln Pfallentz Grafen bi dem Rein und Hertzogen in Beyern, gelten suln, vnd sein etlich mazze, wie si es gelten, ze rat worden, als hernach geschriben stet, Des ersten sol der Herre, dem der Tail ze München gevellet, Tölntz diu Burch vnd swaz darzu versetzt ist, von dem Bischof von Frisingen, lösen und widerchaufen vmb Nvnhundert march, zwo vnd sibentzig March vnd Sehsthalb lot silbers, wider daz sol der, dem der tail ze Ingolstat gevellet, Ruprecht dem Schefman, Burger ze Werd, gelten, sehs hundert pfunt vnd zwaintzig pfunt, Augspurger Pfenning dem von Rehperch vierhundert March Silbers, Graf Chunraden von Chirchperch hundert March Silbers, vnd dem von Apchann hundert March Silbers, vnd sol derselben gult, der Herre, dem der tail ze München wirt, furbaz deheinen schaden nemen, Wider diu vier tausend pfunt Auspurg Pfenn, die den Juden von Auspurch, von der Stat ze München, ze Jurn verschafft sint, sol der Lang von Werd, vnd sin Erben, diu gut vnd auch vest, diu er ze pfande hat, in dem tail ze Ingolstat, inne haben, bis sie dreier tausent pfunte und zwaier hundert pfunde, Auspurger pfenning davon verriht vnd gewert werdent, vnd sol desselben geltes, der Herre, dem München der tail gevellet, furbaz deheinen schaden nemen, darzu sol der Herre, dem der tail ze Ingolstat gevellet, Rugern dem Langenmantel, vnd siner Geselleschaft, Burgn̄ ze Auspurch, an dem gelt vnd man in schuldich belibt, vor auz richten, acht hundert Pfunt Auspurger pfenning, vnd swaz des übrigen wirt, mit rechter raitung, hintz denselben Burgern, daz suln sie gelich tailen, vnd sol je der Herre sinen tail rihten, vnd swederr Herre sinen tail rihtet, der sol furbaz deheinen schaden da von nemen, vnd sol der Schad, uf den gen, der sinen tail nicht gegeben noch veriht hat, umb daz gelt ze Werd, daz man dem Sim̄ dem Juden vnd sinen gesellen sol, daz suln sie baid haizzen raiten, vnd auch baid abrihten, je der Herre sinen tail, mit dem Schaden, der dar uf gegangen ist, bisher vnd auch furbaz get, vnd swederr Herre sinen tail desselben geltes abrihtet, der sol furbaz deheinen Schaden liden, ob halt der ander sinen tail niht abrihtn, vmb diu güt ze Vme, machen wir, daz man der gewart uf dem tail des grozzen zolles ze München, als vor dar vmb getaidingt ist,

ist, wird aner daran iht verchert, so soll jeder Herre sinen tail desselben geltes erben vnd rihten, mit dem Schaden, der daruf furbaz get vnd swedert Herre sinen tail desselben geltes abrihtet, der soll furbaz desselben geltes an schaden beliben. Es sol auch vmb Salmans des Juden von Eystet, gelt gesten in dem selben reht, wan er uf den vorgnanten Zol ze München umb daz vorgnant sin gelt gewiset ist, swaz man auch sol hintz Regenspurch, dem vaulwiser, dem Gumpreht vnd den andrn Burgrn daselb, des man bewisen mach mit rehter raitung, daz sol je der Herre halbes gelten, vnd den Schaden erben, der dar uf get, sam sol es gesten vmb daz gelt ze Nürenberch vnd ze Eger vmb Lämblin vnd Jüdlin, die Juden von Auspurch, den man sol vier tausend pfunt Auspurg pfennn̄, als sie rehent über Alles daz, des si vorgewist sint, ist gesetzet, daz jetwederr Herre sinen tail desselben geltes, als es gerait werd, geb vnd den Schaden lide, der dar uf furbaz ge. Swaz auch anber gult ist, es sei in Steten, in Marchten, oder uf dem Lande, da suln sie baid zu senden vnd haizzen raiten, vnd swaz der gult dan wirt oder ist, diw suln sie tailen, vnd baid gelich gelten, vnd sol man darvmb gut weisung nemen, vnd auch stellung und frist, gern vnd biten, vnd swaz schaden, uf diwselben gult, furbaz get, den suln si baid gelich erben vnd tragen, swaz auch ablazzes m̄ an derselben gult, geschiht, den suln si baid gelich, abstahen, je der Herre sinen tail an siner gult, swederr auch sin gult abriht, der sol furbaz, derselben gult, deheinen Schaden nemen, vnd sol der Herre, der da sinen tail niht gibt, furbaz den schaden erben, vnd jener niht, darvber machen wir vmb daz gelt, da Christen oder Juden in jetwederm tail, vmb gewiset sint, daz man daz rait vnd swederthalb sin mer funden werd, daz der ander Herre, demselben Herren daz widerleg vnd daz doch den geltern ir geschäft steet belibe, vnd m̄ niht übervarn werd. Ze einem Urchund darüber haben wir disen brief versigelt mit vnsern Insigeln, der gegebn ist ze München, do man von Christes Geburt zalt drwtzehen hundert Jar, darnach in dem zehenten Jar des nächsten Pfintztages nach sant Michels tach. ...

E

VII.

VII.

Theilung des Landts zu Bayern zwischen den Brüdern Pfaltzgrafen Rudolf und Ludwig de An. 1310.

Wir Rudolf vnd Lodwich von Gottes Genaden, Pfallentz Grafen bi dem Reyn vnd Hertzogen in Beyern verichen vnd tun chunt allen den, die disen Brief anschent, oder hörent lesen, daz vnser getrewen, Heinrich von Sevelt, der Edelman, Eberhart von dem Tor, Berhtolt von Röhlingen, Herman von Rorbach, Albreht der Judman, vnser Obrister Marschalch, Berhtolt der Truhsätz von Chüllental, Otte von Griffenberch, Otte von Eprinspurch, vnd Heinrich der Gumpenbergär, die wir jetzu ze vnserre tailung des Vitztum Amptes ze München, vnserw gut ze Swabn, vnd ze Osterrich, dw bisher ungetailt sint gewesn, erchorn heten, dwselbn tailung nach vnserm gebot, bet, und haizze, gemacht und verriht habent, und habent auch dwselben tailung, alz si si gemacht habent, für uns braht geschriben, an den briefen, die si uns darüber geantwurt habent mit iren Insigiln versigelt, und ist mit dem Lotze, den wir darumb beidenthalben getan haben, uns Hertzog Rudolfen ein gevallen ze vnserm tail, München dw Stat, Vohburg, Burch, und Marcht, Pfergen der Marcht, dw Nwestat, Sigenburch, Burch vnd Marcht, Mayenberch, burch und Marcht, Roteneck dw burch, Hannenhausen dw burch, Swabn dw burch und marcht, Wazzerburch Burg und Stat, Chlingenberg dw burch, Hadmasperch dw burch, Dyblingen burch und marcht, Valay dw burch, Valchenstain dw burch, Orlan dw Chlaus, Ebs dw burch, Chufstain, burch und marcht, Werberch dw burch, Ratenberch burch und marcht, Chitzpühel dw Stat, Tölntz burch und marcht, Wolfrashausen, burch und Marcht, der Grünwalt dw burch, und swatz zu denselben vesten und Steten gehört, an Lapten, und an guten Gerihten, Dörfern, Weilirn, Wälden, Vörsten, Hältzern, Wazzern, Vischereinen, Wiltpan, und swaz anders darzu gehört, besuchtes und unbesuchtes, erbawens und unerbawens, so ist uns Hertzog Lodwigen, an gevallen ze vnserm tail Ingolstat dw Stat, Cheschingen burch und marcht, Gannershan der Marcht, Lentingen, Huntsperch dw burch, Reckkershofen dw burch, Nwenburch burch und Stat, Rain dw Stat, Trivsschaim dw burch, Donersperch dw burch

Höh-

Höhsteten burch und Stat Gundelfingen dw Stat, Hagenn die burch, Astabingen die burch, Aychach dw Stat, Fridberch burg und Stat, Mulhausen dw burch, Snaitpach dw burch, Schrobenhausen der marcht, Schiltperch dw burch, Dachawe burch und Marcht, Wercklershofen dw burch, Wildenrod dw burch, Widersperch die burch, Lantsperch burch und Stat, Niwen Lechsperch dw burch, pänl dw burch, Weilhaim dw Stat, Pfaffenhofen der marcht, Geisenvelt der march, und daz gut in der Wachawe ze Oestrreich, mit allem dem, und zu denselben Vesten und Steten gehört, an Länten und guten Gerihten, Dörfern, Weilärn, Wälden, Vörsten, Hölzern, Wazern, Vischereinen, Wiltpan, und swaz anders darzu gehört, besuhtes, und unbesuhtes, erbawens und unerbawens. Es habent auch die vorgnanten tailär, darumb daz unser jetwederm sin vart von dem lande, daz im jetzu ze tail ist worden, zu dem lande jenthalb der Tunawe, daz vor under uns getailt ist, defter bezzer und defter Fridsamer sei, und auch daz die tail defter gelicher sein, an der gült von unser Hertzog Lodwiges tail genomen, zu unsers vorgnanten Hertzog Rudolfes tail, daz Dorf ze Pühloh, daz uf der pfer ligt, den rechten wech, vntz hintz Niwenried, und Niwenried auch von Nnwenried vntz hintz Lohen oberhalb des Holtzes für von Lohen bi der wirm ab untz hintz Päsingen, und gehört doch Lohen und Päsingen mit ir Graffschaft reht hintz pänl, und von Päsingen zwischen des Hardes und der Chursen den Rechten wech vntz hintz Mosach, von Mosach den rechten wech vntz hintz freimannen, und von Freimannen in dw pfer, und sol doch Pühloch, Nuwenried, Mosach, Mülmelungshofen, Freimannen, und swaz zwischen der vorgnanten strazze und gemerch, alß wir es auz gemezzen haben, gelegen ist, gegen der pfer bis an München, hintz Wolfrathausen gehören, mit dem Geriht, ze allem Rechte; der etlichw vor, hintz Dachawe, und hintz pänl gehörten, und swaz auzzerhalb der vorgnanten Strazze und Gemerch ist, daz sol gehören in dw Gericht, ze Pävl und ze Dachawe, als es vor tet, und als dw wirm entspringet, und durch den Wirmse auzgeht, ab, vntz hintz Päsingen hintz Freimannen, als dw vorgnant Pan und Gemerch, get, als si es auz geinezzen habent nach dem tail gän der pfer, suln ellw Holz und Vörst, Vischerei und Wiltpan, dw uns baid voran gehörten, fürbaz gehören hintz Wolfrathausen, vntz an München und swaz jenhalb der Wirm und des Gemerches, als si es auz gemezzen habent, Holtz, Vörst, Vischentz, und Wiltpan ist gegen pänl, dw

C 2

suln

suln auch hintʒ pänl gehören, Swaʒ aver Holtʒes, Vörſt, Viſchentʒ und Wiltpans iſt oberhalb, da die Wirm entſpringet, dw ſuln gehörn in dw Geriht, da ſi vor ein gehörten, und ſwa unſerr jetwederr, in ſinem Lande und tail uf ſinem Wiltpan lat oder hetʒet, ſo ſuln ſin hunde lauffen, ſwa daʒ wilt hin flwhet, und ſol im der ander, noch dehein ſin Amptmann, oder dienär, dehein lait tun weder an Jägern Wiltprät, oder hunden, ſwa es erlaufen wirt, Es ſol auch unſer entwederr in des andern lande, noch in ſinem Wiltpan dehein wart ſetʒen Es ſuln auch ellw vrbor, uf die Chaſten dienen, da ſi vor uf gedient habent, lediclich und freilich mit ir Chaſtengult und mit allem dienſt an die gut, dw ſi vor uʒ genomen habent, und noch ausnement hernach, es iſt auch genomen von unſer Hertʒog Rudolfes tail, und gegebn ʒu unſer Hertʒog Lodwiges tail, auʒ dem Ampt ʒe Vohburch, der Marcht ʒe Ebenhauſen, daʒ Dorf ʒe Mänchingen jetwederhalb des Waʒʒers ʒwoi Stinne Püheln, Einchofen und ſwaʒ ʒe iener ſiten der parre lit, gegen Jngolſtat, von Ebenhauſen, bi der parre ab, bis in die Tunawe, daʒ daʒ fürbaʒ, mit der Grafſchaft reht, gehören ſol, fürbaʒ hintʒ Pfaffenhofen, und ſol doch dw Chaſten gült von denſelben Dörfern und Guten gehören und dienen lediclich und freilich uf den Chaſten ʒe Vohburch, Es iſt auch auʒ dem Ampt ʒe Dachawe, von unſer Hertʒog Lodwiges tail genomen Hannenhauſen div durch mit aller irre Chaſtengült, Gerihten, Vogtapen, und Rechten, die darʒu gehörent, ʒwen Chamerberger, die Chamerberg inne habent, Hiltprant von Chamer, und auʒ dem Ampt ʒe Pfaffenhofen, Heinrich der priſinger von Wolentſach mit ſamt dem Marcht ʒe Wollentſach, Rotenecket dw kirch mit aller irre gült, und mit allen iren Rehten, die darʒu gehörent, an lauten und an guten, auʒ dem Ampt ʒe paul, Otte von Eyrmſpurch, und ſuln die fürbaʒ gehören, ʒu unſer Hertʒog Rudolfes tail, Es ſol auch unſerr jetwederr in ſinem Tail und Lande, daʒ im gevallen iſt, leihen, ellw Manlehen, dw in angehörent ʒe leihen, und ſwaʒ wir anderr lehen haid, auʒʒerhalb unſer tail, ʒe leihen haben, dw ſuln wir miteinander leihen an umb dw Pfallentʒ, da ſo es umbſten, in allem dem rehten, als vor getaidingt iſt, Wir ſuln auch ellw dw reht, dw wir haben, in der Stat ʒe Regenſpurch, meʒʒen, mit einander und ungetailt haben, und wan in unſer Hertʒog Lotwiges mil mengerr und beʒʒer Chirchenſatʒ, waʒ, dan in unſer Hertʒog Rudolfes tail, iſt getaidingt, und getailt, daʒ wir Hertʒog Rudolf ſuln leihen, die

Chir=

Chirchen, die hernach geschriben stent, Vohburch, Bläspach, Schernpach, Geroltshausen, Trafmansried, Pfaffenhofen, Hausen, Rieden, Wolfrathausen, Tutzingen, Hannevelt, Hemedorf, Widersperch, Hohenried, Eglingen, Adoltshausen, Fridberg, Gebenhofen, Otmaringen, Schiltperch, Nnvenburch, Sant Peters Kirchen, Sant Martins Chappel daselb, Dehingen halbes, Purchhageln, Nanshausen, Blinthaim, Lántlingen, Tenrichingen, So suln wir Hertzog Lotwich leihen die Chlrchen, die hernach geschriben stent, dw Probstay ze Jlmmlunster, Stinne-Haunshofen, Walde, Welfshofen, Pernwach, Mannhofen, Stotzhart, Aynlingen, Mühlhausen, Stetperch, Rorenbels, Pidingen, Blanchenburch, Veldolfingen, Lantmarstorf, Sunderhalm, Dröszlingen halbes, Pachhageln, Pachen, Pachingen, Otringen, Wezzenszelle, Erlingen, Mänchingen, Hausen, Gundolfingen, und Sant Peters alter in derselben Kirchen ze Gundolfingen, Wir dingen und nemen auch uns beiden, unserw reht auz, an dirre tailung, und unsern, armen und richen, Edeln und un-Edeln, irw reht auz, die in unsern baiden tailen gesezzen sint, wan die tailung, dw getrwelich und an gevárd zwischen unser geschehen ist, sol uns an unsern rehten und unsarm láuten an ihren rehten dehein schad sein und sol auch ynsere entwederr in sinem tail nieman, auz siner gewer werfen an reht, swaz er hat, Wir verieben, daz auz unser ietweders tail und Lande unser Dienstmanne Einer einermazzig Chnecht und burger Hausfrowen mügen nemen, auz des andern tail und Lande und füren in sines Herren lant, und sol divselb Frowe Und irw Chint, dw si mit einander gewinnent, beliben dem, in des lant si gefürt wirt, wirt aber sie witwe, wil si dann zu dem erárn Herren wider varn, daz mach si tun, und sol auch daselb beliben, und irw Chint, ob si daselb einen andern wirt nimt, dw si bi demselben wirt gewinnet. Swaz auch láut edel oder unedel sitzent und wonent in unser jetweders tail und auch mit Geriht und mit Marcht darinne begriffen sint, und dw unser sint, dw suln ie bi dem beliben mit dienst, in des tail si begriffen sint, swer aber der ist, der in des andern tail jetzu gevarn, oder gesezzen ist, auz des andern tail, der sol in viertzehen tagen, wider zu sinem Herrn varn, er sei Amptmann, oder siwie er geheizzen sei, und sol auch von dem, von dem er vert, er, sin hausfrowe und sinw Chint gelait haben für gült und für alle sache dieselben viertzehen tag mit libe und mit gut. Wir verieben auch baide daz unser entwederr noch unser Erben in sinem tail und Lande deheinen

C 3

keinen zol, maut, ungelt, oder gelait von nwen dingen, von den sinen oder von auzlauten, auffetze oder nem, oder er hab dem andern übervarn, und darüber, swaz er davon ein nimt, Des ist er dem andern schuldich ze widergeben gäntzlich, oder swelhen schaden er des nimt, den sol er im abtun. Umb die Nnve zölle auch, die wir etlich weil und zit, ze Wazzerburch ze München ze der Nnvenstat, ze Stinne, ze Pfaffenhofen, ze Varoltshausen, ze Altenmünster, und anderswa, in unser baider tail eingenomen haben, verichen wir, daz die fürbaz gäntzlich ab suln sein und suln ir fürbaz, niht mer nemen, doch wellen wir daz die Borger, es sein man oder frowen, Christen oder Juden, die mit irem gelt, daruf gewiset und verschaffet sint, bis uf den nähsten sant Michelstach, der hin ist, dieselben Zölle einnemen, und inne haben, bis si ires geltes davon gäntzlich gewert werdent. Wir geheizzen auch, daz wir von denselben zöllen, dw weil ihtes iht einnemen, noch die Gelter daran niht irren, oder swederr unserr in sinem tail oder Lande davon iht ein näm, der sol daz den borgern widergebn in viertzehen tagen, darnach und er darumb gemant wirt von unser aintwederm, er hab es in denselben viertzehen tagen genomen, oder vor, oder tut er das niht, so ist er dem andern schuldich den schaden ab ze tun, den er Enpfangen hat, oder enpfäht. Wir suln auch dieselben zölle ienneren empfelhen fromen läuten, an ieglicher zolstat, und sol derselb zolner und zwen frommann zu ihm, als oft er sin beclagt, oder bezigen wirt, von den, den die zölle verschaft sint, oder von unserr aintwederm bereden, waz der ander davon genomen hab, oder sin Amptman, daz daz gäntzlich wider werd, und darzu der Schad, als vor geschriben stât, und swann sich daz gut uf den zöllen verget, so suln si fürbaz ab sin, oder swederr unser darwider tut, der übervert dem andern, und darüber swaz er davon nimt, des ist er, oder sin Erben dem andern und sinen Erben schuldich wider ze antwurten, oder schwelhen schaden er das nimmt, des ist er im schuldich ab ze tun, als an dem vordern Artickel mit schrift begriffen ist, über die unwen Zölle. Wir haben auch baide das ungelt ze München, da man die Stat mit gebawen hat, ablazzen und geheizzen, daz wir daz fürbaz niht mer einnemen, welle aber wir Hertzog Rudolf ein ungelt nemen, damit man barve, daz suln wir dem Lande an schaden nemen, doch Wellen wir baide, daz die iz gelt davon einnemen, die dazselb ungelt jetzu inne habent und einnement, und auch daruf verschaft sind, und suln auch die fürbaz daruf nicht mer borgen noch gebn,

und

und wan uf die frist, die man geseꜩet het, daꜩ etw gut geschriben, chomen solten sein, uf Sant Matheustach, der hin ist, daꜩ man si getailt het uf Sant Michelstach, darnach nicht gar geschriben sint chomen, und auch unserr Herꜩog Rudolfes Haußfrowen reht, die si giht sich ꜩe haben an des Reiches guten, nicht für ist braht, und da von desselben Reiches gut in baiden Viꜩtumampten, beidw ꜩe München und jenhalb der Tunawe, ungetailt beliben sint, und auch ꜩwo Grafscheft ꜩe Hirꜩsperch und ꜩe Lwtensberch, und auch sumlich gelt, habent in die vorgnanten tailer j den gewalt behalten, doch nicht uf ir aide, die selben, des Riches gut, Grafschaft, und gelt ꜩwischen uns ꜩe tailen, uf tåg, die daruf genomen werdent ane gevård, der auch dieselben tailer gewalt habent ꜩe machen an gevård, und dieselben Weil und ꜩit und derselben gut ungetailt sint, sol sich unserr entweder derselben gut, Grafschafft, Pfleg oder Burg underwinden besonderlich, waꜩ daꜩ man uns baiden davon warten sol einem als dem andern gelich, und suln auch wir derselben Pfleger, die derselben gut und Grafschaft inne habent, iemnten niht verchern, dann mit gemainen rat, swederr unserr darwider tåt, der sol vor tailes gevallen von allem dem reht, daꜩ er het an dem gut, des er sich besunderlich unterwunden hat, und sol vor auꜩ an allen tail mit allem recht gevallen an den andern, darüber wann wir Herꜩog Lodwich wal heten, unꜩ uf den vorgnanten Sant Matheus tach, ob wir tail wolten nemen auꜩ des vorgnanten Reiches gut, und dienen hinꜩ behenn, oder nicht, und uf denselben vorgnant Sant Matheus tach geantwurt haben, daꜩ wir auꜩ denselben guten tail nemmen wellen und auch dienen hinꜩ behenn unserm Herrn dem Chunich, veriehn wir, daꜩ wir alle die gab, die unser bruder Herꜩog Rudolf um hilf desselben dienstes gegebn und geheiꜩꜩen hat, und die Chost, die er darumb getan hat, oder noch tut, gelich erben und tragen mit demselben Unserm bruder, und auch mit unser selbes libe dienen gån behenn oder wir gevallen von dem tail desselben gutes, je gelicher wis sol es sten, umb uns Herꜩog Rudolfen, uns irre dan baid Ehafte not, Swaꜩ auch wir baid gegebn haben, unserm sundern dienårn, umb ewig dienst, oder uf ꜩil, unser jedwederm, oder unsern Erben, daꜩ sol jederman selb gelten, swaꜩ aber gült und gab ist geschehen, biꜩ uf den nåchsten Sant Michels tach, der hin ist, die suln wir baid gelich gelten einer als vil, als der ander, Wir suln auch baid unser Rat und unser Schreiber miteinander heiꜩꜩen suchen und lesen, unser

hatnhandfest, die wir haben, und swaz hantfest ist, die zu unser Hertzog Rudolfes tail und lant gehörent, die sol man uns antwurten, swaz aber hantfest ist, die zu unser Hertzog Lotwiges tail und lant gehörent, die sol man uns antwurten, swaz auz der andern hantfest sei, umb daz ungetailt gut und die uns baiden stent und gemain sint, die suln wir baid mit gemainen Rat antwurten an die Stet, da wir Ir baid gewaltich sein. Ein tail auch unser baider geltes ist an gemercher, und wie wir daz gelten suln, und waz unser jetwedern, des an gevalle, darüber haben wir baid ander brief gegen einander gegeben, und suln auch dazselb gelt nach derselben brief sag abrihten, umb daz ander gemain gelt suln wir tag laisten, und auch es abrihten, als dieselben brief sagent, swaz wir auch baid unserr Swester von Lannenburch und unserr Swester Tohter von Nazzawe ze hanstwr und ze vertigung suln, daz suln wir baid mitainander tragen, und abrihten, Wir wellen auch, daz die brief den andern briefen und hantfesten, die wir vor gegen einander gegebn habn, Dehein schaden sein, daz auch die vorgeschriben sache alle stät und unzerbrochen beliben, darüber gebn wir ze einem Urchund disen brief versigelten mit unsern Insigeln, der gegeben ist ze München do man von Christes Geburt zält Drwzehen hundert jar, darnach in dem zehenten Jar, des nähsten Pfinstages nach sant Michels tach. ec.

VIII.

Theidigungs brief zwischen den Gebrüdern Rudolf und Ludwig zu Freysing an St. Stephans tag. 1311.

Wir Rudolph und Ludwich von Gottes Gnaden Pfallenzgrafen bey dem Rhein und Herzogen in Bajern verichen und tun Khund allen den di diesen Brief sehend oder hörend lesen, daz wir nach unsers lieben Vettern Chunig Otten von Ungern Unsers Herrn Erzbischof Khunrades von Salzburg, und unsers lieben Ohaims Herzog Fridrichs von Oesterreich Rat und Haißen also über ainkommen seyn, daz wir alle unsre Zolle zu München zu

Wazer-

Wazerburch ze Lantſperch ze Fridberch, ze Nunnburg auf dem Land und ſwo wie ſi haben unſer Kaſtengůlt und Steuer ſwi ſi genannt ſint, ſi ſeye Inſpurger, Munchern, Ulmarn oder anderſwo, Chriſten, oder Juden verſatzt, an die ſtat ze Hant antwurten ſullen, da ſi hin verſatzt ſint, als die Handveſt habent, di wir dar gegeben haben, an unſer Thailung. Swaz aber unſer gemainen Gůlt iſt, die wir gelten ſullen mit ainander vor unſer Tailung, da ſullen unſer baider Viztum und unſer Rat umb ze ſamm chomen, und ſi zerat werden, zwiſchen hinn und unſer Frauen Tag als ſi geboren ward der ſchierſt Chumt, und ſoll ie der Viztum daz Gelt, daz wir ſchuldich ſein, da hin mit im geſchribens pringen, und ſo daz alles fürglegt und gerait wirt, ſo ſoll unſer jedweder ſein Tail gelten an die Städt da ez im gelegen iſt, und wurd da iht über gemainiglich ze gelten, das ſollen wir baid mitainander gelten, und aufrichten, wir ſullen auch ſelbs, und unſer Viztum um derſelben Gilt aufrichtung und wehrung umb Friſt zegwynn, und um ander Sach, ſwetlichen unter uns oder um ſeine des durft geſchicht, mit dreyen einander beholfen ſeyn, ohn alles gefärd. und daß das alſo ſtat und unzerbrochen beliebt, geben wir diſen Brief mit unſern Inſigeln verſigelt, der geben iſt zu Freyſingen, da man von Gotts Geburt zalt dreyzehenhundert Jahr, darnach in dem ainliften Jahr an ſant Stephans tag als er funden wart.

(L.S.)   (L.S.)

Duo Sigilla anterius dimidiata in cera.

IX.

Theidigungs brief zwiſchen den gebrüdern Rudolf und Ludwig, Paſſau am nächſten Mitrwoch vor St. Georgen Tag 1311.

Wir Ludwich von Gottes Gnaden Pfalzgrafen bey dem Reine und Herzoge in Baiern verichen und thun kund, allen den die dieſen Priefe ſehen, oder

oder hören lesen, daß Wir nach unsers lieben Oheims Herzogen Friderichs von Desterrich bod einen Fried und einen Satz wellen haben: und haben mit unsern lieben Bruder Herzogen Rudolfen in Baiern, und Phallenz grafen bey dem Rine Uns auf den nächsten Montag zu außgehender Phingstwochen, und den selben tag über und über mit so gethanner Beschaidenhait: daß der Frid enhalb der Donau und disthalb stet beleiben soll unz auf den vorgenanten tag in aller der weis als jn unser lieber Oheim Herzoge Friderich von Desterich vormalen zwischen Uns und unsern lieben Bruder gemachet het, und Swaz auch unser baider Vitzdum der Nothaft und der Weigel vor in ir Frid genommen habent enhalb thonau, daz sol noch in dem Frid sein; Und swaz Uns Herzogen Ludewigen oder dem edeln Manne Grafen Bertolden von Nifen, oder andern Unsern Dienern und Amtleuten, Markt, Chirchen, oder Chirchöfe die geuestet sein, huldigt oder gesworen haben, und di wir inne haben, die sulen in unserm Frid beleiben, und mit dem andern sul wir in dem Fride nicht zu schaffen haben, und ob wir darüber ze Crieg werden, so sol unser lieber Oheim Herzoge Friderich von Oesterreich darzu seinen Boten senden, und sol derselb Bott eruaren welich markt, Chürchen, oder Chirchofe die gewesstent sein, Uns, oder unsern Amtleuthen Huldiget, oder geschworen haben, und die wir Innen haben, die sollen in Unsern Fride beleiben, und mit den andern soll wir In dem Fride nicht zu schaffen haben. Man soll auch pe de Manne, swer Pfanntschaft habe von Unsern lieben Bruder, oder von Uns, oder von Uns Baiden In baiden Viztzhuinbamter enhalb thunau und disthalb bey seinen rechten ion bleiben und dhain Shaden daran thuen In dem Fride, und siver hinüber oder herüber ist gefaren, der soll alles sein Guet, in demselben recht haben, als Er es herbracht hat, in satzen und in friden.

Man soll auch beydent halben alle di geuangen, di seit dem tail gefangen sind, ausgeben, dieweil der frid wert. Es soll auch alle Pfantung stille ligen, daß niemand den andern Pfendten soll, in dem Fride, und was in dem vordern Friede geschehen sey, und noch in dem Fride geschicht, das soll man baidenthalben wider thun.

Wir nemmen auch in unsern Fride Unsern lieben Vettern den Edlen Fürsten Khunig Otten von Hungarn Pfallenzgrafen bej dem Rhein, und Herzogen

gen in Baiern, und Unsern lieben Herrn den Erwergen Bischoff Philipsen und die Corherrn von Eystet, darnach alle unser Helffer, und Diener.

Und ob di erwergen Herrn der Bischoff und di Chorherrn von Eystet Unsern lieben Bruder Herzog Ruedolfen in dem Frid schaden thuent von des Römischen Khunigs, oder von seiner Landuogt gebot, ongeuerde, do di Landuogt, oder Jr untervogt, oder des Reichs Stet bey sein, damit ist der Frid nicht zerbrochen: und was der vorgenannt Bischoff, und die Chorherrn von Eystet unserm lieben Bruder, In dem Fride schaden thunt, von Jr selbs wegen, das sollen sy baidenthalben wider thun; und was Unser lieber Bruder dem vorgenannten Bischoff und den Chorherrn von Eystet In dem Fride schaden thuet, von des Römischen Khunigs oder seiner Landuogt gebott, ongeuerde, do die Landuogt oder Jr unteruogt, oder des Reichs Stett bey sein, damit ist der Fride nicht zerbrochen.

Und was Unser lieber Bruder dem vorgenannten Bischof, und den Chorherrn von Eystet, io dem Fride schaden thuet, von sein selbs wegen, das soll man baidenthalben wider thun,

Wer auch, daß man Unsern lieben Herrn dem hochen Fürsten Herrn Chunraden Erzbischofen zu Salzburg, oder unsern lieben Oheim Herzog Fridrichen von Oesterreich dhainen schaden thet, ob wir In geholffen weren Indem Fride, damit ist der Fride nicht überfaren. Und daß der Fride, und der Satz alls vorgeschrieben steet, Stät und unzerbrochen beleibe, Geben Wir diesen Brief mit Unsern Jnsigl versigelt, der geben ist zu Passau, da man von Gotts Geburt zalt. Dreyzehenhundert Jar, und darnach in dem ainlifften Jar, den nechsten Mitichen vor Sand Georgen tag.

(L.S.)

Sigillum illæsum in cera: Ludovicus Dei gratia Comes Palatin. Reni dux BAVVARIE.

X.

X.

Theidigungs Brief zwischen den Gebrüdern Rudolph und Ludwig. Freysing, Mittwoch vor St. Oswalds Tag 1311.

Wir Ruedolf und Ludtwig von Gottes Genaden, Pfalzgrafen ze Rhein, Herzogen in Bayrn, thun khunt allen den, die disen Brief ansechent, oder hörent lesen, daß Unser lieber Herr Herr Chunrad der Ersam Erzbischof von Salzburg, des Stuels zu Rom Legat, und Unser lieber Ohaim Herzog Friderich von Oestrreich Unns bedenthalb Um alle Krieg, Auflauf und Stösse, die zwischen Unser, und der Unsern aufgeloffen sind, seit der Thaillung yedweders Lannds baider in der Vizthumbambten die dißhalb der Thunau, und auch in den Vizthumbambten vor dem Walde Ihenhalb der Thunau, mit Unsern guetten willen und gunst verricht haben, und geben allerdings, alß hernach geschriben steet.

Des ersten haben sy gesetzet: und gemacht dz wür schaffen sollen, mit Unsern Vizthumben: und mit allen Unsern Ambtleüten die wür ietz haben, oder fürbaß gewünnen, und sezen, dz sy schweren: und gehaißen, die Sun und die ebnung, die Vorgenanten Herrn zwischen Uns gemacht haben, alß die Brief sagent, di sy darum gegeben haben, stet zehalten, und auch das bz der Ambtman in seinem Ambt, die, di die vorgenanten Suni fürbaß yberfarent, solich haben, und benote, dz sy wider thun: und widerkheren, waß sy in der Vorgenanten Sun khundt: und soll der selb Ambtman, ist das der, der die Vorgenanten Sum yberferet in seinem Ambt zestarkh ist, also das er in nicht benoten mag, zu den Vizthum reitten in des Gebiet des geschechen ist, und in es laßen wißen: und sol es dan derselb Vizthum wider thun haißen, wolt er des nicht thun, so soll er in sein benoten, wolt er im daßwider sein, und wurd inn auch zestarkh, so soll derselb Vizthum dem andern Unsern Vizthum sagen und entbieten, das er im geholffen sey, daß es widerthan werd, und soll auch er daß durch nichts laßen, und versezen.

Dar-

Darnach haben ſy geſezt: und getaidingt dz alle Gefangen yed wederthalb
ledig ſein ſollen: und waſ in vorgeſchaft ſtet, daſ ſol alles ab ſein, Auch
nach der Vorgenanten tailung in friden geſchechen iſt mit raub und mit prant,
und noch aufgelauffen möcht, das ſoll Unſ baidenthalben wider thun, und ſol-
len Unſer Vizthum, wenn Jr Aintweder von dem andern geuordert würd,
darumb tag ſuechen, und laiſten: und daſ recht darumb nemen, und thun.
und ſwer den Andern auſprecht, oder beſchuldiget um ſeinen ſchaden, der Jm
in den Vorgenanten fride geſchechen iſt, da ſoll der, dem Man anſpricht, ſich
ſelb dritte, die weeder tail noch gemain an der ſelben ſach haben, von nemen,
an daſ er ſeinen Aid vorlat, wolt er deſ nicht thun oder möcht er ſy nicht ge-
thun, ſo mag der, der Jn da anſpricht, den ſchaden truern: und bereden
ſelb dritt die auch weeder tail noch gemain daran haben, und di es nicht an-
geet und waſ der Clager ſchadens behabt hinz dem den er anſpricht den ſoll er
Jm vergwiſſen, und guet machen Jn den Ringe. Wolt er es nicht thun noch
möcht ſein nicht gethun, ſo ſoll man Jn antwortten bey der Handt es woll dan
der Herr oder der Ambtman vor Jn gelten.

Es ſoll auch bedenthalben um allen ſchaden di geſchechen ſint, oder noch
geſchechent, alle zwigung ab ſein.

Man ſoll auch Unnſern Herrn von Eychſteten: und ſeinen Dienern wider
thun, waſ im von des Kriegs weegen oder zwiſchen Uns Under einander gewe-
ſen iſt, jn friden geſchechen iſt, und ſoll er: und die ſein, daſſelb auch hinwi-
der thun, mit allen den Gedingen alſ es zwiſchen Unſ vertaidingt iſt, und alſ
vorgeſchriben.

Es iſt auch getadingt: und geſezt, daſ Unſer beder Vizthum wenn ſy
zetagen auf dz recht khument, umb die Auflauf di geſchechen ſint, oder noch
möchten geſchechen, zehen Mann nemen ze dem Rechten, Unnſer petweder
Finff, und ſollen der Neun das recht ſprechen, und der zechent ſoll ſtill ſizen,
und weder Unnſer Vizthum richtet, der ſoll der Meiner Finff haben zu ſeinen
rechten: und der Vizthum, des Unterthan klagen, der ſoll Vier haben zu ſei-
nen rechten, und wer under den Neunen die merern volg hat, der ſoll behabt
haben ſeiner recht, und ſoll ye Unſer Vizthum ainer ain clag auſrichten, und
der

der ander Vizthum di andern, und welchen Unsern Vizthum die sache zschwer wår zerichten, den soll Unser Getreuen von Unser Herzog Ruedolfs wegen, Albrecht der Judman Unser obrister Marschall Eberhart von dem Thor, Ott von Eprenspurg Unser Hofmaister, Dietrich von parsperg, Egkh von Liechtenberg Hainrich der Wildenstainer, Hainrich der Preysinger von Wollenzach, und Hiltprant von Chamer: und von Unser Herzog Ludtwigs weegen der Eblman Hatmar von Laber, Chunrat von Ernfels, Larenz truchseff von Khielenthal, Herman von Rohrbach Ott von Greifenberg, Ludwig der Shemkh auf der Aue, Hainrich von gumpenberg, Chunrat von Rosenhouen, alle Sehzechen geholffen sein, Unz das er di sache yberobert.

Man soll auch jeden Man, wie er genant ist an thainen seinen Guet, daf er in nutz und in gewer waf des mafes, und die thaillung geschach, von seiner gewer sezen, an recht, und ist jeman von seines Guetes gewer geworffen, oder gesezet, den soll man wider in sein gewer sezen, und jn furbaf dauon nicht treiben an mit dem rechten.

Und wan die Graffschaft zu Kirschperg, und die Landtgraffschafft ze den leuchtenberg noch Ungetaillt find, ist getadingt und gesezt, das Unser yedweder sein diener die in derselben Graffchaft gesessen sind Vorsprechen soll, und dz recht von Jm bielten, und thun umb all sache, es sey umb aigen, oder Um lechen. Und dz alles dz Unzerbrochen beleib, yetwederhalb dz Vorgeschriben steet, geben wir daryber disen brief mit Unser Vorgenanten herrn herrn Chunrat des Erz Bischofs von Salzburg khunig Otten Hungern Unsere lieben Vettern, Herzog Friderich von Oesterreich Unsers lieben Oheims, und Unser baider Infigln Versigelten und Geuestent, ze ainen Urkhunt, der gegeben ist, ze freyfing, da man von gottes geburt zalt drey zechenhundert Jar darnach in den ainliften Jar den negsten Jar den negsten Miltchen vor Sand Oswalds tag.

(S.A.) (S.A.) (S.A.) (S.A.) (S.A.)

Alle 4 Sigilla unverlezt.
Sigillum Friderici Ducis Austriæ mit einem von der rechten zur linken auffteigenden Panter nnd mit dem Herzschild.
Ein detto gar kleines Sigill mit dem dahin scheidenten Panter ohne Herzschild.
Die zwei Herzoge in Sigillo majori und der Pischof.

XI.

Theidigungs Brief zwischen den Gebrüdern Rudolf und Ludwig, Coloniæ, Octb. 1312.

Nos Conoradus Dej gratia ecclesie ratisbonensis episcopus tenore prenetium profidemur, quod nos quasdam litras sigillo venerabilis Dñj et patris Dominj Heinricj sancte Colonien: ecclesie Archiepiscopi sacri Imperij per Jtaliam Archicancellarj, sigillatas non concellatas non abolitas nec in aliqua suj parte viciatas vidimus legimus et trectauimus scriptas per omnia in hec verba Heinricus Dej gratia sancte Colonien: Ecclesie Archiepiscopus sacrj Jmperij per Jtaliam Archicancellarius Jllustribus principibus Rudolpho ac Lodewico fratribus Ducibus Bavarie fidelibus suis dilectis salutem et mandatis regiis fermiter obedire Noveritis nos Litras, serenissimj principis et Dñj nostrj Dñj Henrici tunc Romanorum Regis nunc autem Jmperatoria fungentis dignitate recepisse sub Consignatione Sigillj regie Majestatis non concellatas non abolitas nec in alliqua sui parte viciatas in hec verba: Heinricus Dej gratia Romanorum Rex semper Augustus Vniuersis sacri Jmperj fidelibus presentes Litras inspecturis gratiam suam et omne bonum. Causas et questiones principium Romano subjectorum Jmperio, maxime, que inter consortes vertuntur et possent, si diu vigerent, in detrimentum et Jgnominiam ipsorum et in dedecus nostri et Jmperij nostrj redundare, sopirj suma diligentia cupientes ut Corda sedentur discordium, et in pacis tranquillitate quiescant: Jgitur ad Suplicationis instantiam Jllustris Rudolphj Comitis Palatinj Rhenj Ducis Bavarie Principis firj Dilectj Omnes causas et Questiones que inter ipsum Ducem Rudolphum ex una parte et fratrem suum Ducem Ludewicum *super quibusdam negocijs vertuntur seu vertj sperantur ex altera*, et que per Venerabilem Cunradum Salzburgen: Archiepm. ac Jllustres Fridericum Ducem Austrie et Henericum quondam Jllustris Memor. Ducis Karinthie filium Principes nostros communes amicos et arbitros predictorum Rudolphj et Ludewicj in concordia et compositione Frisingic inter ipsos Rudolphum et Ludewicum Duces Bavarie celebrate, ad nostram audientiam sunt delate

late juxta ipsarum Continentiam literarum in almania in loco dicto zu dem hupte ubj mogus fluvius Rhenj flumen ingreditur ipsis locum noſtrjs partibus ad hoc ex nunc ſpecialiter deputamus audire judicialiter ſj neceſse fuerit et comode fierj poterit ac ſine debito terminare, ſi vero ipſo judicio in Loco predicto et Tempore in ipsarum partium Jnſtrumentis conſcriptis non poſsemus adeſse, ex tunc Venerabilem Baldewinum Treverenſjs eccleſie Archiepiſcopum et Germanū. noſtrum Krm̄. et eo predictis intereſse forte impedimento aliquo predictis Loco et Tempore nequeunt. Heinricum Colonienſem archiepm̄ principem noſtrum dilectum auctoritate regia noſtro nomine ſubrogamus, jllj, quem ſuper hoc cognoſcere contingct, preſentium tenore mandantes ac etiam commitentes, ut partibus convocatis cauſas et queſtiones audiat et ſine decidat debito et q̄ in premiſsis decrcuit mediante juſtitia faciat auctoritate prædicta firmiter obſervarj. Ceterum volumus ac ipsis partibus ſerioſe iniungimus et Mandamus quatenus cum eisdem per nos aut per aliquem predictorum judicum præcedentem in hijs dies judicij nominabitur ſeu deſignabitur juxta inſtrumentorum continentiam predictorum ipſe partes ad locum prefixum ſuperius omnj intervallo ceſsante accedant recepturi jbidem juſtitie complementum in cuius rei teſtimonium preſentes literas mayeſtatis noſtrj Sigillo juſsimus comuniri datum pyſio xii Kalen: Maij Anno Dominj M Trecenteſimo duodecimo Regnj ſirj vero anno quarto Cum igitur idem R Dux nos requiſirit ut in dictis negocijs procedamus cum nec idem Dn̄s noſter Rex nunc Jmperator nec dictus Dominus Archiepiſcopus trvereñ: ad preſens ſint in Alemanie partibus conſtituti jmo in remotis utpote in vrbe Romana vel circa urbem demorentur, nos, ad dicti Ducis requiſitionem ne cuiq̄ in jure ſuo deeſse videamur, procedere volentes harum igitur auctoritate literarum vobis et cuilibet veſtrum firmiter iniungimus et mandamus ac pro primo ſecundo tertio et peremptorio edicto vos et quemlibet veſtrum evocamus, citamus ut in craſtino purificationis beate Marie Virginis proximo futuro hora meridiana in loco dicto zu dem Hupte ubj mogus fluvius Renj flumen ingreditur predicto vobis a dicto domino ñro ſuis premiſsis literis prefixo perſonaliter coram nobis compareatis Facturj et: recepturj ſuper his, que quilibet veſtrum contra alterum proſequitur ſeu proſequi hinc inde intenditis, id quod dictauit ordo juris Vobis itaq̄ et cuilibet veſtrum premiſsa notificamus cum intimatione debita videl̄z q̄ ſi aliquis

quis ex vobis non comparuerit altera parte comparente nos cum parte que comparuerit, procedemus prout de jure fuerit procedendū alterius abſentia non obſtante. Et in horum teſtimonium has Litras Sigillj ſirj Conſignatione fecimus Conſignare. Datum Colonie tertio die menſis Octobris Anno Dñj mcccxii et in Teſtimoni' permiſſorum præſentes Conſcribi fecimus et Sigilli ſirj robore comunirj dat: Ratisbone Ann Dominj mcccxii tertio jdus Novembris.

Sigillum Epiſcopale in cera.

XII.

Urtheils Brief der Pfalzgräfin Mechtild H. Rudolfs Gemahlin in der Rangſtreittigkeit des Oberſten Marſchalls mit dem Oberſten Kammermeiſter. 1312.

Wir Mechthilt von Gottes Genaden Pfalzgrauen bey dem Rein, und Herzogin in Bayrn ꝛc. thun khunt allem dem die diſen Brief anſechent oder hörent leſen, daſ ſo gethan krieg der waſ zwiſchen Unſerm Oberſten Marſchalk, und unſerm Obeziſten Chamermaiſter umb den Platz in Houferren und in Vaiſen von paiden Tailen gelaſſen ware, und gelaſſen iſt. an Ain khundeſchafft, und daſ dieſelb Kundtſchafft für Unſ komen iſt, und geſagt hat ye dem ann ſein recht, uf den Ayd, alſ hernach geſchriben ſtet alſo daſ zu dem Marſchall Ampt gehört, gelait gerecht Friderich Tobſteg wurden und aller pueſ, So gehorn zu dem Chamerampt der Margtzoll und ye von dem Zapfen alle Samſtag zwelf Pfening und ye von dem Vied, dz Mann ſchlegt die Zung und der Affterlingk, und ſind der vorgeſchriben kundtſchafft zeüg und ſind auch ſelb bey der ſag geweſen, die dieſelb Kundtſchafft gethan hat. Unſer lieb und getreuen Greymolt von Seueld der Edlman Eberhart von dem Thor Ott von Greiffenbergkh Bertold von Killentall Heinrich von Wall Vetter Albrecht der Nothafft Unſer Vizttumb
von

von Lengenueld Rudolf von Haslanng Unser Biztumb ze München, und Dietrich von Parsperg, daß ist geschehen ze München da Man von Unsers Herrn Geburt zalt. 1312. jar des negsten Erichtag vor Georgi.

XIII.
Einwurf der Länder der gebrüdern Rudolf und Ludwigs von 1313.

Wir Rudolff von Gottes Gnaden Pfalzgrafen bey den Rhein und Herzog in Bayrn thuen Kundt allen den die disen Brief ansechent oder hören lesen, dz wir willichglichen und gern mit guetten Rath frontlichen Unf für Uns: und Unser Erben verricht haben, und Unser Hauf Frauen Mechtild mit Unsern lieben Brueder Ludwigen Pfalzgraf bey dem Rhein und Herzogen in Bayrn: und er sich herwider für sich, sein hauf Frauen Beatrixen, und ihr Erben. Um all die sach die Wür: und Unser vorgenanter Brueder mit einander zuschaffen hätten, bif auf den heuntigen tag, also dz wür, und Unser lieber Brueder ainen lieblichen Zuewurff gethan haben, an dem Rheine yberall: und ze bayrn, ze Oestreich, und ze schwaben, und swa wür Erbe haben an leithen, und an guetten Herrschafften, und welchicherlay guett es sey klein oder grof lechen oder aigen besuecht: und Unbesuecht, also dz wür gemainniglichen miteinander besizen, haben und niessen sollen, und in Unser Herrschafft beleiben: und miteinander leichen: und geben, die weil wür leben.

Und Wür Herzog Rudolf sollen die Wall haben an der Chur deff Reichs diewell Wür leben. · Ist auch dz Unser lieber Brueder Ludwig Uns yberlebt, so soll er der vorgenanten Landt und Herrschafft an dem Rhein: und ze Bayrn herr sein Unf an seinen dott, und sol auch die Wahl haben an der Chur def Reiches, und sollen Unser Kindt mit ihm noch mit seinen Kindern keinen thaill suechen, noch fodern, die weil er lebt, war auch daz wür Unsern lieben Bruedern yberleben, sollen wür ihm, und seinen Kindern, obe er Kinder gewinet, daf gott gebe, alle die recht stätt: und vest behalten,

und

und Unſ ſeine Kinder herweder alſ ſich Unſer Brueder Ludtwig vor gon Unſ, und Unſern Kindern verbuntten: und verſchriben hat, wan auch wůr Und Unſer lieber Bruder beede nicht ſeint, ſo ſol der älteſte Unter Unſer Bayder Kinder die wahl haben an der Chur des Reichs, die weil ſhe Ungethailt mit einander ſint: fodern ſie aber ihren thail aneinander ſo ſollen ſie gleich thaillen bey dem Rhein und ze Bayern, und wo ſie in andern Landen leuth, und guet haben, und ſol ihr keiner weeder älterer noch Jünger beſſer recht haben, weeder an der Wahl, noch an den Guet, noch an der Herrſchaft, vor dem andern, und welicher an die Wall mit rechten thail geſället, der ſoll dem andern, oder dem andern, alſ lieblichen: und freindlichen die vorgenanten Wall widerlegen mit andern guet oder Herrſchaft, daſ Er oder ſy es für guet haben.

Es ſtet auch an Unſ Herzog Ruedolfen, wo wůr Unſer lieben hauſ Frauen, oder Unſers lieben Bruedern hauſ Frauen ihr beeder widerlegung widem, und Morgen gab geben, es ſey ze Bayern, oder an dem Rhein, und in zwelchen Vizthum Amt, es ſey ze Bayrn, oder an dem Rhein Wir Unſer lieben hauſfrauen geben Ir widerlegung, widem, und Morgengab, derſelben ſollen wůr auch Unſers lieben Bruders hauſ Frauen geben Ir widerlegung Widem und Morgengab.

Es ſollen auch allen die di Unſer Helffer und diener geweſen ſind In diſen Krieg, ſy ſein Herrn oder diener, Arm oder Reich Unſers lieben Bruederleins ohn allerley geſehrde Huld, und Gnad haben gar und gänzlichen: alſo ſollen herwider beſonderlich Unſer Herr der Biſchoff von Eichſtätt ſein Gottshauſ: und ſein Diener, und alle die di Unſers lieben Bruders helffer: und diener geweſen ſind in denſelben Krieg, oder in den Saken die zwiſchen Unſ geweſen ſin Unntzher, Es ſein herren oder diener, Reich oder Arm au allerley Geuerde Unſer huld haben gar und genzlichen.

Und daſ die Vorgeſchribene teiding: und der gemein: und Freindtlichen Zuetwurff ſtät Veſte Unzerbrochen beleibe, haben wůr einen Aydt zu den heilligen geſchworen, und mit ſamt Unnſ Unſer lieber Schwager Graf Gerlach

lach von Naſſau, und Unſer getreyer Herman von Haldenberg Ruedolff
von Haſlang und gottfrid der Pauler Unſer Vizthum ze Bayrn, und an den
Rhein, ſo hat her wider geſchworen Unſer Vorgenanter Brueder Ludtwig mit
ſein ſelbes Leib den vor genanten Zuewurff: und deiting ſtat zehaben, alles
Vorgeſchriben ſteet, und mit Im Graf Berchtold von Graisbach, Graf Berch-
told von Neyffen, Berchtold der Truchſeſſ von Kchuelental, und Weygel der
Vizthum von Amberg.

Wûr und unſer Brueder mûgen, und ſollen zu den vorgenanten taidingen
ſezen mit gemainen Rat, davon all Unſer ſache gebóſſert werden.

Wie es auch get, ſo ſollen die Vorgenanten taiding, und zuwurff ſtat
beleiben, alſ wir geſchworen haben, und ſollen noch mûgen, nichts vberfa-
ren werden, und darvber je Urkundt geben wûr diſen Brief mit Unnſern In-
ſigl verſigleter, der geben iſt zu München, da Man von Chriſtes geburth zalt
dreyzechenhundert Jahr, darnach in den dreyzechenten Jahr des negſten Pfing-
tags vor Sanct Johannes tag zu Somenwenden.

(S.A.)

Sigillum ducale per medium fractum.

XIV.

Der Pfalzgräfin Mechtild Willbrief zu der Landes Verei-
nigung von 1313.

Wir Mechtild von Gottes Gnaden Pfalentz Gräfin bey dem Rhein, und
Herzogin in Bejern, tuen Kund allen Den Di Diſen Brief anſehent
oder herent Leſen, Das wir williglichen und gern mit guten rath freundlichen
unß für unſern Lieben Herrn und wird und unſer Erben Verrichtet haben mit

unßern

unſern Lieben Bruederlein dem Hochgebohrnen Fürſten Ludwigen Pfaltz
Grafen bey dem Rein und Heertzogen in Bejern und er ſich herwider fir
ſich ſein Hauſ Frau Beatrix und ir Erben um alle die ſach die unſer Lieber Herr
und Würt und ſein Vorgenanter Bruder mitelnander zeſchafen häten biſ an die-
ſen heintigen Tag alſo das wir und unſers Lieben Bruederlin ain Lieblichen zue-
wurf gethann haben an dem Rein überal und ze Bejern ze Oeſterreich und ze
Schwaben und wo wir Erbe haben an Leuten: und an guten Herrſchaft und
welcherlej gut es ſej klein oder Groß Lehen oder Aigen beſucht, und unbeſucht
alſo das wir das gemainglichen mit ein ander beſizen haben: vnd nieſſen ſollen
und in unſer Herrſchaft beleiben mit einander Leichen: und geben dieweil wir Le-
ben es ſol auch unßer Herr und Wirt die wal haben an der Chur des Reichs
dieweil er lebt war auch das unſer Liebes bruderlin unſern Lieben Herrn und
Würt überlebt ſo ſoll er der vorgenanten Land und Herrſchaft an dem Rein und
ze Bejern Herr ſein nuz an ſeinen Tod, und ſoll auch die wal haben an der
Chur des Reichs und ſullen unſer Kind mit im noch mit ſeinen Kindern keinen
Theil ſuchen noch fordern dieweil er lebt. war auch das unſer Herr und Wirt ſei-
nen Brueder überlebt, ſo ſull er im und ſeinen Kindern, ober er Kind gewinet,
das Gott gebe, alle die recht ſtat und veſt behalten, und Im ſeine Kinder her-
wider als er ſich vorgen Im und ſeinen Kindern verſchriben, und verbunden hat,
wen auch unſer lieber Herr und Wirt und unſer Bruederlin beed nichten Enſind
ſo ſoll der älteſte unter unßer beden Kinder die wal haben an der Chur des Reichs
dieweil ſi ungetheilt mit einander ſind Vorderend aber ſy irren Theil von ein-
ander ſo ſollen ſy geleich Theilen bey dem Rhein, und ze Bejern, und wo ſy in
andern Landen Leut und Gut habent und ſul Ir keiner weder älter noch jünger
beſſer recht haben weder an der wal noch an den Gut noch an der Herrſchaft vor
den Andern und welcher an die wal mit rechten Thail gevellet der ſul dem andern
oder dem andern alſ Lieblich und Fruntlich die vorgenanten wal widerlegen mit
andern Gut oder Heerſchaft das er oder ſy es fir gut haben, es ſtehet auch an
unſern lieben Herrn und wirt, wo er unſ oder unſern lieben Sweſterlin, unſers
Bruederlins hauſ Frau unſer Beder wiederlegung Widem und morgengab geb,
es ſey zu Bejern oder an dem Rein und in welchen Vizthum Amt es ſey in Bejern

oder

oder bei denn Rein, er unſ gelt unſer wiederlegung Widem und morgen Gab da ſul er auch unſern vorgenanten Sweſterlein geben es ſulen auch alle die dj unſers herrn und Würts helfer und Diener geweſen ſind in dem Krieg ſo ſein Herr oder Diener Arm oder Reiche unſers lieben Bruederleins an allerlei Geuerde Huld und Gnad haben gar und gänzlich: alſo ſollen herwider beſonderlich unſer Herr der Biſchof zu Eichſtätt ſein Gotteshauſ und ſeine Dienner und alle die dj unſers Bruederlins helfer und Diener geweſen ſind in demſelben Krieg oder in den ſatzen, die zwiſchen in geweſen ſind, unz her unſer und unſers Herrn und Wirts Huld und Gnad haben, gar und genzlichen, und das die Vorgeſchribene Daÿding und der gemein und freuntlich zuwurf ſtat Veſt und unzerbrochen belieben haben wir unſern lieben Bruederlein unſer Treue geben an Aÿdes weis fir unß, und fir unſern Herrn und Wirt und unſern Lieben Bruedern Graf Gerlach von Naſſau hat ze den Helligen geſchworn, und mit In von unſer wegen unſer getreuen Herman von Haltenberg Rudolf von Haſſang, gottfrid der Pauler unſer Vizium ze Beÿern und an dem Rein ſo hat herwider Geſchworen unſer Liebes Brüederlein mit ſein ſelbes Leib die vorgenanten Daÿding und zuwurf ſtat zebehalten als vorgeſchrieben ſtet und mit im Graf Berchtold von Kraÿsbach Graf Berchtold von Neiffen Berchtold der Truchſeſſ von Killenthal und Weigl der Vizium von Amberg wir und unſer Brüderlein mügen und ſollen ze den vorgenanten Daÿdingen ſetzen mit gemeinen rath davon alle unſer ſachen gebeſſert werden, ſwie es auch get ſo ſollen doch die offt genanten Daÿdingen und zuewurf ſtät beleiben, als wir geſchworen haben, und ſollen noch mugen nicht überfahren werden. Der vorgeſchrieben ſache ze einen urkunde haben wir und unſer vorgenanter Bruder Graf Gerlach von Naſſau dieſen Brief verſiglet mit unſern beiden Inſigln das iſt geſchehen ze München als man zelt von Chriſtus Geburt. 1313 an dem negſten pfinſt Tag vor Sanct Johannes Tag ze Sobenten.

(S.A.)   (S.A.)

XV.

XV.

Theidigungs Brief zwischen Rudolf, und Ludwig von 1315.

Wir Ludwig von Gottes genaden, Römischer Khünig, ze allen Zeiten merer des Reichs, Vnnd Wir Ruedolf von Gottes genaden Pfallntzgraf bei dem Rhein vnnd Hertzog in Bairn, ver Jehen vnnd thun khunt allen den di disen brief ansehent oder hören lesen, das Wir aller der khriege vnnd Misshellung die zwischen Vnnser her gewesen sind, hintter Vnnser lieben vnd getreuen, von Vnnser Khunig Ludwigs wegen ganngen sein hinter den Truchssässen von Khuelental, Albrechten den Judeman Vnnsern obristen Marschalh ze Bayrn, Hainrichen von Gumppenperg vnnd Albrechten den Rindeßmaul, vnd von Vnnser Hertzog Ruedolfs wegen, hinter Hainrichen den Preisinger von Wollntzach, Herman von Eurbach, Dietrich von Parsperg, vnd Hainrich von Willdenstain, vnd von Vnnser beder wegen, hinter Ludharden von Nanschaim, den Wir baide ze ainem gamainen Mann darüber genomen haben, vnnd haben Vnns di von dem gwallt den Wir In baid geben haben, auf Jr aide, die sy darüber Vnns geschworn haben, miteinander verfürnt, verrichtet, vnd verainet, als hernach geschriben steet.

Des Ersten das Wir sollen sein, war vnd guet freundt vnd brüederlich vnd lieblich miteinander fürbaß sullen leben, vnd wellen.

Vnnd das Wir Hertzog Ruedolf yezunt hie zu München, oder ze Nürmberg, wederthalb Vnnser lieber herr vnd brueder der Khünig Wil alle Vnnser Lehen, die Wir von dem Römischen Reiche haben vnnd Empfhahen sullen von vnnserm vorgenannten herrn vnnd brueder dem Khünig empfahen sullen, alls von ainem Romischen khünig, von recht di sullen Wir auch also Empfhahen, ob vnnser vorgenannter herr khunig Sun gewinnet, das Wir derselben lehen, seiner Sun Jr gerrnd nach suln sein.

Es soll auch hainrich der Saller vnnd alle geuanngen di zwischen Vnnser bedenthalben gefanngen sind, ledig sein, vnd was genomen ist bedenthalben,

da-

damit man Vesst vnd burg gespeiset hat, das soll auch absein, vnnd sullen Wir bedenthalben vnnser Diener ergetzen.

Wir sollen auch baide In vnnser rue vnd in Vnnser Apde, Vnd In die punde, da Wir selber innen sein, nemen, das alle Vnnser Edel leute, Dienstman Stet, Diener, Edel, oder Vnedel wie sy genannt sein, vnnser baider hulde vnd gnad haben sullen vnnd gänntzlich vmb alles das sy vnß her gethan habent, In vnnser baider Dienst vnnd sullten Wir das bedenthalben mit nichten vberfaren.

Wir Hertzog Ruedolff vnd vnnser hausfrawe Mechthilt verJehen vnns auch für vnns vnnd für vnnser Erben Weünchaim Burg vnd Stat vnd Reichenstain für Rechtes aigen gen vnnserm herrn dem Bischoff von Mayntz vnd seinem Gotzhauß, vnd was di vorgenannten guet sind, dann sy vorsteet, das soll vnns vnnser herre der khunig widerlegen, auf vnnser baider gemainem guet nach der vorgenannten Neun Rät oder wen sy darzu schaffent. vnd soll das geschehen, zwischen hinnen vnnd sannd Margareten tag, der schirist khumt.

Wir Hertzog Ruedolff verJehen auch für vnns vnnd vnnser hausfrawen, vnd Erben, das Es vnnser guet Wille ist, vnd den Satz den vnnser herre vnd brueder, dem khunig gethan hat, vnnserm herrn dem Bischoff von Maintze vnd seinem Gotzhaus vm di Burg Lindenuells vnd umb alls alls vil er diselben Burg versetzet hat, alls vil soll Er vnns widerlegen, auf vnnser baider gemainem guet In der vorgenannten frist, als vorgeschriben steet, thät er des nicht, so sullen vnns, vnser hausfrawen, vnnd vnnsern Erben, alle Edelleute, Dienstman, Burg vnd Stet, vnd alle di In dem Lannd hie vnd an dem Rheine gesessen sind, beholffen wärent vnd dienent sein vnd vnnsern herren vnnd brueder, dem khunig nicht alls lang untz das vnns di vorgenannt Widerlegung geschicht.

Wir Khunig Ludwig sullen vnnser lieben Fürstin vnd Shwesster Mechthilt, der Hertzogin in Bayrn vnnd Pfalltzgrafin bei dem Rhein widerlegen die obertheurung, an Weünchaim vnd an dem Satz Lindenuells auf gemainem

nem Vnserm vnd Vnsers Bruedres guete, nach der vorgenannten Neun Rät, oder wen sy darzu schaffent In der vorgenannten Frist.

Wir Hertzog Ruedolff sullen auch vnnserm herrn vnd Brueder, die briefe vnd handfessten. die wir haben, von dem khünig von Behaim, vnd von dem Bischoff von Trier, vmb den Pilser Craiß anntwurten, vnd geben. von dem Pfingstag, der schirist khumbt. Inner vier Wochen. vnnd sullen auch Im vnser hanndfesste vnd briefe. darüber geben, Nach der Neun Rät. mit der beschaidenhait, Ob vnnser herre von Maynntze vnd vnnser Schwager, Graf Gerlach von Nassaue sagen, das es mit rede her khummen sey, vnd das di vnnder Sun also gemachet wurde, Das wir dieselben briefe, wider geben sullen, so sollen sy ledig sein, Sagennt sy des nicht, vnnd hellent des miteinander nicht, so hat vnnser herr vnnd Brueder, der khünig, die Wal das Er vnns dieselben briefe widergebe oder nicht, vnd geit er vnns der Briefe nicht wider, so steet es an Neunen, vnd was di darzu machent, als es mit herkhumen ist, das sullen wir bedenthalben stat haben, vnnd soll das geschehen, vnd geendet werden. bis sannd Michels tag. der schirist khumbt.

Wir Khünig Ludwig mugen auch vnnsers gemainen guetes. versetzen, vnd anwerden, was wir wellen, vnnd soll vans vnnser Brueder daran nichts Irren, doch soll er die Hannd darumb nicht rechen, noch sein Gunst darzu geben, Es werde Im vor dann von Vnns widerleget. Wann auch wir Im es widerlegen, wolt er vnns dann darüber Irren, so sullen vnns Lannd vnd Leute, Burg vnd Stet, Edel vnd Vnedel beholffen sein, als lang bis er sein gunst darzu geit, Wir sullen auch khain Burg noch Stat anwerden, noch versetzen, noch hinanntwurten, Dann aine. Es war dann das Burg vnd Stett beiainander gelegen wären, vnd ainen namen hetten, vnd an derselben Burg vnd Stat sullen vnns die Burckhman noch di Burger nicht nicht Irren, wollten aber sy vnns daran Irren, So soll vnns vnnser Brueder darzu beholffen sein, so er bösst mag mit leib vnd guet, vnd auch Lannd vnd Leute, vnd wir Im hinwider, ob sein not beschicht. Vnd wenn wir Im die widerlegen, So mügen Wir aber aine hinanntwurten, versetzen oder anwerden, als vorgeschriben steet.

Wir Hertzog Ruedolf mügen auch hinanntwurten, versetzen, oder anwerden, von gemeinem guet, was wir wellen, an allem rechten, als unnser herre vnd brueder der Khunig vnd was auch wir versetzen, hinanntwurt, oder anwerden, das sullen wir Im widerlegen, In dem Rechten, alls vorgeschriben steet.

Wir mügen auch baide vnnsern Dienern In vnnserm Lande umb Ir Dienst, vnd vmb Ir gelt versetzen vnd geben, was wir wellen, an Burg, Stett, Märckht, an alle Widerlegung bedenthalben, wollten aber Wir In Burg, Stett oder Märkht versetzen, das sullen wir einander Widerlegen, alls vorgeschriben ist.

Weder auch vnnder vnns balden, anwirt, versetzet, oder hinanntwurt, das Wir ainannder widerlegen sullen, als vorgeschriben stet, in welchem Vitzthum Amt, das geschicht, es sey zu München, ze Lenngenfeld, oder an dem Reine, In demselben Vitzthum Amt, sol die Widerlegung geschehen.

Was auch vnnser frawen vnd schwesster, der Khunigin Widerlegung yetzunt ist, oder fürbas Ir Widerlegung wirt, das sullen wir Hertzog Ruedolff Ir nicht anwerden, noch versetzen, an Ir Will, vnd an Ir Wort. Also sullen auch Wir Khunig Ludwig vnnser lieben schwesster Mechthilt vnnsers Bruedern hausfrauen, Ir Widerlegung oder was noch von vnns Ir Widerlegung wirt, nich anwerden, noch versetzen, an Ir Will vnd an Ir Wort.

Wir Khunig Ludwig Sullen auch vnnserm vorgenannten Brueder Zwaytausent Marckh Silbers, die Wir baid auf Vloß vnd Parckhstain haben, Widerlegen. Auf des Reiches guet, das Wir bed Innen haben, oder auf vnnser baider guet, In dem Vitzthumambt ze Lenngenfellt, Vnd Wenn Wir Ime di Widerlegen, so soll er Vnns Parkstain einanntwurten, vnd wollten Vnns die Burckmann daran Irren, so soll er Vnns darzu beholffen sein, als hernach von anderen Burkhmannen geschriben steet, Vnnd wenn Wir Im der Tausennt Marckh silbers geben, die Vnnser aines sind, so sind die vorgenannten Vesst gemaine vnnser baider alls vor. Aber di thausennt Marckh sind Vnsers Brueders Aid.

Es

Es soll auch vnnser Eintweder vber halben tail vnnsers Lanndes ze Bayrn, oder an dem Reine nicht aywerden, noch verseken, an der andern Willen vnd gunst.

Wir sullen auch vnnser Vesst bald besetzen miteinannder mit den Leuten die in Vnnserm Lande gesessen sein, vnnd darzu gehörent, vnnd sullen vnns di baiden Schweren zewartten; vnnd zedienen, ainem als dem andern, vnd wär, das Wir ze kriege wurden. vmb einen Burckhman, so soll es Sten oder dem vorgenannten Neunen, vnd an wen dj mer Menig geschlecht, den sullen Wir ze Burckhmann nemmen.

Wir sullen auch bald miteinander Vitzthum setzen, vnd Nemmen in Bayrn, vnd an dem Reine, vnnd Wir nemmen oder setzen, der soll vnns baiden schweren, ze wartten vnd ze dienen, von Lannd vnd von Leuten, gemaineclich als verr er khan vnnd mag. ongeverde, vnd welchen wir setzen, den sullen Wir Hertzog Ruedolff. den Pan vnd das Ambt mit vnnser hannt leihen. Vnnd wär das Wir miteinander nicht vberainkhumen möchten, vmb ainen Vitzthum. so sullen wir bald nach der vorgenannten Neun Rät, ainen Vitzthum setzen, vnd an welhen Vitzthum di grösser Menig wider In gesslecht, der soll all fürgang haben, vnnd soll auch der vnns baiden stetten zewartten vnd ze dienen, als vorgescheiben steet.

Wär auch das vnns Hertzog Ruedolf daucht das ain Vitzthum welcher der wäre vnnd lannd noch leuten nicht enfuegt. So haben Wir gewallt In ze uerhören, nach der Neun Rät, an welchen die merer Menig geuellet. Daucht aber vns Khünig Ludwigen, das ain Vitzthum wer der wäre Vns Land vnd leuten nicht fuüget, so sullen Wir vnnserm brueder enbieten, das Er In Verhöre nach der Neun Rat, thät er des nicht in ainem Monat, Darnach vnd wir Jme entbieten. so haben wir gewallt selbe ainen zesetzen, nach der Neun Rät an wellichen di Merer Menig vnnder In geschlecht, vnd soll dem dann Vnnser brueder, den Pan vnd das Ambt leihen, wollt er des nicht thun, so sollen doch demselben Vitzthum Lannd vnd leute wartten vnd beholffen sein, als lanng bis er Zm den Pan geleicht, vnd soll, dann derselb Vitztum vnns balden Schweren, zewartten, vnnd zedienen, vonj Lannd vnd von Leuten, alls vorgeschriben steet.

Wenn auch Wir Khünig Ludwig Jnner Landes sein, ze Bayrn, oder an dem Reine, so sullen Wir allen den gewalt haben, den vnnser brueder hat, one alls vil das Vnser Brueder. dieweil er lebt, alle Lehen vnd di khirchensätze vnd pann soll leichen, vnd wenn er nicht ist. so sullen Vnnser Süne oder sein Sune. Wenn es an di khumbt, di vorgenannten Pann, khirchensätze vnnd lehen leihen, vnd Erben in allem dem Rechten, alls die handfesst saget. Di wir bed geben haben, darüber.

Was auch Wir Khünig Ludwig bei dem Reiche gewunnen, das soll Vnnser vnd Vnnser Erben sein, vnd haben Wir Hertzog Ruedolff, noch Vnnser Erben khainen tail daran.

Wir sullen auch baid Vnnser lieben Vettern Hainrichen, Otten vnnd Hainrichen der Hertzogen Jn Bayrn Pfleger mitainannder haben, getreulichen vnd Bruederlichen vnnd miteinannder besetzen, vnd Enntsetzen, vnd was Wir Ambtleute Purckhman setzen, di sollen Vnns baiden schweren gemeinchlichen zewartten, vnd zedienen, ainem als dem andern.

Es soll auch vnnser aintweder. Albrechten den Judman vnnsern obristen Marschalh Jn Bayrn, an seinem Marschalhaimt nicht Jrren mit khainerlay sachen, Jn noch sein Erben, vnd sullen Jn das lassen mit allen den Eren, Rechten, gewonhait und Nutzen, als er es vnns her Jnnen gehabt hat.

Wir Khünig Ludwig sullen Hainrich dem Wildenstainer khelhaim wider einannt vurten, vnd sullen Jn sein setzen Jn nutz vnd in gewer, Jn allem dem Rechten, alls er es vor von Vnns, von Vnserm brueder, vnd von vnnsern Vettern Hertzog Hainrichen Jnnen het, vnd alls die handvesst sagt, di er von Vns allen Dreyen, darumb Jnnen hat.

Wir

Wir sullen auch hiltprannten von Chamer, die Burg geren wider einantwurten, vnd Hainrich dem Preysinger von Wollnzach genannter Vogtej, vnd Albrechten dem Nothafften Walldawe die Burg halbe, vnnd sullen sy derselben vesst vnd guet wider setzen, In nutz vnd in gewer, alls sy sein verlassen, vnnd alls die hanndsessst sagent, die sy darüber Innen habent.

Es sullen auch alle Zölle vnd gelaite ꝛc dem Grienwald absein.

Wär auch daß der vorgenannter Neuner ainer oder mer abgieng oder dabej nicht gesein möcht, on geuerde. So sullen Wir Künig Ludwig, ob er von den Vnsern vieren abgieng, ainen anderen oder anderer, an der sollen Stat geben, Sam sullen Wir Hertzog Ruedolf thun, ob ainer oder mer von den vnnsern vieren abgieng, oder dabej nicht gesein möcht, on geuerd, Wär aber das der Neunt der gemainclich darzu genomen ist, abgieng, oder dabey nicht gesein möcht, an geuerde. So sollen die acht ainen an sein Stat nemmen, vnnd sullen damit di die darzu genomen werden, Schweren als die vordern geschworn haben, vnd auch in allen den pfunden, Aiden vnd Rechten sein, darinn di vordern sind.

Wir Hertzog Ruedolff haben auch vns ꝛe vnnsern herrn vnd Brueder, dem Khunig verbundten, vnd Im ainen Aid ꝛe den heiligen geschworn, das Wir Im behollffen sullen vnd wellen sein, mit leib vnd mit guet, bej Im treulichen Bruederlichen, vnd frundlichen beleiben sullen, vnd vbl vnnd guet mit Im leiden, vnd nymer von Im kheren, mit leib vnd mit guet, one das Wir für In nicht versetzen, noch anwerden sullen, on alls vor außgenommen ist, Wir thun es dan gern. Vnd Wir Khunig Ludwig, haben Vns ꝛe Vnsern brueder verbunden, vnd hätten Inen vnnser trewe geben. In aides weyß, das wir daselbe gen Ime hinwider thun sullen vnd wellen, vnd treulichen bruederlichen, vnd frundlichen, mit Im leben, mit leib vnd mit guet, In allen dem Rechten, als er sich gen Vnns verpundten hat, vnnd alls vorgeschriben ist.

Weder auch vnndter Uns baiden, di vorgenannten täding fürbas vberfuere, so sullen alle Edel leute, Dienstman Purg vnd Stet vnd Märckhte, vnnd alle di In dem Lannde gefeffen find, oder darzu gehörent, dem anndern behoffen fein, auf den von deſswegen. di ausleufe vnd di Stöſſe geſchehen find alls lannge bis das er das wider thue, das von ſeinem wegen aufgelaufen iſt, vnnd vberfaren, vnd haben auch des alle vnnſer vorgenannt leut Edel vnd Vnedel geſchworen.

Das auch die vorgenannt Sum Richtigung, täding vnnd pundtnüſſ. dj zwiſchen vnns gemacht find, ſtåt vnd vnzerbrochen beleiben. geben Wir dieſen brief ze ainem Vrkhundt. vnd ſtåtigkhait mit vnnſer baider Innſigeln verſigelten. Der geben iſt ze München. da man von Criſtes geburt zallt dreyzehen hundtert Jar. Darnach In dem Fünffzehenden Jar. An dem nächſten Fritag nach des heiligen Creutz tag. als es funden wart. vnnd Wir Khünig Ludwig haben dieſen brief geben In dem Erſten Jare vnnſers Reichs.

XVI.

Burggraf Friderichß von Nürnberg Pundt: und Dienſt Brief
An. 1315.

Wir Friderich von Gottes Gnaden Purgraf ze Nürnberg verjechen offentlich an diſem Brief allen den die In ſechent, leſent, oder hörent leſen, daſ wir dem durchleuchtigen herrn herrn ludwigen Röm. Kunig Unſern gnädigen herrn geloben und gehaiſſen ze dienen Inner Lande mit aller der Macht die wir haben und wartten getreulichen mit allen Unſern veſten und ſollen In erkhennen alſ ainen Röm. khonig wan dz billig und recht iſt, wir ſollen Jm auch auſſer Lands mit hundert hellmen in Unſer Selbs Choſt treulichen dienen ein vierteil jar, iſt aber dz wir yber daf viertail jare in ſeinen dienſt auſſer Landes beleiben, So ſoll er Uns verkhoſten und alle die die In Unſern dienſte ſeind. Wer aber wenn Wir dz vierteil jar gedienen und wider haym ze Lande khomen, ob er dan anderſt nit Unſers dienſtes auſſer Landes geruehte, des In ſein wir Jm nicht ſchuldig, dan alſ wer alſ er Unnſ ſein hüffe thuet dz wires erzeügen mugen und gethan. Es ſoll Uns auch umb dz vierteil jar dz

vor-

vorgenamt ist, so gethan guet verrichten alß Er Uns mit seinen briefen gelobt
hat, die wür darpber haben, dz wür Ime dz stat haben, darumb geb wür
Im disen brief versiegelt mit Unsern aigen Insigl daß daran henget, der Brief
ist geben ze Nürnbeg do man von Christes gepurde zallt dreyzechen hundert jar
darnach in den 15. jar an dem Freytag nach der osterwochen.

XVII.

Herrn Petri Ertz Bischoffen zu Mentz Pundt, und Dienst Brief An. 1317.

Wür Petter von Gottes Gnaden des heilligen Röm. Reichs ze Maintz Ertz
bischoff und des heiligen Röm. Reichs in teutschen Landen Ertz Cantzler
thun khunt allen den die disen brief ansechent, oder hörent lesen, dz wür Uns
mit Unsern genedigen Herrn khonig ludwig von Rome und mit dem Erbe-
ren herrn und Fürsten herrn Baldewinen Ertzbischoffe ze trier und mit
herrn Johanns khonig von Behaim und von pollen verreinet haben, und
ze einander verbunntten, und mit guetten treuen an Aydes stat gehaissen und
gelobt, wür In und Sy Unserwider einer dem andern eyrmermer, dieweil
wür leben zehelffen und zeratten mit leib und mit gut, und mit aller Unser
macht, gen allermeniglich und mit Namen auch gen Hertzog Friderich von
österreich seinen Bruedern und Iren helffern Souere wür khonnen und
mugen, on alles Gevarde, und ware dz wür oder die vorgenanten Herrn der
Konig ludwig und der Ertz Bischoff von trier und Konig Johanns von Behaim
jäge Manns diener oder helffer hetten die mit Uns und mit In in disen Punt
waren oder mit sein wolten die Mugen wür und auch Sy yeder Herr die sei-
nen Versprechen auf ein Recht darzu hat pnser yedlicher gehaissen und gelobt
dz er alle seine freindt und seine diener die Er nun hat und hernach gehaben mag
ze In in disen Punt ze Uns bringen, und verpinden soll alß daß sy Uns und wür
In hin wider wo sein not geschicht beholffen sollen sein mit gueten treuen alß vor-
geschriben stet, war auch daß khain Unser freündt oder diener die wür nun ha-
ben an Uns oder die hernach wür ze Uns geziechen und gewunnen mochten sein

be-

beſonder gelübde und verbuntnuz ꝛc Unſ und zu dem vorgenannten Herren den Khonig Ludwigen den Erz Biſchoffen und dem Khonig von Behaim thun wollt, und auch Unſ und den herren ſeinen Brief darpber geben den ſollen wir und die herrn ꝛc Unſ in dem Punt nemen und In hinwider Unſer brief geben, und wäre auch dz unter Unſ vieren ainer oder mer ſturben und abgiengen ſo ſollen die andern die do lebend beleiben des oder der andern khynden Stifften freimbden Helfern und dienern die Sy zu den Zeiten haben, oder darnach an ſich bringend alſo ob ſy in den vorgenanten Punden beleiben wöllent, getreulich geholffen, und geratten ſein, wo es in not wiert gleicher weiſ alſ er oder Sy lebedten on alles geuärde, Wir haben auch mit Unſern vorgenanten herren dem Khonig Ludwigen den Erz Biſchoff von trier und mit dem Khonig von Behaim gelobt beſonder daſ Unſer khainer an die andern mit dem vorgenanten Herzog Friderich v. öſterreich ſeinen Bruedern und Iren helffern und dienern khain Müne oder richtigung nymer genomen und gemachen ſoll, dann mit Unſer aller Virer oder der die do lebend wiſſen und willen und Rat dz die vorgeſchriben taiding Ainung punbte ganz und ſtat beleiben, darpber geben wir ꝛc Urkundt dieſen brief mit Unſern groſſen Inſigl verſiglt, der iſt geben ꝛc Bacherach do man zallt von Chriſtes gepurde. 1317. jar des Sonntags nach Sannd Veitstag.

XVIII.

Landes Ubergabe Pfgr. Rudolfs an ſeinen Bruder H. Ludwig von 1317.

Wir Rudolf ꝛc. Bekennen, daz wir vmb allen chriech vnd miſſhellung, die zwiſchen vns vnd vnſers lieben Bruder vnd Herren Khnich Ludwig geweſen iſt untz her, von ſwelchen ſachen, vnd aufflöſſen daz geſchehen iſt, gütlich, lieplichen, vnd brüderlichen mit ain ander verichtet vnd verſönet ſin, als her nach geſchriben ſtet Daz wir Herzog Rudolf habe angeſehen der Arbait, die vnſer lieber Bruder der vorgnant Chünich Ludwig lidet von des Riches wegen, vnd durch vnſer beyder from, vnd nutz habn wir vns ver wegen
mit

mit im ʒe liben gewin vnd flust, daʒ er sin Arbait, vnd den Chriech den er li-
det durch daʒ Riche, vnd durch vns, vnd durch vnser baider not, deſt baʒ
vberwinden, vnd wan wir laider von Chranchait vnsers libes im niht wol ge-
helfen megen mit vnsers selbes libe habn wir vns gäntzlichen hintʒ sinen truen
laʒʒen, vnd habn im geantwurtet, vnd empfolhen in rehten truen vnser beder
Land, vnd Lut ʒe Bayern, vnd an dem Eyn, daʒ er im selben davon geholfen
si so er best meg, also, daʒ er da mit schaffen mach, mit versetzen, mit lei-
hen, mit geben, und mit an werden, nach sinen truen, als im, vnd vns,
vnd vnser baider chinden all nutzlicheſt, vnd notdurftich iſt. Wir suln auch
vnserm Heren dem Chunig dienen, vnd selber mit im varn, swenn wir von
Chranchait mogen vnsers libes er sol auch vns choſt geben, darnach als er vns
habn wil, daʒ wir erlich mit im gevarn megen. Wir bed habn auch Siben ge-
nomen auf vnser beder Rat, alſ sie her nach genant sint. vnser Getrve Hain-
rich von Erenvels, Albrecht den Judman vnsern Marschalch ʒe Bayern, Wul-
fingen von Goldegge, Dyetrichen von Parſperch Albrecht den Rindesmaul,
Albrecht den Rothaft, vnd Ekgen von Lichtenberch daʒ vnser vnd Bruder der
Chunich nach der vorgenanten Sibner rat, vnd haiʒʒen vns vnd vnser Hauſ-
frawn solcher Gut, vnd Veſt antwurten sol, in den dreien Vitzumampten ʒe Mün-
chen, ʒe Lengenvelt, vnd an dem Ryn, da von wir erlich geleben mogen.
Swas Gutes vnd Veſt vns auch geantwurtet wirt, nach der vorgenanten Si-
ben rat, die suln wir nemen, vnd ſtaet habn, vnd da mit sol nieman ʒe schaf-
fen habn denn wir, vnd swen wir dar ʒv schaffen. Swaʒ auch Edler lut in
den selben Guten, vnd Gerihten sitzet, die suln vnserm Heren vnd Bruder
dem Chunig hulden, vnd sweren, als daʒ Lant gemainlichen tut. Es sol
auch vnser Herre vnd Bruder der Chunich vnser lieben Hauſfrauen Mehtil-
den, swas er ir Morgengab, oder ir widerlegung bi dem Rin an worden iſt.
oder versetzet hat, daʒ iſt Winnham Burch vnd ſtat, vnd Lindenvels, vnd
swaʒ dar ʒu gehöret widerlegen bi dem Ryn nach der Drier Rat vnserer Ge-
trven Drigels von Aufhayn, Hartwig von Stainichlingen vnd Johans von
dem Stainhus des alten Vogtes von der Stropen ſtat, die der Chunich, vnd
wir darʒu genomen habn. Wir habn auch bed den gewalt, daʒ vunser Jet-
weder von sinen wegen ainen vnser Burchman an dem Ryn ʒu den vorgenan-
ten dreien geben mogen, ob wir wellen, daʒ ir funf werden, vnd swas die
selben drei, oder funf vnser Hauſfrauen ʒe widerlegung schaident, gen den vor-

gnan-

gnanten guten Winnhayn, vnd Lindenveis, daʒ sol vnser Haussrauen gevertigt werden, ehe si ir willen dar zu geb, daʒ man die selben Gut dem Bischof von Meintʒ antwurte, vnd swas vnser Haussrauen ehemalen Morgengab vnd Wi-derlegung ist, vnd Widerlegung wirt, daʒ sol der Chunich nicht anwerden noch versetʒen, an ir Willen, vnd Gunst. Wer auch daʒ vnser lieber Bruder der Künich, vnser Schwester der Chüniginn ir Morgengab, vnd Widerlegung iht, an wurdt oder versatʒte, oder an worden wär; oder versetʒet hiet, daʒ sol er ir auch widerlegen, vnd dar zu suln wir auch vnsern Willen vnd gunst gebn in allen den rehten, als vnser Haussraun. Wir suln auch unsern Willen vnd Gunst dar zu geben vmb Richenstain, das vnser Bruder der Chunich dem Bischof von Meintʒ geben hat. Wir suln auch vnsern willen dar zu geben vmb Stahelberch. Stahel egge, vnd Braunshorn, die man ie vnderpsandt gesetʒet hat, über die Zolle ze Bachrachen, (*) die dem Bischof von Maintʒ, vnd dem Bischof von tryer, vnd dem Chünig von Behaym versetʒet sint. Vnd sol Törig der Rath Graf, oder swem die vorgenanten vest hin nach geantwurtet wurden, vns swe-ren, vnd sie brief dar ober gebn, swenn die Zölle sich ab gedienen die Sum-me, dar vmb sie den vorgenanten Bischofen vnd dem Chunig von Behaym ver-setʒet sint, daʒ er denn die selben Vest vnserm Ainem, dem Chunig, oder vns, vnd vnser baider Erben, swer denn daʒ laut vnder vns zwaien, oder vnsern Erben inne hat, als es her mit taidingen chomen ist, vnd als es her nach ge-schriben staet, wider antwurten. Es hat auch vnser lieber Bruder der Chünich gewalt aller gut an dem Ryn ze versetʒen vnd ze verchommern, vmb sin Notdurst an vnser Haussrauen widerlegung, vnd Morgengab, vnd an die widerlegung, die ir ietʒo geschehen sol, vnd an allein die vest, die sol er niht an werden. Wer aber daʒ er si möst versetʒen den Fürsten, daʒ sol er niht tun an vnsern willen. Möhten wir bed des niht über ainchomen, so sol er eʒ tun nach der fünfer rat, der vnser ietweder auf dem Land zwen nemen sol, vnd sol der fünfte sin, den wir baid mit vnsern briefen genennet haben. Swelhem vnserm ainem, der ainer oder mehr abgienge, der selb sol einen andern an des abgenten stat ʒe Hant nemen,

der

(*) Zu einiger Ergänʒung dieser Geschicht wirdt Eine Zollabrechnung von Bächerach da-hier bey gefügt.

der zu dem Land gehör. Die selben fünf suln auch sicherheit dar ober vinden, daʒ sich die vest niht vervallen mogen, und daʒ man si vns beden, vnd vnser baider Erben wider geb ʒe lesen. Es sol auch vnser lieber Bruder der Chünich, der vest niht an werden noch versetzen in dem Land ʒe Bayren die her nach geschriben stant. Daʒ sint Chufstain. Waʒʒerburch, Lengenvelt, Nietenburch, Stoppurch, vnd Newenburch vor dem Walde. Er mach aber die Gut, die zu den vorgenanten Vesten gehörent, versetzen, verchomen, und an werden, als ander Gut ʒe Bayren, an die Graffschaft ʒe Hyrsperch, vnd die Purch Grafschaft ʒe Rotenburch, der sol er niht anwerden, wolt aber er si versetzen daʒ sol er niht tun, an der vor genant Sibener, oder der fünfer Rat, an swelchy wir gen wellen, Muſt aber er die selben Veſt, ir ain oder mer versetzen, den Fürsten, daʒ sol er niht tun an vnsern willen, vnd Gunſt. vnd möhten wir bed des über ain nihe chomen so sol es ſtan an den vorgenanten fünfen, vnd suln wir denn tun, swaʒ vns der Merer tail haiʒʒet, vnd sol vns daʒ denn vermachet werden nach der fünfer Rat, also, daʒ wir gewis sin, daʒ man die Veſt vns baiden vnd vnser baider Erben wieder geb ʒe lösen, swenn wir wellen. Wir suln auch alle Chirchensatʒ lihen, also, daʒ wir die erſten Chirchen, die vn ledich wirt leihen sulln, swenn wir wellen, vnd die andern dar nach, nach vnsers liben Bruders des Chuniges bet vnd haiʒʒe, wenn er wil, vnd fürbaʒ mehr alle die wil der Chünich daʒ Lant inne hat, so suln wir lihen ieder ain swem wir wellen, vnd die andern nach des Chunigs Bet vnd haiʒʒe. Vnd swenn vns daʒ Lant in geantwurtet wirt, so suln wir si denn lihen, swie wir wellen, vnd swem wir si gern leihen. Wir suln auch allev Lehen lihen, die vns ledich werden, nach vnsers Herren Chunich Ludwig Haiʒʒ, vnd bet, an als vil swaʒ bi zehen pfunden giltet, in swelcher lay Müntʒe daʒ Gelt liegt. daʒ mogen wir lihen, swem wir wellen von vns selben, an daʒ deʒ Salbuch antriffet, vnd swaʒ Lehen ledich wirt deʒ Erben habent, die suln wir auch lihen dar zu suln wir lihen, swas lehen ainer dem anderen machet vnd auf git. Swenn auch vns daʒ Lant wider in geantwurt wirt. So suln wir lihen allev lehen, swie sie genant sint mit aller gewonhait, vnd rechten, als wirs herbracht habn. Wir suln auch alle Bänne lihen, den, den vnser Bruder der Chünich der Ampt lat, oder sin Vitztum,

alle

alle die wil er des Landes von vnser baider wegen gewaltich ist. Wär aber daz
wir bi dem Land ze Bayren, vnd an dem Ryn niht wären, so suln wir in jegli=
chem Vitztumampt einen nemen ze Bayren vnd an dem Ryn, mit vnsers lieben
Bruders des Chünigs Rat, vnd den sol vnser lieber Bruder der Chünich gewalt
gebn vnd verlihen, nach vnser Bet vnd Haizze, daz si den Pan lihen mogen,
als wir selben. Es sol auch vnser lieber Bruder der Chünich Land, vnd Lüt, als
lang inne habn, vnd niezzen, ze versetzen, vnd an ze werden, an als vor auf ge=
nomen ist, bis er seinen Chriech. gen dem von Oesterrich vberwindet an gever=
de. Swenn auch dann die vorgnanten Siben sehent oder ervarent, vnd auf
iren Ayt ge sagen mogen, daz er gen dem von Oesterrich sinen Chriech hab vber=
wunden, in der mazze, daz er vns daz Lant pillichen antwurtet, daz sol er tun,
vnd suln wir im dann davon geholfen sin, mit lib, vnd mit gut von vnser bai=
der Land vnd Lüten, als ein Bruder dem anderen von vntailtem Gut, vnd als
ein Fürst dem Chünig von reht sol. vnd Er vns her wider an alles gevärde. Es
habent auch die vorgnanten Siben gwalt, swas si drv vber vindent, vmb der
Fodrung, vnd vmb die Dienst, den wir iez vnserm lieben Bruder dem Chunig,
mit der in Antwurtung des Landes tun daz daz vns, vnserm Erben, Herschaft,
Land, vnd Lüten, an der Pfalentz vnd ze Bayren, fürbaz dehein schad si, gen
dem Riche, vnd gen andern Römischen Chünigen. Es sol auch vnser Bruder
der Chünig, vnd wir Bed einen Amptman an dem Ryn setzen, wer aber daz
wir bed ober ain niht chomen möhten vmb dem selben Amptmann, so sol 4 stan
an vnsern lieben Getrven Graf Bertholden von Nyffen Wulfingen von Goldeg=
ger, Dytrich von Parsperg, Albrecht dem Nothaft vnd Hainrich dem Saller
Vitztum ze München, die wir baid dar zu genommen haben nach der Rat suln
wir baid denn einen Amptman nemen, vnd sol der vnsern Bruder dem Chünig
warten, als diser taydinch gemachet sint, als von anderem vnserem Lande, an
als vil ob ez ze schulden chäm, daz Godt niht geb, daz wir in der vrist niht er=
wären, so sol der Amptman vnsern Hausfrauen ir Morgengab, vnd ir widerle=
gung, die iezo ist, vnd noch wirt in antwurten, vnd sol auch daz vermachet wer=
den, also, daz vnser Hausfran des sicher si, die Sicherhait sol vervestent wer=
den, mit des Amptmanns Ayd vnd mit sinen briefen, vnd die Purchman auf

den

den vesten, die suln in den Pünden sin gen vnser Hausfrau, alf si her gewesen sint. wer aber daz wir bed den Amptman an dem Ryn vercheren wolden, durch welh ie sache daz gescheh, vnd vmb einen andern dahin ze setzen über ain niht chemen möhten, so sol es aber sten an der vorgenanten funfen nach der Rat suln wir einen Amptman dahin sitzen. Wer daz vnser ainer den Amptman vercheren wolt wider des anderen willen, so sol der vercherung sten aber an den vorgenanten fünfen. Es suln alle Pünd vnd Ayd ab sin, die wider vns von Land vnd von Lüten gesworen sint, an die Apdt, vnd die Pünd allein, die Land vnd Lüt ze ein ander gethan habent vns beden ze gut, ze Eren, vnd ze from, alf die Hantfest sagent, die sie dar über geben habent. Es suln auch alle Diener Grafen, freyen, Dynstman, Ritter vnd Chnechte, Amptlüt, Burger, Arm vnd Rich, Swie si genant sint, von allen vnsern Stetten, vnd Märchten, in allen vnsern Landen ze Bayren, vnd an dem Ryn, die wider vns getan habent baldenthalben in disem chrieg gentzlichen, trwlichen, vnd luterlichen vnser baider Huld vnd Genad haben. Es suln auch alle gevangen ledich sin, die zwischen vns baider in diesem chrieg gevangen sint, vnd besonderlich. Swigger von Eglingen von siner Pürgschaft. Es sol auch vnser liber Bruder vnd Herr der Chünich vnser Diener des schadens den sie genomen habent, in diesem vnsern chrieg, ergetzen nach der vorgenant Siben Rat, vnd in der selben ergetzung sol ieder man sicher vnd Gwis sin sines Erbes, vnd sines Aigens vnd sines Lehens, daz im daz wider werde, und des wider gesetzet werden in nutz vnd in gwer, vnd mag ieder man sin vest, vnd sin Häwser, die im in disem chrieg zerbrochen sint wider bawen ob er will. Wolt man in des irren, so sol in der Chünich da vor beschirmen. Swenn auch die Siben gesprechent vber die Ergetzung irs schadens, so suln si Iehant sweren vnd hulden vnserm lieben Bruder dem Chünig, alf ander vnser Land vnd Lut tunt. Swaz auch vnser lieber Bruder der Chünich bi dem Riche gewinnet, vnd wir bed bi dem Herzogtum, daz sol sin vnd vnser, vnd vnser baider chind gemayn sin. Wer auch daz vnser Bruder der Chünich, nicht enwaer in der vrist, des got niht geb. so suln wir mit sinen chinden leben nach der Hantfest sag, die in dem Achlech geben wart, mit dem

Gut,

Gut, daz wir haben, vnd daz bi dem Riche gewunnen wirt, und daz selb sol er auch tun vnsern Chinden, ob wir niht enwären. Wer aber daz Got verbiet, daz under den vorgenanten Siben Hainrich von Erenvels, Albrecht der Judman, Wulfinch von Goldegge oder Albrecht der Ryndsmaul ir ainer oder mehr abgieng, oder da bi niht moht sin an gevaerde, So sol vnser lieber Bruder der Chünich Siben nennen, die zu dem Land gehören, swelhy er wil, auz den selben Siben suln wir Herzog Rudolf einen nemmen an des stat des gebresten ist. Wer auch des Got niht gaeb, daz Dytrich von Parsperch, Albrecht der Nothaft, Ekge von Lichtenberch, die vnter den vorgnanten Siben von vnsern wegen genennet sint, ir ainer, oder mehr abgieng, oder da bei niht gesin möht an gevaerde. So suln wir Herzog Rudolf Siben nennen, die zu dem Lande gehören, swelhy wir wellen, auz denselben Siben sol vnser lieber Bruder der Chünich einen nemen, an des stat des dem gebresten ist. Swelchie Pund auch wir ervinden mit vnserem Rat, daz vns vnser Hausfrauen, vnd vnsern Diennern, die bi vns in diesem chrieg gewesen sint, iht obervaren werde, diseu Sun, vnd deu taydinch, die sol vns vnser lieber Bruder der Chünich darüber tun. Wir suln auch ieglichem obervaren einen Punt machen, der dar ober groz gnuch ist. Die selben Punde sol vnser lieber Bruder der Chünich, vnser Schwester die Chünigin, vnd ir Diener Arm, vnd Riche lezo, vnd swann vns daz Lant wider ingeantwurtet wirt, von vns hin wider habn. Wir suln auch staettigen, vnd vervesten mit vnserm Insigel vnd Briefen, vnd mit vnser Hant, swaz vnser lieber Bruder der Chunig her an worden ist, vnd versetzet hat, oder verlihen, vnd auch fürbaz anwirt, versetzet, oder verlihet, mit sinen Briefen, vnd mit siner Hant, an alf vil, swaz vor auf genommen ist, daz an den Siben, oder an den fünfen gesten sol, alf vorgeschriben ist. Es suln auch die Siben von nv Suntag vber acht tag bi ein ander sin ze München, oder ze Aybling, vnd suln da schaiden die Sache die an si gelazzen sint, vnd suln auch vns Pund vber die Gut, vnd die veste machen, die vns geschaiden werdent, daz vns daz volfürret werde vnd staet belibe, vnd suln auch wir dann ze hant schaffen, daz vnserm lieben Bruder dem Chunig Land vnd Lüt hulden, vnd sweren, als getaidingt ist. Swaz auch die Siben, die Fünf, vnd die drei, vnd ob der

Dreier

Dreier fünf werdent, der vorgenanten sache aufrihten sutn, Swa hin den der merer tail driffet, vnd chert, daz sol chraft vnd maht haben. Der vorgenanten taiding alf si vorgeschriben sint, von Worte ze Worte sin wir fünf. Graf Bertold von Nyffen Wulfinch von Goldegge, Dytrich von Parsperch, albrecht von Nothaft, vnd Hainrich der Saller Vitzthum ze München, von vnser beder Herren wegen, von irem geschaerfte, vnd gehaizze, vber ain chemen, vnd habn darvber vnser beder Herren, vnd vnser selber Brieff gebn, daz der taydinch staet belieben, zwischen in, vnd volfurt werden, mit den Pfunden, die dar vber gemachet sint, vnd an swelchem tail daz gebrest, vnd niht volfurt wurde, die sind vervallen, vnd mogen si die andern manen, alf die brief sagent, die wir vnder ein ander geben geben habn darvber, vnd ze Urchund habn wir alle an diesem Taidinges Brief vnd Notel vnser Jnsigel gehenchet. Daz so geschehen ze München des Sampztages vor Reminiscere. Do man zalt von Chriſtes Geburt dreizehen hundert iar darnach in dem Sibentzehenden Jar.

(A. S.)　(A. S.)　(A. S.)　(A. S.)　(A. S.)

XIX.

Zollabrechnung von 1317.

Universis presentes Litteras inspecturis volumus fieri notum, quod per nos Hermanum de Liechtenberch principalis aulæ Cancellarium Computatio facta est super perceptis in Theloneo Bacheracensi a feria quinta proxima ante Dominicam qua cantatur quasi modo geniti sub ao Domini M: ccc septdecimo usque ad Diem beati Martini proxime subsequentem cum Heinrico de Luchenstorf et Gebelino socio suo Experto domino Treverensi presentibus Domino Georio Irsuto Comite, Ulrico de Lapide

Wol-

Wolframo de Lewenſtein Cunrado de Rudinsheim vicedomino dominis Moguntenſibus et Caſtrenſibus Domini Regis.

Item et alia Computatio per nos Facta eſt á feſto beati Martini prædicto usque in feriam terciam ante diem Pentecoſtis proximum ſubſequentem, preſentibus Chunrado de Rudinsheim, et Thelonorum prædictorum invenimus tam de prima, quam de ſecunda ſumma, quam Henricus de Luchinſdorf recepit de quatuor groſſis et duobus Hallenſibus et ſpecialiter de novem Hallenſibus de feſto Paſche proximo ſequenti duo Millia Librarum minus duodecim ſolidis hallenſibus.

Item Dominus Georius Irſutus Comes recepit terminis predictis de duobus groſſis octingentas ſexaginta ſeptem libras undecim Solidos hallenſes. Item recepit pro cuſtodia caſtrorum ccc xlij Libras, que in Summa Dominj Regis non defalcantur, et pro edificiis C. lib: vij. lib.

Item Dominus de Brunſhorn recepit Terminis predictis de dimidio groſſo ducentas libras ſedecim libras quatuor ſolidos ſex hallenſes.

Item Dominus Engelhardus de vinſperch recepit de xviij hallens: Sexcentas quinquaginta quatuor libras xiij. viiij h:ll: terminis predictis.

Item Abraham Judeus recepit Terminis predictis tantum usque ad Diem Paſche et tunc fuit pagatus in toto et a Die Paſche usque ad feriam terciam predictam, ea, que recepta fuerunt medio tempore conputata ſunt pro medietate ſuper Domino Treverenſi et pro medietate Domino Moguntensj prout inferius ſpecificetur.

Item univerſitas recepit de xiij hall: Terminis predictis cccc Lib. ix. lib: ix. hall: Item Dominus de Runker et de Iſenpurch receperunt a vigilia Symonis et Jude apoſtolorum ſub anno Dominj predicto usque ad Feſtum ſanctorum vitj et modeſtj martirum ſubſequens de quatuor groſſis curentibus Noningentas ſexagita lib:

Item

Item Berchtoldus Comes de Catzenelenbogen recepit de duobus grossis a Erasmo Thome sub Anno Dominj predicto usque in Diem viti et modestj cccxxxiij lib.

Item Heinricus de Colonia recepit sub Anno et die predictis de sex grossis de vinis ahaticis et aliis Mercemoniis ahaticis mille octogintas Lib: xxxv Lib: xiiij sol: hall:

Item Curadus vicedominus de Rudinsheim recepit ex parte Dominj Moguntensis Terminis prescriptis de duobus hall: et specialiter a festo Pasche proxime transacto de noven hall: lxxxix. lib. viij sol: ij hall. Præfate conputationj inter nos videlicet Hermanum Cancellarium Georium Jrsutum Comitem Cunradum de Rudinsheim vicedominum et Heinricum de Luchinsdorf thelonarum predictos facta et ordinata Sigilla nostra in testimonium et evidentiam appendimus huic scripto actum in Bach anno Dominj 1317. in Die beatj Joannis Baptiste.

(S.A.)   (S.A.)   (S.A.)   (S.A.)

XX.

Der Schiedleüte Theibigungs über die Landesübergabe von 1317.

Wir Hainrich von Ernfells, Albrecht der Judman Marschalh In Bayrn, Wulfing von Golldegkh, Dietrich von Parsperg, Egkhe von Liechtenberg, Albrecht der Rothafft, vnd Albrecht der Rindsmaul verJehen vmb die sache vnd vmb die Verhägung, die vnnser bede herren, Khünig Ludwig von Rom, vnd Hertzog Ruedolff In Bairn, an vnns ganntzlich gelassen haben, Das der Merer tail vnnder vns Siben also geschaiden hat, vnd oberainkhummen ist, der täding alls hernach geschriben steet.

Des Ersten haben Wir gescheiden, das man geben soll vnnserm gnedigen herrn Hertzog Ruedolfen alle Jar funff thausent pfundt Münchner pfening. Zwelf Fuder Weins von dem Burg. Vnd Drew thausent khäß, vnd soll in des geltes austrichten In dem Vitzthumambt. ze München, zway thausent pfundt, In dem Viztumambt. ze Lenngenfelld thausennt pfundt vnd an dem Rhein zway thausent pfund, vnd was man In, In ainem Ambt nicht ausgerichten mag. Des soll man In außrichten In dem andern Ambt. Da es der Khunig Innen gehaben mag nach, vnnser Siben Rat, on alles geuerde, vnd mit vnnser der Merer tail hingeuellet, das soll stät beleiben. Wann es alſs zwa tädingen herkhummen ist. an der Notel.

Wir haben auch geschaiden, in dem Vitzthumbamt. ze München. vnnserm vorgenannten Herrn Hertzog Ruedolfen, die Burg zu Dachaw, vnd das Gerichte, vnnd was ledigs guets darinnen ist vnd was in der Khönig da leihen mag. Das soll Er an den vorgenannten zway thausent pfunden Münchner abslahen.

Wir haben Im auch geschaiden alle Zölle halb ze Wasserburg, vnd was er dauon berichtet mag werden, Das soll er auch abslahen, an den vorgenannten zway thausennt pfunden.

Darvber haben Wir Im auch gescheiden, In dem Ambt ze Kutzpichel. Sechs Hundert pfundt Münchner Pfening von Steuren, ze dem Mayen vnd dem Herbste. vnd dieselben Sechshundert pfundt sol er abslahen, an den vorgenannten zway thausent pfunden.

Wir haben auch geschaiden, das man Kharlsperg pawen soll. zu einem Jaghaus, das bede herrn, da Jagen mugen. Wenn sy wellen.

Das auch vnnserm herrn Hertzog Rudolf, die Schidung In dem Vitzthumbamt. ze München. alls vorgeschrieben ist. vmb die Burg ze Dachaw, vnd die guet, darauf Im der Khunig beweisen soll. Der zwayer thausent pfundt vosfurt werde, vnd stät beleib. So haben Wir Siben von dem gewallt, Den vnns vnnser bede herrn darüber geben haben, alß die Notel saget, ben pundt darüber gemacht, vnd sein also vber ainkhummen, das vnſer

ſer balbe herrn, Der khunig, vnd der Hertzog anntwurten ſuln, knefſtain vnnd Wolffratzhauſen zwen beſchaiden Mannen, der ſy bed miteinannder vberainkhummen. Möchten ſy aber nicht vberainkhummen, So ſoll es an vnns Siben ſten, vnd wann man dann nach vnnſerm Rat einanntwurt - die vorgenannten Veſſt, die ſullen beden herrn ſchweren, vnd ſullen die Veſſten Innen haben, In der beſchaidenhait, Wär das vnnſer vorgenannter herr Hertzog Ruedolf nicht berichtet wurde, der guet di wir Im geſchaiden haben, vnnd der In der khunig richten ſoll - In dem Vitzthumambt. ze München, alls vorgeſchriben ſteet, So Lannd vnd leut dem khunige geſchworen vnd gehuldet, alls die Rotel ſagt, di ſy bedenthalben darumb Inne haben. Darnach in ainem Monat. So ſoll man dem Hertzogen, die vorgenannten Veſſte khueſſtain vnd Wolfratzhauſen einanntwurten, mit alle die vnd darzu gehörent, vnd ſol er die alſ lanng Innen haben, bis er des vorgenannten guets berichtet wirdet, nach vnnſer Siben Rät. alſ vorgeſchriben ſteet. Wenn auch er des vorgenannten guets berichtet wirt, So ſoll man vnſerm herrn dem khönig die vorgenannten Veſſte vnd guet wider anntwurten, vnd ledig laſſen.

Wir haben auch vnnſerm herrn Hertzog Ruedolffen geſchaiden Jhennhalb Thunaw In dem Vitzthumambt ze Lenngenfeldt, die Burg ze Regenſtauffe, mit dem gerichte, vnd mit allen den gueten, die dar Inn ledig ſind, Darzu haben Wir Im auch mer beſchaiden aus dem Gerichte ze Lenngenfeld, was dißhalb der Nab iſt, gen Stauff on die Burg und den Marckht ze Lenngenfelld. vnd drei Dörfer. Teublitz, Chunſtorf Gältendorf. Wölan, Rötingen bei Lenngenfelld vnd Schöndorff, vnd das hollz Raueych vnd die Märckht die Wir ausgenomen haben, damit Wir das gerichte getaill haben. Wir haben Im auch geſchaiden, den Marckht ze Nitonaue vnnd das Schergenambt, das darzu gehört. Was In auch der khunig, mit den vorgenannten Gerichten vnd gueten, die dar Inn gelegen ſind, berichten mag, das ſoll an den vorgenannten tauſennt pfundten, die Wir Im geſchaiden haben, alls vorgeſchriben ſtet, abſlahen. Wär aber das er mit den vorgenannten gerichten, vnd gueten, tauſennt pfundt Münchner nicht berichtet möcht werden, oder alls vill Regenſpurger, alls dafur gezimet So ſoll in der Khunig was abganngs iſt, berichten, In den negſten gerichten, Dabei da er es gehaben mag, nach vnnſer Siben Rät, on alles geuerde. Wär aber das icht vbriges da wär, das ſoll der khunig wider dauon nemmen.

Der vorgenanntten Veſſte, Gerichte, vnd guet alß Wir ſo nu In dem Vitzumambt ꝛc Lenngenfellt geſchaiden haben, alß vorgeſchriben ſtet, ſoll der Khunig vnnſerm dem Hertzogen aufrichten In allem dem Rechten, alß in dem Vitzthumbamt ꝛc München, vnd ob im das nicht widerfuern, So iſt Im darum ꝛe pfandt geſetzt Waldegkh die Burg, vnd was darzu gehöret, Lenngenfeld das gerichte gar, ꝛc Velburg das gerichte, die ſoll Er Innen haben, In allem dem Rechten, alß die Veſſte kueffſtain vnd Wolfratzhauſen, die nu geſetzt ſind, In dem Vitzthuwamt ꝛc München.

Wir haben Im auch geſchaiden in dem Vlitzthumbamt an dem Rhein Witzenloch Burg vnd Stat, vnd was guets In der Khunig darzu aller negſt geledigen mag. Was aber der Hertzog da nicht berichtet mag werden, das ſoll In der Khunig berichten, auf dem Zolle ꝛc Chube, Vimtz das Er berichtet wird, zway tauſent Münchner, oder alß vil haller, alß da ſind gezimet. Wurde aber vnnſer herr der Hertzog von dem Khunig nicht berichtet, der Veſſte vnd der guet, alß Wir Sy Im geſchaiden haben, vnd als vorgeſchriben ſteet In dem Vitzthumbamt an dem Rhein. So iſt Im darüber ꝛe pfandt geſetz Chube die Burg, der Zoll vnd was darzu gehört.

Wär auch das bede herrn der Burg vngewalltig waren, on alles generde, ſo ſoll der khunig vnnſerm herrn dem Hertzogen einanntwurten Hapdelberg die Burg vnd Stat, vnd den Zol ꝛc Manheim, vnd ſol er darinne haben als Lanng bis er der vorgenannten Veſſte, Weiſſenbach, Burg vnd Stat vnnd der guet darzu berichtet wirt, alß vorgeſchriben ſteet, nach vnnſer Siben Rät. Wenn auch das geſchicht, vnd er berichtet wirt, So ſoll vnnſerm herrn dem Khunige die vorgenannten Veſſt vnd guet, die dem Hertzogen geſetzt ſind, ꝛc pfandt ledig ſein, vnnd Im warten, In allem dem Rechten alß vor.

Wir haben auch geſchaiden, was vnnſer herr der Hertzog von dem Khunig, In ainem Vitzthumbamt nicht enntricht mag werden, an der Summa Gelts, der In der khunig darinnen richten ſoll, alß vorgeſchriben ſteet, das ſoll Er Jn berichten, In dem andern Vitzthumbambt da er es gehaben mag, on Geuerde, nach vnnſer Siben Rat oder des Merern taits.

Wär

Wir haben auch geschaiden, dieweil vnnser vorgenannter herr Hertzog Rudolf seines guets nicht berichtet ist, als vorgeschriben steet, So soll Jm vnnser herr der Khunig Cosst geben mit fünffzig Mennschen.

Wär auch das vnser Fraw die Hertzogin ze Land khäm, Ee das er des gutes berichtet wurde, so sol er Jm vnnd auch Jr Chosst geben mit hundert Menschen, vnnd sullen auch im darumb sprechen Sechs Burger zu München, wenn er hine dißhalb Thunaw ist. Wenn er aber Jhenhalb der Thunaw ist, So sullen Jm dafür sprechen vier Burger von Bremberg vnd zwen von Neuburg, vnnd Jn welchem Vitztumambt ze München, oder ze Lenngenfelld vnnser herr der Hertzog seines guets berichtet wirt, von vnserm herrn dem Khunig als Wir Jm vor geschaiden haben, vnd als vorgeschriben stet, So sind dieselben Burger die Jm für die Cosst gesprochen haben, von Jm ledig vnd los gar vnd gänntzlich.

Wir sprechen auch vnnd schaiden, das vnnser herr der künig allen vnnsers herrn Hertzog Ruedolfs Diener, Jr Erb, Jr aigen, vnd Jr Lehen, der sy Jn disem krieg, der zwischen Jn gewesen ist, entuirt sind, wiedergeben soll, vnd so der auch setzen Jn nutz vnd in gewer, vmb die ergetzung Jres schaden, den sy von demselben krieg genommen haben, wann sy denselben schaden, so gar guts achtent, dafür haben wir in geschaiden, das sy die ergetzung vmb den schaden genntzlich lassen an vnnsers herrn des khünigs gewallt.

Was auch an vnns Siben steet, das Wir noch schaiden sollen, wohin der Merer tail wider vnns Siben gefellet, vnd vber einkhument, das sol macht vnd Crafft haben, vnd stät beleiben.

Die vorgenannten schaidung vnd thädigung der sache die bede herrn an vnns Siben gelassen haben, hat der Merer tall vnnter vnns Siben also ausgerichtet, vnd geschriben, alls vorgeschriben stet. Vnd haben das auf vnnsern Ayd geben, das Wir nicht pessers wessten, darnach alls vnnser beeder herrn sache gelegen ist.

Darüber ze Vrkundt haben Wir Hainrich von Ernfells, Albrecht der Judman, Marschalh in Bairn, Whifing von Goldegkh, und Albrecht der

Rindß-

Kindßmaul vnnſer Innſigel an diſem Brief gehennckht. Das iſt geſchehen ze München, des Sambſtags nach Mitter vaſſten, da man zallt, von Chriſtes geburt Dreyzehenhundert Jar, Darnach in dem Sibenzehenden Jar.

Vier Sigilla in gelben Wachs daran.

XXI.

Lanndgraf Vlrichß von Leückenberg pund und Dienſt Brief
An. 1321.

Ich Ulrich Landgraf von dem Leuckenberg und thue Kundt allen den die diſen Brief ſechent horent oder leſent dz Ich mit gueten trewen on alles Geuärde und on alles argliſt dem Durchleüchtigen meinem genedigen herrn herrn Ludwige dem Römiſchen khunig gehaiſſen und gelobt han und auch gelob und gehaiſſe, dz ich bei Im Meiner Frauen Frauen Beatrix der Römiſchen Khonigin und bei Iren Erben mit leib und mit gut beleiben ſoll und will und Nymermer von In khomen in dem Krieg gein dem Wolgebornen herrn herrn Friderichn dem herzogen von oſterreich ſeinen Brudern und allen Iren helffern und gen mein herrn Herzog Rudolfs dem got genad khynden und allen jren helffern die Sy pej habent, oder noch gewinnent und daſ daſ alſo ſtate und Unzerbrochen von mir on alle argliſt beleib, gib ich diſen Brief mit meinen Inſigl verſigleten. der geben iſt zu Landshuet do Man zallt von Chriſtus geburde 1321. an dem Montag nach den Sontag Jubilate.

XXII.

Conraden Paulſtorffers von Taniſperg Diennſtbrief alſo
Lautent An. 1321.

Ich Conrad der Paulſtorffer von Taniſperg veriegh und thue Kundt allen den die dieſen brief ſechent hörent oder leſent, dz ich mit gueten trewen on al-

alles Geuarde und on all böss liste dem Durchleuchtigen meinem genedigen herren herrn Ludwigen dem Römischen Khonig ze allen Zeiten merer des Reichs gehaissen und gelobt han, und auch gehaisse und gelob dz ich bei Ime meiner Frauen Frauen Beatrix der Römischen Khonigin seiner hauß Frauen und bei Iren Erben mit leib und mit guet beleiben soll und will, und nymer von Inkhomen in dem Krieg gen den Wohlgebornen herrn herrn Friderichen dem Herzog, von osterreich seinen Bruedern und allen iren Helffern die sy iezo haben, oder noch gewünnen und gein meines herrn herzog Ruedolfs dem got genad khynden. und daſ daſ also ſtat und unzerbrochen von Mir belibe on alle arglist, gib ich disen Brief mit meinen Insigl versigelten der geben ist zu Amberg an dem Sambstag in der osterwochen do Man zalt von Christus geburde 1321.

XXIII.

Herrn Hainrichn Abbts zu Fulda Pundtbrief An. 1321.

Synund wür Heinrich von Gottes Genaden Abbt zu Fullde von Rechte gepunden seynd, dem Reiche ze helffen wider aller menigklich das es recht hat, und der Erber Fürst Bischoff gotfried von Würtzburg sich wider daz recht sezt gen Unsern herrn Ludwigen dem Römischen Khunig geloben und gehaissen wür daz an diesem briue daz wür Unsern vorgenanten Herrn Khonig Ludwigen beholffen sollen sein mit aller Unser Macht on geuarde gen denselben Bischoff von Würtzburg und war dz Wür mit dem Bischoff von Würtzburg verricht wurden, umb die sach die wür mit Im zu schaffen haben, darnoch sollen wür Unsern herrn Khunig Ludwigen beholffen sein des Khriegs den er mit den Bischoff hat zu ein Ende, und zu einer bestattigkeit der vorgeschriben rede geben wür Unser Innsigl an diesem brief der ward gegeben am Sannd laurenzen Abend do man zalt von gottes geburde jar 1321.

XXIV.

XXIV.

Heinrich der Paulstorfer von Tainsperg hat sich in negst verschriben form wie Chonrad Paulstorffer gegen Herrn Ludwige alß Römischer Khonig und seiner Gemahl verschriben die et anno ut supra.

Chonrad der Maier des Schenckh von Reicheneckh.

Hat sich in gleichen form wie die Paulstorffer eodem die et anno dem Römischen Khunig und seiner Gemahl zedienen verschriben.

Chonrad der abt Schenck von Reicheneckh hat sich gegen Khonig Ludwigen und seiner Gemahl allermassen wie Chonrad Maier Schenckh von Reicheneckh auch ze dienen verschriben loco die et anno quibus supra.

Jordan von Gueteneck hat sich in dergleichen form gegen Khonig Ludwigen und seiner Gemahl auch verschriben am tag und in den jar wie oben.

Graf Berchtold von Margstetn genant von Nieffer hat sich gegen Khonig Ludwign und seiner Gemahl ob verschribenermassen auch verpflicht ze dienen dises brieffs dat. steet zu Regenspurg. an. 1321. an Sand Walburgentags.

Dietrich von der Thurne hat herrn Ludwigen alß Römischer Khonig und Beatrixen seiner Gemahl obverschrieberrmassen auch ze dienen gelobt und des ainen brief geben Unter seinen Insigel ze Regenspurg anno 1521. an Sand Walburgen tag.

Item die hernachbenambsten von adl haben Konig Ludwigen und seiner gemahl allermassen wie die Negst verschribene zedienen sich verpflicht Laut aines briefs der geben ist zu Amberg mit zechen Insigls besiglt ao. 1321, am Freytag vor sand Urbans tag.

Hainrich von Darchsholrer
Rudiger von Wardperch
Ludwig der Derbe

Rudiger von Maeusthendorf
Chonrad von Zenger
Chonrad von Neyenbuch Ulrich sein Brueder
Heinrich der Chol von Schwarzenekh
Ruprecht von Dachshole
Albrecht von Murach von dem Taunstain
Rudiger von Aurstorf
Heinrich der Zenger von Schwarzenekh
Otto sein Brueder
Heinrich von Meusthndorff
Heinrich von den Neumagarckht
Ulrich der Marsthalch
Heinrich von Chrondorf
Chonrad von Hulstein
Diepoldt von Wartberg
Palliech von Wartberg Pudiger sein Brueder
Derbe von Geuzhelm Heinrich sein Brueder
Ulrich von Peltendorf der alt von Kharzstorf
Friderich alber
Friderich von Egloffreut
Albrecht der Probst, und Rueprecht der Dachshölrs von Pouckingen.

XXV.

Rudolf und Wenzlau Herzoge von Sachsen erkennen K. Ludwig für ihren rechten Herren, und versprechen ihr gut von ihm zu lehen zu nehmen.

Wir Ruedolf vnd Wenzeslau Herzogen zu Sachsen zu Angern zu Westualn Grafen zu Vten vnnd burggrafen zu meidenburch, bekhennen vnnd bezeu-
gen

gen in disem offen brieve. Wenn vnns König Friderich mit Willen weißt an den König Ludwick. So sullen wir den Kenig Ludwig für ainen rechten herrn haben, vnnd sollen vnnser guet von Im nemen des stellen Wir Inne vnnser Fründt namlich den Burggraf Fridrich von Nürmberg vnd den König Ludwig statt. Nemlich Graf berchtold von Hennenberg Was vnns die haissen an baiderseits. Das sollen wi thun. Des haben wir vnnsern brief gegeben, versigelt mit vnnserm Innsigln vnnd ist gegeben zu Lichtenberg in dem Jar nach Gottes gepurd tausent Jar Dreuhundert Jar in dem vier vnnd zwantzigisten Jar. An dem negsten Sunnabend, vor sannd Elspetentag.

XXVI.

Lettres patentes de l'Empr. Louis de Bav. par les quelles il appelle Ses Enfans du Second Lit à la succession dans ses Etats, conjointement avec ceux de son premier mariage.

Nos Ludovicus Dei Gratia Romanorum Rex semper Augustus, publice recognoscimus in his scriptis nos velle et sic ordinasse et statuisse ut Liberi nostri quos dante Domino ex inclita Margaretha Conthoralis nostra Carissima, spectabilis viri Guillelmi hanonie, hollandie, Zelandie Comitis et Domini frisie soceri nostri, filia procreabimus equaliter cum aliis liberis nostris, quos prius habuimus in omnibus bonis nostris nobis succedere teneantur et parem cum eisdem in nunc habitis et in futurum habendis per omnia recipere portionem, ceterum quecumque eidem conthorali nostre per priores nostras litteras dare promisimus cum requisiti fuerimus effectualiter attendere et servare spondemus. dantes in Testimonium premissorum has litteras Sigilli Majestatis nostre robore communitas actum apud opidum hachembourc E. Kalendas Februarii anno Domini millesimo trecentesimo vicesimo quarto Regni vero nostri anno decimo.

Vt Collationné au Cartulaire par nous Ecuyer seigneur de Maillart,
ficsil. Conseiller du Roy Directeur a garde des chartres de la Chambre des comptes de Sa Majesté a Lille et Son commissaire pour l'Execution de l'Article 38. de la convention du 16. May. 1769.
a Lille le 27. Janvier 1771.

Godefroi.

XXVII.

Constitution du Douaire de l'Imp. Marguerite, femme de l'Emp. Louis de Baviere.

Nos Ludovicus Dei gratia &c. notum facimus presentium Inspectoribus universis quod nos de consensu et bona voluntate Illustris Adolfi Comitis Palatini Reni et Ducis Bawarie pro se, ac Rudolfo et Ruperto Comitibus Palatinis Reni et Ducibus Bawarie suis fratribus auctoritate nostra *tanquam curatoris* consenciens, damus, constituimus et assignamus in dotem seu Donationem propter nuptias charissime Sponse nostre preclare Margharete spectabilis viri Guillelmi hannonie, hollandie, zeelandie comitis ac Domini frisie filie, redditus annuos et perpetuos XI.m. libras hallenses in castris nostris in cuba, Furstemberg, Rikensteyn et Lindenuens cum suis Castellanis et hominibus nec non et eorum pertinentiis et fructibus universis vini Bladi, denariorum et Thelonei sub dicto castro cuba et sub aliis predictis castris Jurisdictione et ceteris ipsorum castrorum redditibus quibuscumque tenendos, possidendos ac recipiendos cum omni utilitate et usu ipsorum ad omnia Tempora vite sue, et si quid de summa prescriptarum XI.m Librarum hallensium deficeret in redditibus predictorum castrorum, supplere debemus in aliis nostris proximioribus redditibus, castris predictis Alzey cum suis pertinentiis excepto usque quod predicta somma totaliter sit completa. debet autem estimatio et taxatio reddituum predictorum ad modum et taxum fieri sicut juxta Visi-

tatam

tatam folutionem ex antiquo ipfi redditus recipi confueverunt. In cujus rei Teftimonium prefentes confcribi et majeftatis noftre Sigillo juffimus communiri. Datum in Franchenfurt quarto nonas Januarii anno Domini millefimo trecentefimo vicefimo quarto Regni vero noftri anno decimo.

Collationné au Cartulaire par nous Ecuyer Seigneur de Maillart, Confciller du Roy, Directeur et Garde des Chartres de la Chambre des comptes de Sa Majefté a Lille et fon Commiffaire pour l'execution de l'article 38. de la convention du 16. May 1769. a Lille le 27. Jan. 1771.

Godefroi.

Nous Jurisconfulte du Roy pour les Affaires etrangeres, Commiffaire de Sa Majefté pour les Limites et les archives des Paysbas, certifions que le S. Godefroj eft tel qu'il fe qualifie, et que foy eft ajoutée à fes fignatures tant en juftice qu'autrement. En foy de quoi nous avons figné ces prefentes a Verfailles Le 12. Juillet 1771.

Pfeffel.

XXVIII.

Confentement des Comtes Palatins du Rhin au douaire de l'Imp. Marguerite.

Nos Adolfus, Rudulfus et Rupertus Dei gratia Comites Palatini Reni et Duces Bawarie, notum facimus prefentium Infpectoribus univerfis quod nos una cum Sereniffimo Domino Ludovico Romanorum Rege patruo *coberede noftro* Kariffimo noftri Rudolfi et Ruperti predictorum curatore de verbo et auctoritate ipfius damus, conftituimus et affignamus in dotem feu donationem propter nuptias preclare Margarete fpectabilis viri Willemi hanonie hollandie et zeellandie Comitis ac Domini frizie, filie dicti Domini et Patrui noftri fponfe, redditus XI^m Librarum hallenfium annuos et perpetuos ad omnia tempora vite fue *in Caftris* stris nostris cuba, Furstemberc, Rikensteyn et Lindenvelz cum Castellanis et fidelibus, nec non et eorum pertinentiis et fructibus universis vini, bladi, denariorum, et Thelonei sub dicto castro Cuba et sub aliis castris predictis ac Jurisdictione, ceterisque eorum redditibus quibuscumque estimandos et taxandos sicut ex antiquo recipi consueverunt, et si quod de predictis redditibus castrorum prescriptorum deficeret in proximioribus aliis nostris redditibus Altzey cum suis pertinentiis duntaxat excepto supplere debemus, usque quod predicta somma totaliter sit completa, Laudantes nichilominus et ratificantes quod circa constitutionem hujus dotis seu donationis propter nuptias per predictum Dominum nostrum factum extitit prout in suis Litteris continetur. In cujus rei Testimonium presentem dedimus Litteram, Sigillo nostri Adolfi predicti pro nobis omnibus, cum nos Rudulfus et Rupertus prescripti Sigilli careamus propriis sigillatam. Datum in Frankenfurt quarto nonas Januarii anno Domini millesimo trecentesimo vicesimo quarto.

Collationné au Cartulaire par nous Ecuyer Seigneur de Maillart, Conseiller du Roy, Directeur et Garde des Chartres de la Chambre des comptes de Sa Majesté a Lille, et Son Commissaire pour l'Execution de l'Article 38. de la Convention du 16. May 1769. a Lille le 27. Janvier 1771.

Godefroi.
Vt. Pfeffel.

XXIX.

Lettres de l'Emp. Louis de Baviere par les quelles il promet de degager le domaine des lieux formants le Douaire de sa femme Marguerite de Hainaut.

Nos Ludovicus &c. promittimus per presentes quod castra nostra Cubam, Fursteynberc, Rikenstein et Lindenuens in quibus preclare Margarete, spectabilis viri Willelmi hanonie, hollandie, zeellandie Comitis

mitis, ac Domini Frizie filie Kariſſime ſponſe noſtre dotem fecimus et conſtituimus ſicut in aliis noſtris Litteris continetur infraa hinc et feſtum Beati Johannis Baptiſte venturum proxime, ab omni obligatione et onere faciemus, et reddemus libera et ſoluta, ac infra eundem Terminum predicte ſponſe noſtre redditus XI.ᵐ Librarum hallenſium in dotem ſibi conſtitutos in caſtrorum dictorum et aliorum Locorum eis vicinorum, redditibus deſignabimus et determinabimus expedire alioquin Caſtra et muiniciones noſtre Haydelberch, Welreſawe, Wiſenloch, Oberuchein, Niwuſtat, et Wolfſperg que ſuper hoc in vadium et pignus conſtituimus dicte ſponſe noſtre cum univerſis eorum redditibus Juriſdictione, Caſtellanis et fidelibus in dotem erunt ſimul cum predictis Caſtris noſtris ad tota tempora vite ſue. In cujus &c.

 Collationné au Cartulaire par nous Ecuyer Seigneur de Maillart Conſeiller du Roy, Directeur et Garde des Chartres de la chambre des Comptes de Sa Majeſté a Lille et ſon Commiſſaire pour l'execution de l'Article 38. de la Convention du 16. May 1769. a Lille le 27. Janvier 1771.
 Vt. Pfeffel.   Godefroi.

XXX.

Promeſſe des Comtes Palatins du Rhin de degager le domaine des lieux formants le Douaire de l'Imp. Marguerite.

Nos Adolfus, Rudolfus et Rupertus Dei gratia Comites Palatini Reni et Duces Bawarie per preſentes promittimus et reſpondemus, quod infra hinc et feſtum beati Johannis Baptiſte venturum proxime, caſtra noſtra Cubam, Furſtemberc, Rikenſtein et Lindenvels in quibus preclare Margharete ſpectabilis viri Guillelmi Hannonie, Hollandie et Zellandie Comit s ac Domini Frizie, filie, ſereniſſimi Domini Ludovici Romanorum Regis Cariſſimi Domini et Patrui noſtri ſponſe dotem XI.ᵐ Librarum hallenſium conſtituimus ſicut in aliis noſtris Litteris continetur,
ab

ab omni obligatione et onere foluta et libera faciemus, ac infra idem feftum, eidem Domine Margharete, prediĉtas XI.ᵃ Libras redditus in prediĉtorum caftrorum et aliorum locorum vicinorum redditibus juxta priorum continentiam Litterarum demonftrabimus et determinabimus expedire, alioquin caftra et munitiones noftre Heidelberg, Welrefaire, Wiffenloch, Oberucheim, Nivveuftat et Wolffperg, cum ipforum Caftellanis et fidelibus Jurisdiĉtione ac pertinentiis et redditibus univerfis fimul cum prediĉtis Caftris fibi in dotem erunt ad tota tempora vite fue in cujus rei teftimonium prefentem Litteram dedimus Sigillo noftri Adolphi &c.

Vt.
Pfeff. 1. Collationné au Cartulaire par nous Ecuyer Seigneur de Maillart, Confeiller du Roy, Direĉteur et Garde des Chartres de la Chambre des Comptes de Sa Majefté a Lille et fon Commiffaire pour l'execution de l'Article 38. de la Convention du 16. May 1769. a Lille le 27. Janvier 1771.

Godefroi.

XXXI.

Promeffe de l'Emp. Louis de Baviere de ne plus engager le domaine des lieux formants le douaire de l'Imp. Marguerite Sa Femme.

Nos Ludovicus Dei gratia Romanorum Rex femper Auguftus prefentibus confitemur quod que in caftris noftris Cuba et Fuftemberg, inclite Margharete Romanorum Regine Conthorali noftre Kariffime dotem fuam conftituimus prout in aliis Litteris quas fuper eo continetur promifimus ac promittimus quod ipfa caftra prediĉta nequaquam impignorabimus nec obligabimus, nifi cafu tam gravi forfitan nos urgente, eadem fpeĉtabili Wilhelmo Comiti hollandie focero noftro Kariffimo, quod fimiliter promittimus pro certa fumma quanta indigerimus, obligemus, Teftimonio prefentium Litterarum quas fuper eo confcribi et noftre Majeftatis Sigillo juffimus communiri Datum Cube pridie nonas Junii
anno

anno Domini millefimo trecentefimo vicefimo fexto Regni vero noftri anno duodecimo.

Vt Pfeffel. Collationné au Cartulaire par nous Ecuyer Seigneur de Maillart Confeiller du Roy, Directeur et Garde des Chartres de la Chambre des Comptes de Sa Majefte a Lille et fon Commiffaire pour l'execution de l'Article 38. de la Convention du 16. May 1769. a Lille le 27. Ianvier 1771.

Godefroi.

XXXII.

Promeffe des Chatelains de Caub et de Furftemberg d'etre fideles à l'Imp. Marguerite, fi l'Emp. Louis de Baviere venoit à deceder avant elle.

Nos Ludovicus Dei Gratia Romanorum Rex femper Auguftus, prefentibus publice confitemur quod nobilis vir Chunradus de Truhendingen Caftellanus nofter in Finfemberch et Ulricus Wilbranc, et Otto Zengerius Caftellani noftri in chuba fideles noftri dilecti, fpectabili viro Wilhelmo Comiti hollandie focero noftro Kariffimo juraverunt, quod fi, quod abfit, nos decedere contingeret predicti Caftellani de dictis caftris et fidelitate fua Ratione dictorum Caftrorum Inclite Margharete Romanorum Regine conthorali noftre Kariffime nomine dotis refpondebunt, cum eadem caftra, eidem juxta alias noftras litteras fuper hec confectas in dotem dederimus Ipfamque dotem ipfi conftituerimus in eisdem promittemus etiam predictos noftros Caftellanos non ammovere nec deftituere nifi prius fubrogati et fubftituti Caftellani predictum preftent per omnia facramentum. In quorum Teftimonium prefentes dedimus Litteras Sigilli noftri robore roboratas. Datum cube pridie nonas Junii anno Domini millefimo Trecentefimo XXVI. Regni vero noftri anno duodecimo.

Collationné au Cartulaire par nous Ecuyer Seigneur de Maillart, Conseiller du Roy, Directeur et Garde des Chartres de la Chambre des Comptes de Sa Majesté a Lille et Son Commissaire pour l'execution de l'Article 38. de la Convention du 16. May 1769. a Lille le 27. Janvier 1771.

XXXIII.

Vertrag zwischen K. Ludwig und Palzgraf Rudolf und Ruperten 1328.

Wir Ludwig von Gotts Gnaden Römischer Kaiser ze allen Zeiten merer des Reiches, verjehen für uns und unser Erben Pfallenzgrafen ze Rhein und Herzogen in Beyrn, und Wir Rudolf von derselben Gnaden Pfallenzgrafe ze Rein und Herzog in Bayrn verjehen für Uns, unsern Bruder und Vettern Ruprecht und Ruprecht und unser Erben offenlich an diesen Briefe, daß Wir uns bedachtlichen und williglichen mit einander verichtet, vereinet, und verbunden haben, in ein ganze und statte Liebe und true zu belieben, bei einander und an ein ander geholfen zu sein an allen sachen wider aller meniglich ewiglich die wille wir leben. und wir vorgenannten Rudolf Ruprecht und Ruprecht, und unser Erben, und unser Keiser Ludwiges Erben wellen und sullen unterthenig sein an allen sachen und Dingen den vesten mannen Henrichen dem Gumppenberg Henrichen von Sur, Heinrichen Truchsessen von Sulzbach, Heinrichen dem Eysolzrieder, Dytrichen von der Churne, Weiglen von Trausnicht, und Helnrich den Preisinger von Wolmsach oder Otten von Greifenberg ob der Preisinger bey dem Lande nicht gesein mächt die wir mit unsern guten willen und Gunst unsers Herrn des Kaisers darzu genannt und genommen haben, und die uns der Keiser geben hat, daß Wir nach der Rat leben und tun sullen wir sein in Landes oder darainz. und were das der Syben einer oder mer nicht were, so sullen die ander an ir statt auf ir Eyde nemmen, und sullen die

K   oder

oder der vollen Gewalt mit in haben, Es were danne das die oder der dem Kaiser nicht geuiellen, so sullen si einen oder andern an ir stat nemen nach des Kaisers Rat und willen vonst unsern Lande ze Beyrn die darzu aller best seyn, die sullen Siben haben vollen Gewalt von unserm Herrn des Kaisers, und von unsern wegen einen teil zu machen unsern Lande an der Pfallenze ze Beyrn, zu Swaben, ze Franken, und zu Oesterreich Leut und Gut auf ir apde und auf ir true, und doch also, daß Beede tail Leut und Gut bey ein ander beliben sullen die wile wir es bederft wellen. Swelcher ainer unter uns seinen teil haben will, den sullen im die ander geben on allen verzoch und irrsal. Und die vorgenannten Siben haben gesworen auf den Heiligen, uns Rudolfen, Ruprechten, und Ruprechten, und unsers Kaisers Ludowiges Erben getreulich ze wisen und ze raten alles, das sie wennen uns, und dem Lande, und Leuten nutz und gut sey, die wile wir bey ein ander seyn mit unsern tailen. Auch haben sie gesworen Land und Leute zu teilen, als sy von allen irren sumen benent und verstent unserm Herrn dem Kaiser, seinen Erben, und Uns Rudolfen, Ruprechten, und Ruprechten, und unsern Erben und Landen und Leuten aller Best zu seyn. Wir haben uns auch verbunden, und verbinden uns mit guten, und verdachten wißen ewiglich, daß wir von kainen teil weder leut noch gut niemand verkaufsen, noch anwären sollen, noch enmugen danne uns selber untereinander durch kainerlaj Sache. Wir oftgenannten Rudolf, Ruprecht, und Ruprecht, und unser Erben verjehen auch und geheiszen stät zehaben, und besttetten mit unsern briefen swaz unser lieber Herr der Keiser getan und verschriben hat durch Gott, und ze sein not und des Landes, und durch Hilfe und Dienst, den man im getan hat. und diese teidung, und was hie geschrieben ist ze volfiren, und stet zu halten, haben wir Kvifer Ludwich unser kaiserliche true geben. und das haben wir Herzog Rudolf leiblich zu den Heiligen gesworn lauterlich und getreulich, daß soll auch Herzog Ruprecht sweren, und als unser Keiser Ludowiges Erben zu iren tagen kommen, so sullen si des auch ze den heiligen sweren. Alsdann sol auch Herzog Ruprecht,

Her-

Herzog Adolfes seligen Sun tun, das gehelßen wir Kaiser Ludewich für unser
Erben, Und were daß Wir Keiser Ludwich, oder unser Erben diese
diese teidung übersuren. So sullen Land und Leute warten und gebunden
sein, Herzogen, Rudolfen, Ruprechten und Ruprechten und ihren Erben als
lang unz wir gänzlich aufrichten, was wir überfahren haben. alsdann geschach,
daß wir Herzogen Rudolf, Ruprecht, und Ruprecht, oder unser Erben diese
teiding übersuren. So sullen Land und Leute unsern vorgenanten Herrn Kaiser
Ludwigen, und seinen Erben warten und gebunden sein, als lang unz wir gänz-
lich aufrichten, was wir überfaren haben. Und sullen Land und Leute
sweren, welcher überuert, daß sie dem andern wartend und gebunden sein, bis
daß er aufgericht, und were daß Herzogen Ruprecht und Ruprecht beede, oder ir
Diener diese vorgeschriebene teidung nicht wollen stet halten, So sein Wir Keiser
Ludewich und unser Erben in hinwieder nicht gebunden von diesen teidungen,
welcher auch unter uns seinen teil nimt, dez land und leut sullen
in der Bundnuß beliben, als vorgeschrieben stet. Wir Kaiser Lude-
wich versehen auch, Swaz wir erlosen oder vergelten, daz daz unser
obgenanten vettern, die wile si bei uns belibent mit iren teile, oder
swelcher bei uns belibet gleicher weis sol sein, als unser Erben,
Dorüber ze Urkund geben Wir diesen Brief mit unsern sisigeln versigelten, und mit
den gezeugen, die hernach geschrieben stent. daß seine die Edeln und vesten Manne Mein-
hardt und Albrecht Bruder Grafen von Ortenburg, Fridrich Burggraf von Nür-
nenberg, Ulrich Landgraf von Elsazzen Ludwig Herzog von Teck, Bruder Dytrich
von Trier Landshauenter von Pozen. Cuurad von Truchendingen, Marquart von
Seuelt, Cunrad von Schenna, Henrich Preisinger von Wolnsta und Ebehard
von dem Tore. Der Brief ist geben ze Rome an dem Pfinztag nach dem Sun-
tag quasimodo-geniti, da man zählt von Christs Geburt, dreyzehenhundert Jar,
darnach in dem acht und zwainzigisten Jare. In dem vierzehenden Jar unser
Kaiser Ludwiges Kunigriches, und im dem Ersten des Kaiserthums.

(L.S.)   (L.S.)

Sigillum Majestatis an Einer grün Seidenen Schnur.

Sec. Rudolfi Ducis Bav. in einem Schildt ein aufsteigender gekrönter Löw von der
linken zur rechten an einer grün Seidenen Schnur.

XXXIV.

XXXIV. a)

Pfalzgraf Rudolpf, Ruprecht, und Ruprecht bestättigen ihrem Oheim dem Kaiser Ludwig alle seinen Dienern gethane Schenkungen, verleihungen und andere vergabungen 1329.

Wir Ruedolf und Rueprecht von Gottes Gnaden Pfalzgrafen bey Rhein und Herzogen in Bajern verjehen ofenlich an disem Brief, daß wir gehaißen und gelobt haben, und gehaißen und geloben mit gueten Truen für uns und unsere Vettern Rueprechten stätt ze halten alles das, das unser lieber Herr und Vetter Kaiser Ludwig von Rome gethan hat, gen allen dj in seinen Dienst unz herkumen sind, es seyn Grafen, Freyen, Dienstman, Ritter, Knecht, Burger, und wie sie genant seyn und mit Namen gen seinen und unsern Vettern Hainrichen, Otten und Hainrichen Herzogen in Bajern mit Sazung, mit Gabe, durch Got mit Lehen und mit andern Sachen in aller weis als er es gethan hat, und die Brief sagent, die jederman dorüber hat. darüber ze Urkund geben diesen Brief versigelten mit unsern Insigiln, der geben ist ze Pauli, do man zahlt von Christs Geburd dreyzehen hundert Jahr, darnach in dem neunten und zweinzigsten Jahr, an der Mittichen vor Oswaldt.

XXXIV. b)

Haupt-theilung zwischen dem Kayser Ludwig einer, und Seinen Bruders Kindern denen Pfaltzgraven anderer Seits de An. 1329.

Wir Ludwig von Gotes Genaden Römischer Cheiser ze allen Zeiten Merer dez Richs, veriehen für uns, für unser Erben Ludwigen Marchgraven von Brandenburch, Pfalentzgraven ze Rein und Hertzogen in Baiern, und Stephan Pfalentzgrafen bi Rein und Hertzogen in Baiern und ir Erben offenlich an disem Brif, daz wir mit verdahtem Mut, mit gutem Willen und mit Rat unser Lant bi dem Rein, ze Baiern, ze Swaben und ze Oesterich frenntlich und lieplich getailt haben mit unsern lieben Vettern Rubolsdolfen, Ruprechten und Ruprechten Pfalentzgraven bi dem Rein und Hertzogen in Baiern, und ir Erben, als hernach geschriben stet, daz in ist ʒe Irem tail an gevallen di gut, di zu der Pfalentz gehörent, und gehören süln, Purg, Stet, Märcht, Graven, Freyen, Dienstmanne, Ritter, Chnecht, Land und Leüt, und die veste Chub burch und Stat, der Pfalentzgrafenstein, Stalberch, die burch, Stalck die burch, Brunshorn die burch, Bachrach, Diepach, Stegen, Mannheim, Hembach, Trechtershusen die teler, Rinbull der Marcht, Fürstenberch di Burch, Richenstein di burch, Stronburch di burch, Altzey burch und Stat, Winheim burch und Stat, Wachenheim die Burch, Wintzingen di Burch, Wolfsberch di burch, Elbstein di burch, Erpach di burch, Lindenvels di burch, Rinhusen di burg, Heydelberch di obern und nidern burch, und die stat, Wizzenloch burch und Stat, Harpfenberch di burch, Obercheim di burch, Landestere die burch, Taron di burch und di Pfalentz, und swaz dazu gehört, Stainsperch di burch, Welersow di burch, Neunstat di Stat, Hilerspach di Stat und Agersheim die Stat, und swaz zu den vorgenanten Burgen, Steten, und Märchten gehört, und darzu ist in gevallen zu irem tail, uz dem Biztumambt ʒe Leugenvelt, Hilpoltstein di burch, Louff der Marcht, Hohenstein di Burch, Härspruck der Marcht, Hertenstein die burch, Pägnitz, Velden, und Plech di Märcht, Franchenberch die Burch, Waldeck die burch Pressat, Chenmaten, und Arndorf, di Märcht, Turndorff di burch, Eschenbach der Marcht, Aurbach der Marcht, Neitstein di burch, Werdenstein di burch, Neunmarcht di Stat mit der Hofmarch ʒe Perngow, Heunspurch die burch, Perg di burch, Meckenhusen die burch halb, Pfaffenhoven di burch, Lauterhoven der Marcht, Grünsperg die burch, Sulzbach burch und Stat, Rosenberch die burch, Hirtzow der Marcht, Amberch di Stat, Napurch di Stat, Neunstat di Stat, Htörnstein di burch, Murach di burch, Viechtach der Marcht, Neunburch die Stat, Wetternvelt die burch, Kotigen, Nitnow di Marcht, Dräzivitz di burch, Peilstein di burch, Segensperch di burch, Waldaw di burch, Halb Stevening di burch, Swartzeneck di burg, und swaz di purg stent und di Märcht bem den Rich, Blotz burch und Marcht, Pargstein di burch, Weiden, Vohendraz und Lu di Märcht, und swaz zu den vorgenanten Purgen, Steten, und Märchten gehört. So ist uns, unser Chind Ludwigen Marchgraven ʒe Brandenburch, Pfalentzgraven bi dem Rin und Herzogen in Baiern, und Stephan

K 3   Pfa-

Pfalentzgraven bi Rein und Hertzogen in Baiern und ir Erben zu unserm tail angevallen, München di Stat, Vohburch burg und Marcht, Sigenburch burch und Marcht, Mainberch burg und marcht Geroltungen di burch, Chesching burch und Marcht, Nevnburch burch und Stat, Fridberg burch und Marcht, Mülhusen di Burch, Snitpach die burch, Schiltperch di burch, Aychach und Schrovenhusen die Märcht, Möringen die burch, Swabeck di burch, Landsperch burch und Stat, Lechsperch die Burch, Wolfrathusen burch und Marcht, Tölz burch und Marcht, Grünwalt di burch, Dyblingen burch und Marcht, Valey di burg, Swaben burch und Marcht, Wazzerburch burch und Stat, Chlingenberch di burch, Hadmarsperg di burch, Chufstein burch, und Stat, Aurburch di burch, Ratenberg burch und Marcht, Werberch di burch, Chitzpühel di Stat, Ebs di burch, Valchenstein di burch, Dachow burg und Marcht, Heimhusen di burch, Pawl die burch, Widersperch di burch, Murnow burch und Marcht, Roteneckcke di burch, Reckershoven di burch, Höhstetten burch und Stat, Hagel di Burch, Donrsperg di burch, Peitengow di burch, Schongow di Stat, Trelßheim di burch, und swaz Arensperch burch und Marcht stet, Nevnstat di Stat, Ingolstat die Stat, Alten Neunburch di burch, Rayn di Stat, Samertzheim, der Marcht, Geisenvelt der Marcht, Ebenhusen der Marcht, Pfaffenhoven der Marcht, Weilheim di Stat, Werd di Stat, Lovgingen di Stat, Gundolfingen burch und Stat, Mänthingen di burch, und Swaz zu dem Vitztumambt ze München gehört und gehören sol, und zu demselben tail gevellet auch auz dem Vitztumambt ze Lengenvelt di burch ze Lengenvelt und der Marcht, Chalmuntz burch und Marcht, Smidmüln der Marcht, Regenstovff burch und Marcht, di Vorstat ze Regenspurg, Weichß die burch, Velburch burch und Marcht, Leotzmannstein di burch, Hembavr die Stadt, Rietenburch burch und Stat, und alle di Recht ze Regenspurch in der Stat, di zu der Purgrafschafft zu Rietenburch gehörent, und der Werd in der Tunaw ze Regenspurch, Tahenstein die burch, Egersperg di burch, Altmanstain di Purch und Mart, Holnstein di burch, Vichusen di burch und Schwainckendorf der Marcht, und Swaz zu den vorgnanten Burgen, Steten, und Marchten gehört. Und suln wir, unsern Chint Ludwig, und Stephan, und ir Erben den unsern, und unser vergenanten Vettern und ir Erben den iren tail inne haben mit alle dem, daz zu den selben vesten und guten gehört an Letten

ten, an Gut, an Gerichten, Dörfern, Weilern, Wälden, Vörsten, Höltzern, Wazzern, Discherein, Wiltpan, Strazzen, Gelaiten, Chirchensätzen, Manleben, Herschaften, und Lantgerichten, und anders, Swaz dazu gehört, besuchts und unbesuchts, erbawens und unerbawens, als ez von unsern vodern hercheimen ist. Ez suln auch unser Vettern und Ir Erben leihen alle di Lehen, die zu irem tail gehörent, also suln wir auch leihen alle di Lehen, di zu unserm tail gehörent, und mit Namen suln sie leihen Cholberch di burch, und als der Strich get von Cholberch, gegen Weizzenburch und uf gen Fränchen, und gen Böhaimer Wald, so suln wir mit Namen leihen alle di Lehen, als der Strich get von Weizzenburch auf gen dem Gepirg, gen Swaben und gen Obern Bayern, und di vesten und Gut Wazzentruhendingen, Chraulsheim, Hohenart, Lor, Stapfenheim, und Lerpawr suln wir und si miteinander eingewinnen und miteinander tailen, als vil wir iz gewinnen mugen, Auch suln wir und si die Wachow in Oestereich, und Swaz dazu gehört, miteinander lözen, und gelich haben, und mezzen. Wir suln auch, unsern Chint Ludwich, und Stephan, und ir Erben unsern Vettern und iren Erben mit leib und mit gut mit ganzem triwen zu legen, und beholfen sein gen allermänthlich, swi er genant sei jedem manne ze sinem Rechten, also suln si uns herwider tun. Wir suln auch unser Herschaft vesten und gut nieman geben, noch verchauffen, und Swaz wir ir verchauffen müzzen, die suln wir in ze chauffen geben, und anders Nieman, daz suln sie uns herwider tun. Wir suln auch unser veste und gut, swi di genant sint, nicht versetzen dheinem Chunig noch Fürsten, er sei Pfaff oder Lay, also suln si auch tun, wir suln auch unser Herschafft, Purg Stet, und Gut nieman leihen, versetzen, und verwechseln mit Gevärd auf iren Schaden, daz selb suln si uns herwider tun. Und ob der Herren, Dienstmanne, Ritter oder Chnecht einer oder mer, die zu unsern Lanten gehörent, von uns und von dem Land cheren wolten, so suln wir beidenthalben uf den oder uf si aneinander geholfen sein, als lang unz, daz wir ez dazu bringen, daz si bei der Herschafft und bi dem land beleiben. Wir suln auch ir diener, die in mit dem tail gevallen sint, oder di in iren landen gesezzen sint, wider si nicht versprechen, noch si di unsern wider uns, auch suln si den ersten Römischen Chung welen für sich und für iren tail, so suln unser Chint Ludwig, und Stephan, oder ir Erben den andern Römischen Chung welen, und also sol die Wechslung der Wal dez Richs zwischen in und

iren

iren Erben und unſern Chinden und iren Erben fürbaz ewichlich beleiben, Und Swenn es dazu chumt, daz ſi den Römiſchen Chung welen ſuln, ſo ſuln ſi und ir Erben unſer Chint und ir Erben bewaren und beſorgen gen dem Römiſchen Chung, als ſich ſelben, daz in widervar umb Lehen, umb Sazung, und umb ander recht, di ſi haben ſuln von dem Rich, und di zu iren Landen gehörent, die unſer baiden vodern gehabt haben, und an uns und an ſi bracht haben, daz ſelb ſuln unſer Chint und ir Erben in und iren Erben hinwider tun, als oft die wal dez Richs an ſi chumt. Und ob unſer Chint oder ihr Erben ſi oder ir Erben irreten oder überfuren an der Wal dez Richs, und ſi nicht wolten lazzen welen, als ſi billichen ſolten, als vorgeſchriben ſtet, ſo ſuln unſer Chint und ir Erben die wal dez Richs verlorn haben, und ſol danne die Wal des Richs an ſi und ir Erben gevallen, und ewichlichen an in beleiben. Ze gelicher weiz ſol di wal dez Richs an unſer Chint und ir Erben gevallen, und ewichlichen an in beleiben, ob ſie oder ir Erben ſie irreten und überfuhren an der wal, ſo ſi welen ſolten. Und ob wir oder unſer Chind an Erben verva ren, ſo ſuln unſer Land, Leut, und Herrſchaft, und die Wal dez Richs uf ſi und ir Erben gevallen, Und erben, alſo ſuln herwider ir Land, Leut, Herrſchaft, und di Wal dez Richs uf uns, und unſerv Chind erben und gevallen, ob ſi ane Erben vervarent. und Swaz Chrieg, Mizzhellung und Auflauf geſchähen zwiſchen Herren, Dienſtmannen, Rittern, und Chnechten, di in unſern Landen beidenthalb geſezzen ſint, darumb ſuln unſer Vitztum bedenthalben tåg gen anander ſuchen uf ein Recht uf Siben Man, und ſol jeder Vitztum von ſinem undertan ein Recht tun alſo, daz der, hintz dem man chlagt, ſol vier man haben, und der Chlager ſol drei man haben, und Swaz di Siben ertailend auf ir Aid, daz ſol darumb geſchehen, als untz her ſitlich und gewonlich iſt geweʒen zwiſchen dem Obern und dem Niedernland ze Bayern vor dem Wald, und swaz grozzer Auflauf geſchäh, di di Vitztum nicht verrichten möchten, darumb ſuln die Herren ſelb tåg ſuchen gen einander uf Siben oder uf Neun man, di ſi under iren leuten bedenthalben dazu nemen, und die ſuln ein Recht dorumb ſprechen in der beſcheidenheit, als vorgeſchriben ſtet, und Swelcher unter den Herren di vorgeſchriben Sache überfur, und deʒ nicht widertät, ſwenne er dez je red wurd geſezet, darnach in einem Manod, ſo ſol deʒ Herren Land und Leut, der obervaren hat, dem andern, der übervaren iſt, beholfen ſein, als lang untz daz aufgericht und wi-
dertan

hertaw wirt. Unser vorgenanten Vettern und ir Erben suln die Lantgericht
alleu besitzen, di zu dem Landgericht gehörent, daz von dem Landgraven vom
Leutenberg gechaufft wart, ane Swaz zu den guten gehört ze Lengenvest, und
zu dem tail, der nu zu München gelegt ist, daz suln wir, unserv Chint Lud-
wig, und Stephan, und ir Erben selb richten, und die Landgericht, und alle
ander Gericht selb in unserm tail besitzen, und richten, oder unser Amptleut.
Wir suln auch alle die Landgericht besitzen, di ze der Grafschafft ze Hirtzperch
gehörent, und damit suln unser Vettern und ir Erben nicht ze schaffen haben,
doch suln si und ir Erben alleu anderu Gericht in irem tail richten, oder ir Ampt-
leut. Auch suln wir, unserv Chindt, und Ir Erben in unserm tail lösen,
Swaz darinne versetzet und verchummert ist, also suln si und ir Erben tun in
irem tail. Wir suln auch unser Chint und ir Erben in unserm tail gelten Gra-
fen, Freyen, Dienstmannen, Rittern, Chnechten, Purgern, Richen und
Armen alles, daz man in gelten sol uns auf disen heutigen tag gar und gäntz-
lich, als ir Brief sagent, als suln si, und ir Erben tun in irem tail. Auch
suln wir, unser Chind Ludwig, und Stephan, und ir Erben gelten gen Au-
spurch, gen Ulme, und in daz Niderlant ze Bayern, und damit suln unser
Vettern und ir Erben nicht ze schaffen haben. Ist auch, daz wir ander
Erben gewinnen, mit den suln unser Vettern und ir Erben leben, und gen
in in den tädingen, gedingen, gelubden, und ordnung seyn in aller weiz, als
gen uns, unsern Chinden Ludwigen, und Stephan, und iren Erben, also
suln dieselben Erben gen unsern Vettern und iren Erben hinwider sein, und
daz wir, unserv Chint Ludwig, und Stephan, Und ir Erben die vorgeschri-
ben tailung, täding, in allen ihren Stucken, Artickeln, und Puncten stät
und gantz haben und halten, daz haben wir gehaizzen, und gelobt für uns,
und si bi dem Ayd, den wir dem Rich gesworen haben, und ob wir unser
Khind oder ir Erben daz überfuren, so suln unser Lant und Leut unsern Vet-
tern und iren Erben warten, gehorsam und beholfen sein, als lang untz daz
widergetan wirt, daz übervaren ist, alsam sol uns auch geschehen, ob sie
uns überfuren, und des suln auch Land und Leut beidenthalben sweren ze den
Heyligen, Und darüber ze Urchund geben wir disen Brief mit unserm Chai-
serlichen Insigel versigelten, und mit den gezeugen die hernach geschribent stent.
Der wolgeporn Polck Hertzog von Polan unser lieber Fürst und Swager,
Ludwig Hertzog von Teck, Getloch von Razzow, Berchtolt von Graizpach
von

von Marſtetten, genant von Reiffen, und Fridrich von Ottingen, Grafen, Marquart von Sevelt, Heinrich von Epfelzried, Heinrich von Ettenſtatt, und Heinrich von der Wizen, Ritter, Heinrich Probſt von Ilnmünſter, Johans Sax, Cuſter ze Spalt, Merbot von München und Symon Rodern-dorfer, unſer Screiber, Heinrich Chorherre ze Ilnlünſter, und Albrecht Snel-ſtorfer Chirchherre ze Puch unſern Vetter Schreiber. Der Brief iſt geben ze Pavie, an dem Freytag vor Oſwald, do man zalt von Chriſtes Geburt Drey-zehenhundert Jar, darnach in dem Nein und zwantzigiſtem jar, in dem funf-zehendem jar unſers Richs, und in dem andern des Chaiſertu ms ꝛc.

Die Abſchrift iſt gleichlautend mit denen zwey Originalien, welche auf Per-gament geſchrieben, und mit dem anhangenden gröſſern Inſigel des Kaiſern Ludwigs verſehen in dem allhieſigen Churfürſtlichen Archiv verwahret wer-den. Die Schnur, woran das Sigill hangt, iſt von roth und gelber ſeyden, die Umſchrift um das Sigill aber: Ludovicus quartus Romanorum Im-perator semper Augustus. Urkundlich meiner Handunterſchrifft. Mann-heim den 14. Jul. 1767.

F. C. Günter.

Churpfälziſcher Regierungsrath und Archivarius mppria.

XXXV.

Erbeinigung zwiſchen Hertzog Stephan von Bayern einer-ſodann Pfalzgraf Rudolf anderer Seits de An. 1351.

Wir Stephan von Gots Gnaden Pfallentzgraf ze Rein und Hertzoge in Beyrn verichen und tun Kunt offenlichen an dißem brief allen den, die in ſehen oder hören leſen, daz wir haben angeſehen die truwe und fürderunge des Hochgeborn Fürſten unſers lieben Vettern. Hrn. Rudolfs Pfalzgrafen bi Rine und Hertzogen in Beyrn, do mit er uns von angeborner Fruntſchafft getruweli-chen meinet, und do von verbinden wir uns zu im ſinen Erben und Nachkomen ewicli-

ewiclichen, und globen für uns unßere Erben und Nachkomen Pfaltzgrafen by
Rine und Hertzogen in Beyrn ewiclichen mit guten truwen an eydes stat und ane
Geverde, das wir in getruwelichen und steticlichen beigestendig und beholffen sin
suln, und wollen, mit namen wider die, die den obgenannten unßern Vettern,
sine Erben und Nachkomen an allen iren Vesten, Landen, Erben und güten
und mit Namen in der Pfallentz und in Bayrn hindern und beschedigen wollen,
Und wider aller menichlichen niemant uzzenemen ane daz Heilige Römische Kirche,
wider daz wir uns beider Sit niht verbinden wollen, es were danne, daz seihe
daz obgenant Reich von sin selbes oder von anders jemandes wegen uns unßere
Erben und Nachkomen an unßern Lande, Herrscheften und Guten schedigen wol-
te: So suln und wollen wir einander darwider alz wider andere unßere widder-
satze und veintschaft gehoffen sin ane alle Geverde. Auch globen wir, daz alle
verpüntnuzze und Gelübde, ob wir dekein gegen jemande getan oder gemachet
heten, Dem obgenanten unßerm Vettern Hertzogen Rudolfen sinen Erben und
Nachkomen ze schaden, daz die gentzlichen abe sin suln, ane alle Geverde, mit
Urkunde dies briefs besigelt mit unßerm Insigel. Der geben ist ze Porne nach
Cristus Geburt Druzehenhundert Jare, und darnach in dem ein und fünftzigs-
sten Jare an dem nechsten Dunrstag nach unßer Frauen tag Wurtzweihe.

Die Abschrifft ist gleichlautend mit dem Original, welches auf Pergament
geschriben in dahiesigen Churfürstlichen Archiv verwahret wird. Mannheim
den 30. Jul. 1767.

F. C. Günter.
Churpfältzischer Regierungsrath und Archivarius. mppria.

XXXVI.

Des Landgerichts zu Hirschberg Vidimus über den Pavischen Vertrag von 1419.

Ich Hanns Lotweck Landrichter in der Graffschaft zu Hirschberch bekenn mit
dem Brief, daß für mich kam in Gericht mit Fürsprechern der Hochgebohr-
ne Fürst

Fürst und Herr Herzog Ludwig Pfalzgraf bey Rhein, und Herzog in Bajern, und Graf zu Mortani ꝛc. und zeigt einen guten redlichen Brief, und bath den zu lesen, da stund von Wort zu Wort also: Wir Rudolf, und Ruprecht von Gottes Gnaden. Pfalzgrafen bey dem Rhein und Herzogen in Baiern, verjehen für Uns, und für Herzogen Ruprechten unsers Bruders Sun Herzogen Adolfs seligen und für unsere Erben ofentlichen an diesen Brief daz wir mit verdachtem Muth, und mit guten Willen, und mit Rath unser Land bey dem Rhein ꝛc Bajern, ꝛe Swaben, ꝛe Oesterreich freundlich, und lieblich getheilt haben mit unserm lieben Herrn und Vetter Kaiser Ludwigen von Rom und mit seinen Kindern Ludwigen Marggrafen zu Brandenburg Pfalenz Grafen zu Rein, und Herzogen in Bajern, und Stephan Pfalenzgraf bey dem Rhein und Herzogen in Bejern, als hernach geschriben steht, das uns ist zu unsern thail angefallen die Gut die zu der Pfalz gehören, und gehören sullen, Burg, Städt, Markt, Grafen, Freyen, Dienstmanne, Ritter, und Knecht, Land, und Leut, und die Vest Chübburg, und Stadt der Pfallenzgrafen sein Stuwak, die Burg Brichertg, Dieppach, Stegen, Monhaim, Herberch, Truchtershausen, die Täller, Rinbull der Markt sinessenbäch die Burk Richerstain, die Burg Stronburg, die Burg altzeig, Burg und Stadt Winhalm, Burg, und Stadt Wichenhaim, die Burg Winzingen, die Burg Wolfsperg, die Burg Eberstain, die Burg Eberstain, die Burg Erbach, die Burg Lindenfels die Burg Richensar die Burg Heidelwerk die Obern und Nidern Purk, und die Stadt Wisenlohe Burg und Stadt Hanpsenbach die Burg Eberntham, die Burg Landesser, die Burg teuring, die Burg und die Pfalenz, und was darzu gehört, Stainperk, die Burg Wellerstein, die Burg Neustadt, die Stadt Hillersperg, die Stadt und Agenscheim, die Stadt und was zu den vorgenanten Burgen stetten und Märkten gehört und darzu ist uns gefallen zu unsern tail aus dem Vitzthumamt zu Lengenfeld Hilpolstain die Burg lauff der Markt, Hochenstain die Burg, Herspruck der Markt, Herkenstain die Burg, Pegniz felden und Plech die Markt frankenberg die Burg, Waldeck die Burg, Pressut, Kemnaten, und Arndorf die Märkt Elendorf die Burg, Eschenbach der Markt, Auerpach der Markt, Meutstein die Burg, Werttenstein die Burg, Neumark die Stadt, mit der Hofmarch zu Berengew, Heinsperg die Burg, Berge die Burg, Megenhausen

sen die Burg, Halb Pfaffenhofen die Burg, Lauterhofen der Markt, Grunsperg die Burg, Sulzburch, Burch und Stadt, Rosenberg die Burg, Hirsau der Markt, Amberg die Stadt, Nabburg die Stadt, Neustadt die Stadt, Stornstain die Burg, Murrach die Burg, Biechtrich der Markt, Neunburg die Stadt, Wetternfeld die Burg Rottingen, Nittenau die Mark, Treswiz die Burg, Peilstain die Burg, Regensberg die Burg, Waldau die Burg, Halbsteningen die Burg, Ebarzeneck die Burg, und was die Burg, Stett und die Merk von dem Reiche, Schloß, Burg und Mark Parkstain die Burg, Weiden, Vogentressen, und Linden, Märkt und was zu den vorgenanten Burgen, Steten und Markten gehört, so ist unsern Herrn und Vetern Kaiser Ludwigen von Rom, und seinen Kindern Ludwigen Marggrafen zu Brandenburg, Pfalzgrafen bej Rhein, und Herzogen in Baiern, und Stephan Pfalzgrafen ze Rein, und Herzogen in Baiern ze ihren tail angefallen, München die Stadt, Vohburg, Burg und Markt, Sigenburg, Burg und Mark, Mainburg Burg und Makt, Gerolfing die Burg, Ehesin die Burg und Markt, Neuburg Burg und Stadt, Friedberg Burg und Markt, Mülhausen die Burg, Schnaittach Burg, Schiltberg Burg, Aichach und Schrobenhausen die Markt, Mehringen die Burg, Ebersburg die Burg, Landsperg die Burg und Stadt, Lechsperg die Burg, Wolfrathshausen Burg und Markt, Tölz Burg und Markt, Grünenwald die Burg, Aiblingen Burg und Markt, Falley die Burg, Schwaben Burg und Markt, Wasserburg Burg und Stadt, Klingenberg Burg, Hartmansperg die Burg, Kofsitain Burg und Markt, Anneburg die Burg, Rottenberg Burg und Markt, Warbach die Burg, Kizbühl die Stadt, Ebs die Burg, Falkenstain die Burg, Dachau die Burch und Markt, Hainhausen die Burch, Widersperg die Burg, Murnau die Burg und Markt, Roteneck die Burg, Reichertshofen die Burg, Höchstetten die Burg, und Stadt, Hack die Burg, Donersperg die Burg, Peittengeil die Burg, Schongau die Stadt, Tronsheim die Burg, und Was slet, Arnsperg die Burg, und Markt, Neustad die Stadt, Ingolstadt die Stadt, alten Neuburg die Burg, Rain die Stadt, Geimersheim der Mark, Weissenfeld der Mark, Ebenhausen der Mark, Pfaffenhofen der Mark, Weilheim die Stadt, Werte die Stadt, Lauingen die Stadt, Gundelfingen Burg und Stadt, Meinchingen die Burg, und

was den Viztumamt zu München gehört, und gehören soll: Und zu denselben tail gefölt auch aus dem Viztum amt zu Lengenfeld die Burg ze Lengenfeld, und der Markt Kalmintz, Burg und Markt Schmidmühlen der Markt Regenstauf Burg und Markt, die Vorstadt zu Regenspurg, Weiz die Burg Velburg Burg und Markt, Lenzmannstein die Burg, Hemau die Stadt, Riedenburg Burg und Stadt, und alle die Recht zu Regenspurg in der Stadt, die zu der Burggraffschaft zu Riedenburg gehören, und der Wörthe zu der Donau zu Regenspurg, Tachenstain die Burg, Egersperg die Burg, Altmanstain die Burg und Markt Holnstain die Burg, Vichhausen die Burg, und Schwainckendorf der Markt, und was zu den vorgenanten Burgen, Steten, und Merkten gehört, und sullen wir und unser Erben den unsern und unsern vorgenanten Herrn und Vettern Kaiser Ludwig seinen Kind Ludwigen und Stephan, iren Erben, den iren tail inhaben, mit allen den, das zu derselben Vesten und Gütern gehört, an Leuten, an Gütern, an Gerichten, Dörfern und Weylern, Walden, Forsten, Hölzern, Wassern, Fischereyen, Wildpan, Strassen, gelaitten, Kirchensazen, Manlehen, Herrschaften und Landgerichten, und andern was darzu gehört, Besuchts und unbesuchts erbauens und unerbauens, als es von unsern fordern Herkommen ist, wir sullen auch alle die Lehen leichen, die zu unsern tail gehörent, also sollen sie auch Leichen alle die Lechen, die zu ihren tail gehörent, und mit Namen sollen wir Leihen Kelbach die Burch und als der strich geht, von Kelbach bis Weissenbur, und auf gen Franken und gen Tehamer Walde, so sollen sie mit Namen Leihen alle die Lehen, als der Strich geht von Weissenburg auf gen den Geburg gen Swaben, und gen obern Baiern, und die Vest und Gut, wassertruchentingen, Chielshaim, Hocherwarth, Lon, Stepfhenheim, und Lenprun, sullen wir und Sie miteinander eingewunnen, miteinander tailen, als vil wir gewunnen mugen, auch sullen wir und sie die Wachau zu Oesterreich, und was darzuegehört, mit einander losen, und gleich haben, und nüssen, wir sullen auch und unser Erben, unsern Herrn und Vettern, und seinen Kinden Ludwigen und Stephan, und ihren Erben mit Leib und mit Gut, mit ganzen trewen, zulegen und beholffen sein, gen allermenigklichen, wie er genant sey, ieden Manne zu seinen Recht, also sollen sie
uns

uns herwider tun, wir sollen auch unser Herrschaft, vest, und Gut niemand geben, noch verkauffen, und was In verkauffen müssen, die sollen wir in zu kauffen geben, und andern niemands, das sollen sie Uns herwidertun, wir sollen auch unser vest und gut, wie die genannt sein, nit versezen, kainen König noch Fürsten, es sei Pfaff oder Lay, also sollen sie auch tun, wir sollen auch unsere Herrschaft, Burg, Stet und gut niemand leihen, versezen und verwechslen mit gefärde auf ihren Schaden dasselb soll sie uns herwidertun, und ob der Herrn, Dienstmann, Ritter, oder Knecht, ainer oder mer, die zu unsern Landen gehören, von uns, und von dem Lande keren wolten, so sollen wir Baldenthalben auf den oder auf sie ainander geholffen seyn, als lang uns das, wie es darzu bringen, daß sie bey der Herrschaft und Lande beleiben, wir sollen auch im dienen, die in mit dem tail gefallen sind, oder in ihren Land gesessen sind, wider sie nit versprechen, noch sie die unsern wider uns, wir sollen auch den ersten Römischen Kunig wellen, für Uns und unsern tail, so sollen unsers lieben Herrn und Vettern Kaiser Ludwigen Kind Ludwig und Stephan, oder Ihr Erben den andern Römischen Kunig wellen, und also soll die wechslung derweil des Reichs zwischen uns, und unsern Erben und In und iren Erben fürbas ewiglichen beleiben, und wan es darzu komt, das wir Römischen Kunig wellen sollen, da sollen wir und unsere Erben unsern vorgenanten Vettern Ludwigen, und Stephan und ir Erben, bewahren und besorgen gen den Römischen König, als uns selben das in widerfar um Lehen und um Sazung und um ander Recht, die sie haben sollen, von dem Reich, und die zu iren Lande gehören, die unser Bruder Ludwig gehabt haben, und an uns und an sie bracht habent, dasselb sollen sie und ir Erben uns und unsern Erben herwider tun, als oft die Wahl des Reichs an sie komt, und ob wir unsern tail oder unsern Erben, sie oder ir Erben, monten, oder überfuhren, an der Wahl des Reichs, und sie nit wolten lassen wellen, als sie billich solten, als vorgeschrieben stet, so sollen wir unsern tail, und unser Erben die Wall des Reichs verlohren haben, und soll dan die Wall des Reichs auf sie und ir Erben, gefallen und ewiglichen an In beleiben, zegleicher weis soll die Wall des Reichs an Uns unsern tail und unsern Erben gefallen, und ewiglichen an Uns beleiben, ob Sie oder ir Erben, Uns unsern tail, und unser Erben irreten, und überfuhren an der Wall, so wir wellen solten, und

ob

ob wir unsern tail oder unser Erben an Erben veruaren, so sollen unser Land,
Leut und Herrschaft, und die Wal des Reichs auf Sie und ir Erben gefallen,
und Erben also sullen herwider ir Land, Leut und Herrschaft, und die Wall des
Reichs auf uns unsern tail und unsere Erben gefallen, und Erben, ob sie an
Erben verfaren, und was Krieg, mißhellung, und aufläuf geschahen, zwischen
Herrn, Dienstmannen, Rittern, und Knechten, die in unsern Landen Bai-
denthalben gesessen sind, darum sollen unsre Viztumb baidenthalben tag gegn-
einander suchen, auf ein Recht, auf Siben Manne, und sol ieder Viztumb vor
seinen Untertan ain recht tun, also, das der Hitzmann dem clagt, soll vier Mann
haben, und der Cläger soll drej Mann haben, und was die Siben urtailen auf
ir aid das soll darum geschehen, als unz herfitlich und gewonlichen ist gewesen,
zwischen den Ober- und dem Nider Landen zu Bairn vor den Walde und was
grosser auflief geschehen, die die Viztumb nicht mogten berichten, darumb sollen
die Herrn selb täg suchen, gen einander, auf Siben oder auf Neun Mann, die
sie unter iren Leuten beidenthalben darzu nemmen, und die sollen ein Recht dar-
umb sprechen, in der Bescheidung, als vor geschrieben stet, und welcher unter
den Herrn die vorgeschrieben sache, überfur, und das nit wider tät, wenn er
daz zu Rede wurd gesezt, darnach in ainen Monat, so sol des Herrn Land und
Leut der überfahren hat, den andern der überman ist, geschehen, geholffen sein,
als lang unz das ausgericht, und wider bann wird, wir sullen auch unser tail,
und unser Erben, die Landgericht, alle Besitzen, die zu den Landgericht gehö-
rent, das von dem Landgrafen von Leutenberg gekauffet ward, on was zu den
guten gehörent, ze Legenfeld, und zu den tail, der im gen München gelegt ist,
das sollen unserm Herrn Vetter ter Kaiser seine Kind Ludwig und Stephan, und ir
Erben, selb richten, und die Landgericht und alle ander Gericht selb in iren tail besi-
zen, die zu der Graffschaft zu Hirsperg gehöret, und damit sollen wir unser tail und
unser Erben, nichts zusprechen haben, was sie, oder ihr Amtleut richten, von der
Graffschaft Hirschperg, doch sollen wir unser tail und unser Erben alle andere Ge-
richt, in unsern tail richten, oder unser Amptleut, wir suln auch, und unser
tail, und unser Erben losen, was darin versezt, oder verkumert ist, also sollen
unser Herr und Veter, der Kaiser seine Kind Ludwig und Stephan, und ir Er-
ben tun, in iren tail, wir sollen auch unsern tail, und unser tail, und unser
Erben,

Erben, in unſern tail gelten, grafen, freyen, dienſtmannen, Rittern und Knech=
ten, Burgern, Reichen und armen, alles das man in gelten ſoll, bis auf bei=
ſen heutigen tag, gar und gentzlichen, als ir Brief ſagent, alſo ſollen unſer Her=
re und Vetter, der Kaiſer, ſeine Kind, Ludwig und Stephan, und ir Erben,
tun in iren tail, auch ſullen unſer Herr und Veter der Kaiſer, ſeine Kind Lud=
wig und Stephan, und ir Erben gelten, gen Augſpurg, gen Ulm, und an
das Niderland zu Baiern, und damit ſullen wir unſer tail, und unſer Erben
nichts zu ſchaffen haben, iſt auch, das unſer obgenanter Herr und Veter der
Kaiſer ander Erben gewinnet, mit den ſullen wir unſer tail und unſer Erben, le=
ben, und gen in in der taidinen geding gelübden, und Eydnungen ſein, in aller
der weis, als gen unſern obgenanten Vetern den Kaiſer und ſeinen Kinden,
Ludwigen und Stephan, und iren Erben, und Sie alſo Ierwider gen Uns un=
ſern tail, und Unſer Erben, und das wir unſer tail, und unſer Erben, die
vorgeſchriben taiding und taidingen in allen iren Stücken Artikeln und Puncten
ſtet gantz haben und halten, das haben wir gehaiſſen und gelobt bi unſern trewen
und leiblich zu den Heiligen geſworen, und ob wir unſer tail oder unſer Erben
das überfuren, ſo ſollen unſer Lande und Leut unſern Herrn uud Vetern den
Kaiſer ſeinen Kinden Ludwigen und Stephan iren Erben warten gehorſam und
geholffen ſein, als lang uns das wider tan wird, das überfaren iſt, alsdann
ſoll uns auch geſchehen, ob ſie Uns überfaren, und daz ſollen auch Land und
Leut beedenthalben ſchweren zu den Heiligen und darüber zu Urkund geben wir
diſen Brief mit unſerm Inſigeln beſigelten, und mit den Zeigen, die hernach
geſchriben ſteen, der Wohlgeborne Herr Hertzog Polk von Polan, Ludwig Her=
zog von Deke, Graf Gerlach von Naſſau, unſer Oheim, Graf Bergtol von
Grießbach, von Manſaten genannt, von Neuſen Unſer Swager, Graf Fri=
drich von Ottingen, Marquard von Seefeld, Hainrich von Eiſolzried, Hein=
rich von Trettenſtat, Heinrich von der Wiſen, Ritter, Heinrich Probſt von Il=
minſter, Johann Sax, Ernſten zu Spalt, Hainrich Kirchher zu Ulminſter,
unſer Schreiber Marpod, Albrecht Snelstorfer Kirchherr zu Iorich und Simon,
Nodendorffer Schreiber und ander genug. Das iſt geſchehen und der Brief iſt
geben ze Pavia an den Freytag vor Oswaldi, da man zalt vor Criſtes Geburt,
dreizehenhundert Jar, darnach in dem Neun und zwainzigſten Jar, und da der

M   Brief

Brief also von mir obgenanten Landrichter in offen Landgericht verhört und gelesen ward, do bat der obgenant hochgeborn Fürst, und Herr Herzog, Ludwig, fragen, ob man im des Briefs, und der Rechten als der Brief sagt, icht wohl und billichen ain Vidimus geben solt, under des Landsgerichts Insigel werden im nicht fugsam wir den Haubt Brief zu sinen Verbrechens und Vermailigung wegen, do fragt ich nach was Recht war, do sagt volg frag und das Recht, man sol die obgenanten Hochgeborn Fürsten und Herren des Briefs und Rechten, als der Brief sagt, wol ain Vidimus geben, von seiner Notdurft wegen, Es soll auch dasselb Vidimus an aller stat, wo es gezeigt und fürbracht wird, volle ganze Craft und Macht haben, und an aller stat unverworfen, und unwidersprochen werden, geleicher weis und in aller Maß, als der obgenant Haubt Brief ganzer gerechter und versigelter dawar, als er dem Gerichte, und unvermailigter für das Landgericht kommen ist, das obgenant Vidimus ist also urtailt mit Urtail und des Landgerichts Insigl geben zu Gaimershaim des Montags vor St. Peterstag Katedram, als man zalt vor Cristes gepurt ain tausent vierhundert, und in dem Neunzehen Jare.

(L. S.)

XXXVII.

Einigung zwischen Pfaltz und Bayern de An. 1487.

Von Gottes Gnaden Wir Philips des Heillgen Römischen Reichs Ertztruchßes und Kurfürst, Wir Albrecht und Wir George von denselben Gnaden Gottes alle dry Pfalzgraven by Rin, und Hertzogen in Beyern bekennen und tun kunt offembare mit dießem brieff, daß Wir Gott dem Allmechtigen zu lobe, dem Heiligen Römischen Rich zu Ern, das löbliche Huß von Beyern inn sinem Herkommen, Ern, und Wirden zu behaltenn, Uns, unßern Landen, Luten, Underthanen zu gut und frommen, auch angesehen die schweren Leüff ſchff ſich thunt allenthalben und mancherley wyß erzeügen uns fruntlich mit einander vereynigt und zuſammen gethan haben, in maß und Form hernach volgende: zum Erſten ſollen und wollen Wir alle dry eynander getruwlich meynen, eren, und furdern, Keyner mit dem andern zu Vehden, Uffrur, oder Fyntſchafft kommen, noch auch den ſinen, der er ungeverlich mächtig iſt, zu tun geſtatten, auch des andern fynt oder beſchediger wiſſentlich inn ſinen Landen oder Gebieten nit huſen, herbergen, enthalten, noch fürſchieben inn dhein weg, zum andern ob nun hinfür yemant, Wer der wer, uns ſamtlich, oder ſunder, oder unſer fürſtenthum, land, lut an eynichen oder mer enden mit Macht überziehen, beſchedigen, oder uns von unſerm inhabenden Gütern, Oberkeiten, Herlicheiten ꝛc. dringen oder nötigen wolten, daß wir alle dry uns dawider nach allem unſerm vermögen ſtellen und getruwlich zuſammen ſetzen wollen, ſolchem gewaltſamen fürnemmen ſtatlich zu begegen, und zu widerſten, nemlich ob unſer eyner oder mer uß uns obgemelter maß überzogen, beſchedigt, und getrungen, und Wir andern des von Ime bericht, und um Hülff erſucht wurden, So ſollen und wollen Wir von ſtund an ein gemeyn Uffbott inn allen unſern Landen und Gebieten tun, auch unverzogenlich dem oder denſelbigen under uns, der, oder die uns alſo erſucht hetten, mit den unſern zu Roß und Fuß zu ziehen, ſo vil ſterker und ſtatlicher zu yederzit Wir dann erſucht wern, und notturfft des Handels wurd erheiſchen, und darinn mit ſolichem Ernſt und truwen Handeln und darzu tun, als ob es unſſelbs anging und unſer eigen ſach wer, alles getruwelich und ungeverlich, und wir ſollen und wollen Auch nicht deſt mynder inn den nechſten vierzehen tagen, nachdem ſich obgemelter maß Uffrur begeben, an gelegen Ende und Malſtat, die dan der dem Jhenen, der die Hilff begert, ernennen ſoll, unſer treflich Rete ſchicken, ſich gruntlich zu underreden, wie und welicher maß ſolichem fürnemen zu begegen, und zu widerſten ſy, daß dan furderlich an uns bracht werden, und ob die Rete eyner Meynung ſich vertrügen, darinn wir verwilligten, ſolt derſelben Meynung und Beſchluß nachkomen werden, möcht man ſich aber nit eyner glichmeſſigen Meynung vertragen, ſoll nicht deſtmynder inn der Hilff nit ſtillgeſtandenn, ſunder, wie obberurt, und endlich darinn zu handeln, unſer eyner den andern nit verlaſſen, ſunder helffen und entretten zu yeder Zit, ſo offt und dick das noit, und wie wir des erſucht wurden. Es ſoll auch

auch der Fürst, dem die Hilff geschickt, sich mit den synden nit richten, uß sy‑
nen Keyn Anstant oder fürwort machen, Annemen, geduloen, oder halten,
on der andern under uns verwilligung, und zulassen, auch ob etlich der unsern,
die also geschickt hetten, gefangen wern, mit der Rachtung ledig geschafft, und
ob die gefangn inn Herberg betagt gewesen wern, solich zerrung soll der fürst un‑
der uns, dem die Hilff gescheen, zuvor ußrichten, und bezalen, derglich ob
auch yemant der unßern von solicher Hilff wegen daß sin angewonnen worden
wer, oder sin Lehen umb unsern Willen uffgeschrieben hett, soll Keyn Richtung
uffgenomen, Inne werde dan solichs widergeben, und gelichen, wurden auch
der geschicktenn von synden etlich gefangen, die soll der Fürst, inn des Hilff
die sin, mit anderen glichmessigen gefangen, ob er die hett, uffs fürderlichst le‑
dig machen, und ob in solicher gegenwertt eynich Lant, Schloß, Stett, oder
derglich erobert oder gewonnen wurden, die sollen glich Under uns geteilt werden,
alle und Jgliche vorgeschrieben Stuck, Puncten, und Artickell Gereden, gelo‑
ben, vnd versprechen wir by unßern Fürstlichen Ern, Truwen, und Wirden stet,
vest, und unverbrüchlich zu halten, und dem nachzukommen alles ungeverlichen.
Des zu warer Urkund so haben wir obgenanten dry Fürsten unßer Jglicher sin
Jngesigell an dissen brieff tun hencken, der geben ist zu Jngelstat uf Samstag
nach Sant Vittstag, als man zalt von Christi unßers lieben Herrn Geburt Tu‑
sent vierhundert Achtzig und Sieben Jare ꝛc.

Die Abschrifft ist dem Original gleich, welches auf Pergament geschrieben,
und mit seinen drey anhangenden Insiglen versehen in dem alhiesigen Chur‑
fürstlichen Archiv verwahret wird. Mannheim den 30. Jul. 1767.

Fr. C. Günter.

Churpfälzischer Regierungsrath und Archivarius mppria.

XXXVIII.

**Extract Einung zwischen denen Pfalzgrafen einer= und Her‑
zogen von Bayern anderer Seits. de An. 1490.**

Von Gottes Gnaden Wir Philipps des Heyligen Römischen Reichs Ertzdruch‑
seß und Churfürst, Wir Ott, Wir Albrecht, und Wir Georig von den‑
selben

selben Gnaden Gottes all vier Pfaltz-Graven bey Rein, und Hertzogen in Bairn, bekennen und thun Kundt offenbar mit dießem brieve gein allermenigklich, daß Wir zu Hertzen genomen und bedacht haben die mannigfeltig swern sorgcklichen Leuff, so sich ytz allennthalben im Heyligen Reich erhaben, und dem löblichen Hawß von Bairn merckklich zuwider anzeigen, und so aber manig und vil Jar das in löblichen Hochnwirdn Herkomen, und dermaß auf uns löblichen bracht und gewachsn, daß wir auch vor Got und aus billichkeit nach allem unserm Vermögen das in denselben Ern und Wirdn unzertrennt zu hallten schuldig sind, und mit zeitlicher vorbetrachtung ermessen, daß solichs nit fuglicher bescheen möge, dann daß wir mit vetterlichem und getrewen einhelligem Gemute demnach gedechten, alls die Natur uns alle aus einem Geplut geborn darzu hat verordnet, darumb wir Gott dem Allmechtigen zu Lob, **dem löblichen Hawß von Bairn** zu Ern, unßern Lannden und Luten zu Nutz und Fromen, auch gemeines Frides willen uns fruntlich miteinander verainigt und vertragen haben, verainign und vertragen uns auch wissentlich Mit und in Krafft ditz Briefs, wie hernach volgt. Zum Ersten ꝛc. ꝛc.

Und daß wir obgenannt Fürsten sollichs alles, wie vorgeschrieben stet, getrulich und ungeverlich mainen, strackhs vollziehen, hallten und thun wellen, das haben wir bey unnßern Fürstlichen Wirden mit Hanndtgebunden trewen on Aldesstat einer dem andern gelobt, zugesagt, und versprochen, doch schliessen wir in dißem unnserm Vertrag samentlich und sonnderlich aus unßern Heyligen Vatter den Babst, unßer genedigist Herrn, die Römisch Kayser und König, und Wir Hertzog Ott, darzu in sonnder baid unnßer Herrn die König zu Hungern und Beheim, auch die Ritterschafft der Gesellschafft des Leon, des Lanndts zu Bairn.

Und haben des alles zu warer Urkund dißer Eynung vier gleichlauttennd verschreibungen unnder unßern anhanngennden Innsigeln aufrichten und machen laßen, der unßer yeder mit gutem freyen Willen aine abgenomen hat. Geschehen und geben zu Amberg auf Freytag nach dem Sonntag Oculi. Anno Domini tausent vier Hundert und Newnhigcth.

Der Extract ist gleichlautend mit dem Original, welches auf Pergament geschrieben, und mit vier anhangenden Insigeln versehen in dahiesigem Archiv verwahret wird. Urkundlich meiner Unterschrifft Mannheim den 3ten Aug. 1767.

F. C. Günter.

Churpfälzischer Regierungsrath und Archivarius mppria.

XXXIX.

Bundbrief Pfalzgraf Rudolfs mit K. Ludwig und seinen Söhnen Ludwig dem ältern, Stephan, Ludwig dem Römer, Wilhelm und Albrecht.

Wir Rudolff von Gottes Genaden Pfallenz Graf bi Rein und Herzog in Beyrn verjechen offentlichn mit disem Brief dz wir Uns mit verainten Mut und mit guter bedachnüsse Unserer frinnt und auch Unsers Rates mit stetter trew Unwandelberr buntnusse ewichlichen verbunden und verpflicht haben zu dem durchleichtigisten Keyser Ludwig von Rom Unsern lieben Herrn und Vettern und zu dem hochgebornen Fürsten Ludwig Margrafen ze Brandenburg Stephan Ludwig Wilhelm und Alberten Pfalenzgrafen bi Reln und Herzogen in Beyrn seinen Sünen Unsern Vettern also dz wir in Unserlebtag ze alln Iren nöten stözzen und uflaufen di sy geleidn mugen, wie die genant sein wider aller menniglichen Niemand Uzgenomen dan daz Rich allein beholfen und bestendig sulln sein mit aller Unser Macht und als veer wir Uns vermugen als sy sich des auch ze glicher weis verbunden haben nach sag Irer brief di wir von in darpher habn darpbet ze Urkundt geben wir disen Brief versigelten mit Unsern Insigel

der

der geben ist ze Franchenford an sant Johannes Abent ze Sunnen wenden nach Chriſtes Geburt 1338. jar.

(A. S.)

XL.

Pfalzgraf Rudolf nimmt Kaiſer Ludwig als ſeinen Mundbar an, und läßt ihm in der Rückſicht von ſeinen Unterthanen huldigen.

Wir Ruedolf von Gottes Genaden Pfalzgraf bey Rhein und Herzog in Bajrn, verſehen ofenlichen mit diſem Brief, daß wir von beſondern Treuen, und von hilflicher Fürderung und Treſtung der wir unwandelberlichen wartend ſeyn, von dem durchleuchtigſten unſerm Herrn und Vettern Kaiſer Ludwigen von Rom denſelben unſern Herrn über all unſer Herrſchaft, Land, Leut, Städt, Feſte, Burg, Dörfer, oder anderm Guet ſi ſeyen unſerm Pfand von ihm und dem Reich, oder von andern Leuten, wie man die genennen mag, oder wo ſi gelegen ſind, zu unſerm Rechten Vater, Pfleger und Munpermann genohmen, und erwählt haben, alſo mit der Beſcheidenheit, das ihm all unſer Burkmann, und Burger, die dieſelben Feſt, Städt und Guet innhaben, ihm von unſerm Haißen ſchweren, und Hulden ſullen, ze warten, und gehorſam ze ſeyn, mit allen Sachen als uns ſelben, und daß auch er dieſelben Burkman Amtleut, und Pfleger, die dieſelben unſer Feſt all inhaben, mit unſerm Wort, und Verhenknuſſen verkehren, endern, und entſetzen, und ander an ihr ſtatt ſetzen mug, als oft er well, und ihn das füglich ſey, ze Urkund diß Briefs beſigelt mit unſerm Inſiegel, der geben iſt ze Frankfurt an ſant Johanns Abend ze Sunwenden, Nach Chriſtes Geburt dreyzehenhundert Jahr, darnach in dem acht und dreyßigſten Jar.

XLI.
Pfalzgraf Rudolfs Vermächtnis aller seiner Länder an K. Ludwigs Söhnen.

Wir Rudolf von Gottes Gnaden Pfalzgraf bi Rin und Herzog in Bajrn verjehen ofenlichn und thun kund mit disem Brief das wir durch besunder lieb Frundschaft und Treue di wir haben als wir billich sulln zu dem Durchleuchtigsten Römischen Keiser Ludwigen unsern lieben Herrn und Vettern, und zu allen seinen Kinden mit guter Vorbetrachtung und veraintem Mut unser Frund und auch unsers Rathes alle di Herrschaft, Land, Fest, Burge und Städt wo di gelegen, oder wi sie gehaizen sind, und genemiglich all unser Leut und Gut, es si an Lehen, Aigen, Zoll oder andern Gülten ze Holz, ze Wazzer, ze wald mit allen Nutzen besucht und unbesucht, wie di genant sind, als wir si jetzund haben oder hernach gewinen besunderlichen all Fest, Städt, Burg und Gut di wir von dem vorgenanten unserm Herren dem Keiser oder dem Rich und seinen Vorvarn Römischen Kaisern und Kunigen in Pfands weis inn haben, oder noch in gewinen, wo die gelegen oder wie si gehaizzen sind mit allen Rechten Nutzen und Gilten als wir si besitzen vermacht geben und verschaft haben den Hochgebohrn Ludowigen Margrafen ze Brandenburg Stephan, Ludwigen, Wilhalmen und Albrechten Pfallenzgrafen bi Rin und Herzogen in Bajrn unsern lieben Vettern des vorgenanten unsers Herren Sunen, also mit der Bescheidenheit ob wir on Sun verfüren, da Gott vor sey, daß si und ir Erben dann di vorgenanten all unser Gut, wie di geheizzen sind als ir aigen Gut erblichen und ewiglichen haben, niezzen, und besitzen sullen, und auch dieselben unser Pfand allin in aller der wise als wir si besezzen haben on all widerred, und darüber hat uns der vorgenant unser Vetter und Herr gelobt bi guten Treuen, daß er uns unser Tochter, die wir itzo haben, oder ob wir ir icht mehr gewinen, mit allen Sachen setzen, besorgen und beraten soll ze glicher wis, als er sin selbs Töchter gethan hat, oder noch thun wird, wir bekenen auch, daß wir diz unser vorgeschriben geniecht gethan haben, mit des vorgenanten unsers Herrn des Keisers Hand, word, und willen, und daß er Uns auch dieselben geniecht von seinem Keiserlichen Gwald bestättigt hat, besunderlichen als ferer die vorgenanten unser Gut, es seyen

seyen Lehen, oder Pfand, di wir in gemacht haben von im und dem Rich ꝛc Lehen gant oder auch rierent. darüber ꝛe Urkund geben wir diesen Brief versigelten mit unsern Insigel, der geben ist ꝛe Frankenfurt an sant Johannsabend ꝛe Sunwenden nach Christes Geburt dreyzehenhundert Jar, darnach in dem acht und dreyzigisten Jar.

(A. S.)

XLII.

K. Ludwigs Pfalzgraf Bestättigung des von Pfalzgraf Rudolfen geschehenen Vermächtnisses.

Wir Ludwig von Gottes Gnadn Römischer Keyser ꝛc allen Zeiten merer des Reichs verjechen offentlichen mit disem brief, daz wir daz gemecht und verschaffen als der Hochgeborn Rudolf Pfallenzgrafen bi Rein und Herzogen in Beyrn Unser lieber Vetter all sein Herrschaft Land Leute und gut wo die gelegen oder wie si geheizzen sint, es seien lechen aygen Pfandt oder andern gut Ludwigen Marggrafen ꝛe Brandenburg, Stephan, Ludwigen, Wilhalmen und Albrechten Pfallenzgrafen bi Rein und Herzogen in Beyrn Unsern lieben Sunnen gemacht und verschaft hat, nach sag der Brief, die er In daryber gebn hat, von Unsern Kayserlichen gwalt bestättigt habn, und bestättigen si auch mit disem brief, wan sie mit Unser hant wortt und willn beschechen sint also dz die craft und macht habe sulln besunderlichen als verr di selbn gut allein von Uns und dem Rich lechen oder Pfant sint oder von Uns und dem Rich rirent. Wir verzichen auch dz wir die Bundtnisse und Verdinung als die vorgenanten Unser Vetter und auch Uns Sünen sich ju einander verbunden habent, einer dem andern ꝛe beholfen sein ir lebtag wider aller menlichen allein das Richs uzgenommen auch bestetigt haben und wellen dz si di stet halten, in der wise als Ir brief sagen di si einander daryber gebn habent, darüber ꝛe Urkundt geben wir disen Brief versigelten mit Unsern keyserlichen Insigel der geben ist ꝛe Franchenfurt an sant Johannes abend ju Sunnenwenden nach Christes

stes Geburt dreyzechen hundert jar und darnach in den acht und dreissigisten jar In den vier und zweinzigisten jar Unsers Richs und in den eilften des Kayser-tums.

(A.S.)

XLIII.

Pfalz Graf Rudolf giebt sein Landt in Ober Baiern dem Kayser Ludwig IV. in Schuz u. Verwaltung 4 Jahr lang bis zu Abzahlung seiner Schuld, mit der Verwahr. u. Bestättigung der andern ältern Haus u. Erb Einungs Verschreibungen.

Wir Rudolf von Gotz Gnaden, Pfallenzgraue ze Rine, und Herzog in Beiern, verjehen Uns offenlich mit disem Brieue, und tun kunt allen den die in sehent, oder hörent lesen, das willeclichen und mit verdachtem mut, unser Lant und Litte ze Beirn, mit Burgen und mit Stätten empfholhen haben, dem aller-durchlichtigsten Fürsten Herrn Ludwigen Römischen Keiser, unsern gnedigen Herrn und Vetern daz er von den Gülten dez selben Lands unser Schulte geben soll, nach sinen truwen, so er vest kan und mag, und soll uns dem vorgenannten Rudolf lant und Litte hulden und sweren, und gehorsam ze sein, und gewartend mit allen sachen, als jren rechten Herrn, und unsern Herrn dem Kaiser, und sinen Erben, als sin Hantuesten sagen, die er von Uns darumb hat, Sunder der Gülten, dauon dem Lande gehöret, damit er unsern geldern abgelten soll die Schuld, die wir gelten sollen ze Beyrn. Doch mit solichen Bescheidenheit, daz wir Unsern frunde, den wir getrauen dazu schi-cken sollen und unser Herr der Keyser sin frunde, zu den unsern die da verhören, und verschriben, uf ein iar Zal, als die Schulde vergolten werden muge, von der Gülte, die von dem Land vallend ist, und sin dez über ein chomen, und eintrechtig worden, daz die iar Zal, der gülte, anvahen soll nu an sant Geor-
gen

gen tag, der schierst chomt, und soll werden von dem Tage über vier jar, die
nächsten die nu nach einander chomen, und swene die iar Zal verschomet, als
hie verschriben, und überkommen ist, So sol lant, Bürge, leute, gülte, und
gut, wider in unsern handen steen, genzlichen und gar, und daz wir damit tun
und lazzen mugen, genzlichen, als mit andern unsern guten an dem Rin, und
doch mit solicher Bescheidenheit, daz wir unsern Herrn dem Kei-
ser und seinen Kindern halten sollen, als ir hantvesten sagent.
Ez soll auch swern ein Amptmann ze Beiern ist, nu, oder der Herr nachkommen
möchte, uns swern zu den Heiligen, daz er alle Dink, und allen stücke, als in
disem Briefe vor und nach geschriben ist, uns war und stete halten, und uns
unverzogenlichen vollfüre, ob ez zeschulden käme allen Stücke, die in diesem
Briefe begrifen sind, und uns wart, mit Bürge, Land und Leute, gülten und
guten, als seinen rechten Herren an alle widerrede, und alle Geuerd, und des
sol er uns geben sin offen Brief, ouch emsollen wir kein amptman in der jarzal
in dem Lande zu Beiern verkerren, noch entsezen ane unserm Herrn, des Keisers
wissend, und Rat, wer aber daz uns büchte, daz unsern Herrn und Vettern
dem Kayser uns und Land ein amptman nit fuglichen were, daz sollen wir an
unsern Herrn den Keyser bringen, und sollen den verkerren nach seinen Rat, und
ein andern setzen, der im, uns, und dem Lande nuz und gut ist, wie ouch da
unsern egenannten Herrn, der Amptman, der iezt ze Beyern ist, oder der herr
nach kommen möchte, nit geviel, und im un fuglichen wäre, den mag er verker-
ren, in disem vorgeschribnen Jahrziln, soverne ez im füget, doch mit unsern
wissend, und nach unsern Rat, wie auch daz unsern obgenannten Herrn und Vet-
tern abgienge ee daz die Jarzal verswemne, daz Got nit enwelle, so solten Bur-
ge, Land, Leute und Gut, in Unsern Lande ze Beiern wider in unser Hand sten,
und mügen damit tun und lazzen, wie uns fuglichen ist, als mit andern Unsern
guten an den Rin und sullen doch die nuze von den vier iaren geualln, da sie hin-
verschaffet hat, unser egenanter Herr der Kayser, und sollen ouch halten
alle zit, unsers egenannten Vetern Kindern, alles daz Ir Hant-
vesten sagent, die sI von Uns hant. Wir mugen ouch hie zwischen, und
die Jarzal wirt, in unsern La it ze Beirn, Burge, und vesten Ruen, und sah,

fwenne ez uns fuget, und uns darauf behelfen gen aller menglichen swa ez uns not
ist, und ensol uns unser egenanter Herr und Vetter der Kaiser, noch kein Amptmann von sine wegen, daran nu jren in kein weise, und sol unser Herr unsere
Schulden ze Bajern bestellen mit Lieb und mit gut, mit minne und mit dem rechten, und mit allen den sachen, die er erdenken kan, und dieselben Schulden,
uns ab reichten getrulichen, als verre er kan und mag, wann wir nu diz getruen
vor aller der Welte, diß vorgeschrieben stüke, von wort zu wort geloben wir war
stette und veste zehaltend bi guten unsern truen, an eydes stat, und dez ze Urkunde Henken wir unsern Jnsigel an diesen Briefe, der ist geben ze Frankenfurt,
So man zahlt von Cristes geburte, drizehen hundert Jar, darnach in dem ein
und vierzigisten Jar, des montags nechst nach Petri und Pauli.

(A. S.)

Sigillum minus cum clipeo in meditullio, in quo leo assurgit à dextra
ad lævam.

XLIV.

Pfalzgraf Rudolfs Bestättigung seines K. Ludwigs Söhnen gethanen Vermachtnisses.

Wir Rudolf von Gots Genaden Pfalzgraw bi Rin und Herzoge ze Beyrn,
des heilligen Römlschen Riches Oberster Truchsazz, verliehen und tun
kunt offenlichen mit disen Brief, daz wir dem allerdurchlichtigestem unserm genedigen Herrn und Vater, Keiser Ludwigen von Rom mit guter vorbetrachtung
geheizzen, und gelobt habn, bi dem Ayd, den wir vor zu den heiligen darum
gesworn haben, daz wir daz gemacht und geschafft, daß wir im und
sinen Kindern getan haben, stat, ganz, und unzerbrochen behalten an allen stucken, und darwider nimmer tun noch komen, die
weil

weil wir leben, nach der Brief sage, die wir in vor dar über geben haben, geschahe och, daz wir darwider taten oder komen, mit dheinen sachen, daz Got verbiet, daz sol dhein kraft han. Wir bekennen och, daz unser vorgenanter Herr der Keiser mit Uns, und wir mit Im einmutiklich den vesten Ritter Engelhart von Hirshorn, ze einem Obersten Amptmann, und Viztum bj der Pfalenz gesezt haben, unser Herrschaft, Land, und Luten, Vesten, Steten, und alles, daz wir haben, und derselb Englhart hat zu den heiligen gesworn, nach unsern heiz und gebot, daz er uns beiden, Und ob der egenant unser Herr der Kaiser abgieng, des Got nicht wolle, Uns und sinen Kindern ze gelicher wise nach den vorgeschriben Briefe da von wartten und gehorsam sin sulle. Und ob wir in icht hiezzen tun, daz wider daz vorgeschriben unser Geschefft und gemächt war, des sol er uns nicht gehorsam sin, als er dez besunderlich gesworn hat. Och sulln unser vorgenanter Herr und Vatter der Kaiser, oder sine Kind, ob er nicht entweder an uns, oder wir an si, den vorgenanten Engelhart von der Pfleg und dem Viztumampt nicht entsetzen, wurden aber wir miteinander ze rat, daz wir in davon entsetzen wolten, swen wir danne diesebn Pfleg und Viztumamt empfelhent werden, der sol vorzu den heiligen swern, alles daz ze tun, und ze halten, daz der vorgenanter Engelhart von Hirshorn gesworn hat. Ze Urchund diß Briefs, der geben ist Frankenford, versigelt mit unsern Insigel. Nach Christus Geburt drinzehenhundert iar, und in dem zwei und vierzigsten iar, am Montag vor sand Michelstag.

(L.S.)

Sigillum Rubrum in cera flava ex serico Rubro dependens Leo Palatinus a dextra ad levam ascendens cum circumscriptione S. Scer. Rudolfi Ducis Bav. C. P. R.

XLV.

XLV.

Extract.

Verainigung zwischen Pfalzgrafen und Ludwigen Churfürsten und Herzog Friderichen von wegen ihrer Brider Gnaden Jüngern Vettern und dann Herzog Wilhelmen seiner Gnaden Bruder Herzog Ludwigen der Rauberey halber in Bayern 1517.

Wir Ludwig von Gottes Gnaden des H. Röm. Reichs Ertztruchsäß und Churfürst, und Wir Friderich sin Bruder auch von denselben Gnaden Gots, Wir Wilhelm und Wir Ludwig Gebrüder, all Pfallentzgrauen bey Rein und Herzogen in Bayern ꝛc. Bekennen und thun kund allermänniglich, daß Wir Betracht und für Uns genommen haben, daß lanng fürstlich Herkommen des Hauses Bayern, auch die Sipschafft, und Freundschafft, damit unser Vorfahren löbl. Gedechtnuß auch Wir an einander verwannt, daß Wir auch mit unsern Fürstenthumen in Bayern, und derselben Landen und Leuten dermassen nachennd gesessen und gelegen sind, darduch ein Fürst und Land dem andren in vil Weeg fürschub, Aufenthalt, Hilf und Rettung wol thun, und den frid, Recht und ainigkeit, wo Wir treulich zusamb setzen, statlich erhalten mögen, und dem alln nach, so haben Wir zu voran Got dem Allmächtigen zu Eren, und Lob, auch zu Handhabung römischer Kayserl. Majestät und des Heil. Reichs Landfriedens, und Rechtens, und Erhaltung guter Ainigkeit, und nachberlicher Beywohnung, darzu Unsern Fürstenthumen Landen, und Leuten, zu sonderen Nutz und Guten, dieweil an vil Orten In, umb, und neben dem Hauß Beyern Rauberey, Plaiarey, Vergwelltigung austretten, und ander vielfältig Beschedigung und pos Handlung, darduch der Fried und das Recht verhindert wirdet, eindringen will ꝛc. Und des zu kräftigen und wahren Urkundt, haben Wir obgenannter Pfalzgraf Ludwig Churfürst von Unser selbst, und des vorgenannten Unsers freundlichen lieben Bruders

Her-

103

Herzog Friedrichs und von wegen der Oberen Pfalz, und unserer Vitzdomb Ambt Amberg und Neuenmarkt Unser Insigel an diesen Brief thun henngen dergleich haben Wir Herzog Wilhelm und Herzog Ludwig Gebrüder Unser Secret Insigl, Des Wir Uns beed alle mit einander regierend Fürsten gebrauchen Auch Wir Herzog Friedrich als Vormunder Unser Jungen Vettern Unser Vormundschaffts Insiegel, auch hieran gehangen, der geben ist auf Sonntag Quasimodogeniti den Neunzehenden Tag des Monats Aprilis nach Christi Unsers lieben Herrn Geburt, Funffzehen hundert und im siebenzehenden Jaren.

(L. S.)   (L. S.)   (L. S.)

Obiger Extract ist vollkommen gleichlautend mit dem Original, welches auf Pergament geschriben, und mit seinen anhangenden drey Sigillen versehen in dem allhiesig Churfürstl. Archiv verwahret wird.

Manheim den 14. Decembr. 1765.

F. C. Günter.
Churpfälzischer Hofgerichtsrath und Archivarius mppria.

XLVI.

Wie sich Pfalzgraf Ludwig Churfürst, Herzog Friederich, auch Herzog Wilhelm, Herzog Ludwig Herzog Ottheinrich und Herzog Philippß uf ir Voreltern Vereinigung und tailungs Brief ferner mit einander veraint und verglichen haben de Anno 1524.

Von Gottes Gnaden Wir Ludwig des H. Röm. Reichs Ertzruchses Churfürst, und Wir Friederich, Wir Wilhelm, Wir Ludwig, Wir Ottheinreich, und Wir Philips von denselben Gnaden Gottes Pfaletzgrauen bey Rhein, Hertzogen in Bayern ꝛc. Bekennen und thun kundt offenbahr. Nachdem

dem vor Zeiten Weyland Unsere Voreltern Pfaltzgrauen bey Rhein und Hertzogen in Bayern, löbl. und seel. Gedechtnuß frundliche Ainungen und Verständnuß für sich ire Erben und Nachkummen auffgericht und gegen ainander verschrieben, also haben Wir, Dye derselbigen Erben und Nachkummen, Stammen, Nammen, und Geblüts sein, wi Wir uns Dann derselben Unser Vor-Eltern Versprüchnis und Verbundtnus zu halten, und volziehen uns schuldig erkennen, aus denselben und andern beweglichen Guten und dapfern Ursachen, hie auf diesem Reichs-Tag vertterlichen und freundlichen mit einander unterredt samenthaft die vorgemelten alten Aynungen und Verträge zu Gedegtnuß gefurt, und umi besserer Verstands Willen, künfftig Irrung zu uerhütten, denselben Erklärungen gethan, und Unf verglichen, wie dasselbige in zwaien gleichlautenden Copeien die mit Unseren Secreten besiegelt, und aigen Handen unterschrieben sein, begrifen ist, Dero Wir Pfaltzgraue Ludwig Churfurst aine, und Wir Hertzog Wilhelm die ander Copy von Unser und der andern wegen empfangen, dergestalt, daß dieselben mit unf von diesem Reichs Tag anheinsch gefurt, in Pergamen, wie sich gebürt, geschrieben, und ingrossirt werden, und alsdann, so Unser Hertzog Wilhelms und Ludwigs Gebrüder Rete schirsen exaudj on das in anderen Sachen, nemlichen der Vertrag zu Dillingen beredt, aufzurichten, und zu volziehen gein Heidelbergk zukommen verordent werden, sollen sie, die Bemelt Verschreibung und Erclärung vorgenannter Verepnigung, dabey auch glaubwürdige Vidimus der alten Aynkaung Pundtnus und Deilungs Brief, dauon dan die erstgemelt Erclerung Meldung thut, die, wie Wir Bericht, uns gäntzlichen darfur halten alle nachfolgende Aynungen furgeen, und Derogieren sollen, darauf auch solicher Gestalt die Erclerung geuolgt, gegründt, und beschehen ist, mit etlichen anderen Briefen, die der Sachen dienlichen und entheblichen geacht werden mögen, mitbringen, afsdann, so daf geschicht, sollen Baide Erclärungs Brief Ingrossiret, collationiret, und mit Unseren Fürstlichen Insiglen versiegelt, und mit Unseren Handen unterzeichend, und allerding gleichmeßig gegen einander übergeben und empfangen werden, und damit erstgemelte Vidimus der alten Brief, wie sich gebürt, inn und auffer recht bey obgenannter Erclärung und Verainigung dieser

ser anfenlicher und Cräfftiger fein, und gehalten werden mugen, so haben wir für gut bedacht, daß dieselben alten Brief durch den Erwürdigen in Got und Hochgebohrnen Fürsten Unsern lieben Bruder und Vettern die Bischof zu Freysingen oder seiner Lieb Vicarj vidimirt, und umb der uehe willen uns Herzog Ott Heinrichen darzu verkundt Tag, Zeit, und malstat ernennt werde, die Unsern darzu zu verordnen, solche Schrifften, Sigel, und anders sehen, und hören, zu recognosciren, wie sich gebürt, darauf so haben Wir vorbemelte Churfürsten und Fürsten Pfaltzgrauen bey Rein und Hertzogen in Bayern Gebrüder und Vettern, diewyl wir iezt on das hie beieinander gewesen sein, die vorbestimmte Unser allerseits erclerte Verainigung, mit ihren Innhalt, obgemelter Gestalt stet, vest darzu vetterlichen und fruudlichen zuhalten, und vollziehen, für Uns Unser Erben, und Nachkummen, einander Personlichen bey Unserem Fürstlichen wirden und worten zugesagt, und das mit handgebenden Trewen gelobt, und diesen freuntlichen Abschid gemacht, und angenommen haben, allerding on Geuerde. Und des zu Urkundt seint dieser Abschieds Brieff zween gleichlauts mit Unseren Secreten versiglt, auch mit Unseren aigen Handen underschrieben, der Wir Pfaltzgraue Ludwig Churfürst ainen, und Wir Hertzog Wilhelm, als die Eltisten regierenden Fürsten den andern empfangen, geschehen und geben zu Nürmberg auf den fünffzehenten tag des Mertzen, als man zahlt nach Christi unsers lieben Herrn geburt Tausent fünffhundert und in dem vier und zwantzigsten Jare.

Pfaltzgraue Ludwig, Churfürst.   **Friederich Pfaltzgraue.**
Wilhelm Hertzog in Bayern.   **Ludwig Hertzog in Bayern.**
Ott Heinrich Pfaltzgrave.

Obige Abschrifft ist gezogen aus einem alten Archivs-Buch mit numero 30½ bezeichnet. Das Original mag entweder in dem Archiv zu Neuburg verwahret, oder aber von keinem sonderlichen Werth geacht, und dahero verlegt worden seyn. Mannheim den 7ten Jan. 1766.

F. C. Günter.
Churpfälzischer Hofgerichtsrath und Archivarius mppria.

XLVII.

Wie sich Pfaltzgrave Ludwig Churfürst, Hertzog Friderich, Hertzog Wilhelm, Hertzog Ludwig, und Hertzog Ott Heinrich, auch Hertzog Philipps, alle Pfatzgrauen der Beheim halber mit eynander veraint haben, und wie sie ainander zu Hilff kommen sollen. de An. 1524.

Von Gottes Gnaden Wir Ludwig des H. römischen Reichs Ertzdruchseß Churfürst, und Wir Friderich, Wir Wilhelm, Wir Ludwig, Wir Ott Heinrich, und Wir Philips, all Pfatzgrauen bey Rein, und Hertzogen in Bayern, Gebrüder und Vettren. Bekennen und tun Khunt allermanniglich mit diesem offen Brieff für Uns, all unser, und unser yedes Erben, und Nachkommen, Weltlich regierend Fürsten im Fürstenthumb und Hauß Bayern. Als Wir auf und über Unser Voreltern, Fürsten von Bayern löblicher Gedechtnuß alt Erbeynnung und Verbündtnuß an dato ein frundlichen und vetterlichen Verstanndt, wie und in was Gestalt und Maß, Wir füran zu ewiger Erhaltung, solches freundlichens und vetterlichs Willens, auch zu Rettung Unserer Fürstenthumbe Land und Leut und zu Widerstanndt Unserer widerwertigen zu einander setzen, hilfflich und beständig sein sollen, abgeredt, und derselben Unser Voreltern, alt Erbeynnung und Verpündnuß erleutert haben, Darinn unter andern vergriffen, und gesetzt ist, daß ain Fürst dem andern, der unter uns wider solich Unser Apnung bruehdet, bekriegt, oder beschädigt werden wollt, auf sein Ersuchen zu ainem täglichen Krieg zweyhundert wolgerüster Pferdt, oder soviel der maner darunter begehrt, zum furderlichsten oder aufs lengst in den nechsten vier wochen zuschicken verpflicht sein sol, Und aber Unsere Land und Leut in der Obern Pfalz auff dem Norckhaw, und vor dem Behemer Wald mit der Crone Beheim an vill Orten greintzen, und dem Behemer Wald dermassen gelegen sein, daß Uns itzt Berührten Unsern Landen und Leüten auf vermeldter Crone Beheym untzhere zuvilmalen wider Recht, und alle Pillichkeit, Buchdung, und unversehen angriff, Beschedigung, Überfall, Aufrur, und Krieg begegnet seint, auch des in täglicher wart steen, darduch Wir, Unsere Ambleut, Landsessen, Und ander Unser Untherthan bemelder Ennden gesessen, yeder Zeit zu der Gegen-

genwehr wider follig Unser Beschädiger, und widerwerttig gein Beheym ge=
uaſſt, und die Unſern zu Roß und fuß in teglicher Rüſtung haben müſſen, dar=
auf Wir dan mit zeitigen Rate bedacht, wo jnn Vermög unſer angezeigten
Erbeynung ain Fürſt dem andern für den Beheimer Wald zu einem teglichen
Krieg die Anzahl der zwaihundert gerüſter Pferdt, oder darunter, nach be=
ſchehener Beuehdung oder Angriff auff des beſchedigten Fürſten erſuchen erſt
über 4 Wochen darnach ſchicken ſollt, daß ſolche zugeſchickte Hilff dem be=
ſchädigten Fürſten, oder den ſeinen nach Gelegenheit der Landsart vill zu ſpat
zukommen, und gar wenig fürträglich, und nuzlich ſein möcht;

Demnach und damit Unſer yedes Landen und Leuten, der anderen yeder
Zeit in der eyll ſtatlich und erſprießlich Hilff, rettung und Zuzug beſchehen mug,
haben Wir Uns in dieſem Fall für Uns Unſer Erben und Nachkommen regierend
weltlich fürſten zu einander nachuolgender Maſſen bewilligt, und vereint, und
thun daß hiemit wiſſentlich in Crafft diß Briefs. Alſo, wo yemand auß Be=
heim, oder von dem Beheimer Wald Uns und die Unſern an bemelden enden,
wieder vorangezaigte Unſer Erbeynung, auf oder ein, die Crone Beheim, zu
Beuehden, und zu bekriegen, oder durch ſtraiffend Rott, und Gewerb, oder
in ander unfürſehen wege, mit Raub, Name, Brannt, oder andern ſachen,
anzegreiffen und zebeſchedigen unterſten wurde, daß als dann Wir obgenannt
Fürſten, Unſer Erben und Nachkommen, mit Unſeren Landen und Leuten in
der Oberen Pfalz auſſen Norckhau, und von dem Beheimer Wald on Ver=
zug einander beholffen ſein, Rettung und Zuzug zu Roß und Fuß, nach Un=
ſerm peſten Vermugen thun ſollen, dergeſtallt, ſo bald Unſer der Fürſten
Haubtleut, Pfleger, oder Ambt Leut an jezt benanndten Orten ſamnentlich
oder In einer beſonder, durch ſich ſelbs oder von yemanndt andern ainicher
Beſchedigung, Uberfalls oder Angriffs ſo Uns oder den Unſern, der Enden
beſchehen were, oder zuthun underſtandten wollt werden, erinndrt und gewar=
und darumb aneinander umb eyllend Hilff erſuchen wurden, daß als dan die=
ſelben Unßere Hauptleut, Pfleger, und Ambtleut on ferer Unſer oder Unßer
rer Vizthumb und Statthallter ainich erſuchen zuſtund an, und on verzüglich
mit jrer Rüſtung zu Roß und Fuß nach eins Vermugen, in Unſer yedes Für=
ſten Lannde auff ſein, den nechſten dahin ſy beſchiden werden, oder daß Lannd=
geſchray hingeet, nacheilen, zuziehen, auffpieten, und aneinander getrew,
nachparliche Hilffe, und Rettung thun ſollen, Gleicherweiße, alß beſchee=

O 2

es dem Herrn, des Ambtleut, Diener oder Unterthan sie seint, on Geverde, wie dan deß itzt, und künfftiglich zwischen denselben Unseren Haubt Leuten, Pflegeren, Landseßen, und Unterthanen der Ennden ettlich zum fürderlichsten beyeinander angelegter Malstat erscheinen, besondern Ordnungen fürgenommen, Bedacht, und gehalten werden sollen, Und zu vollziehung solches alles, sollen Wir die Fürsten hievor benennt, Unserer yeder in seinem Lande der Ober Pfaltz auffm Norckhau, und vor dem Beheimer Wald, mit allen und yeden Unsern Haubt Leuten, Pflegern, Richtern, Landseßen, Ambt und Dienst leuten, und andern Unsern Unterthanen, in dieselben Hauptmannschafften der Ennd gehörig verschaffen, Bestellen, und darob sein, damit solchem, so hie vor und nach geschrieben steet, ernstlich und gestracke nachgangen werd, und also nachparlich und fruntlich helffen, und zu einander setzen, auch auf die Ge werb und empörung in der Cron Beheimb, und vor dem Wald, zu yeder Zeit ir sonder vleissig und gewiß Kundschafften haben, und Bestellen, und wo die wider Uns all, oder ainen insonder, oder die Unsern sein würden, als dan in geheim aneinander zum fürderichsten gewarnen, auch den Ordnungen, die Wir oder die Unsern itzt und künfftiglich, wie obstet, nach Gelegenheit der Leuff und risiken der ennden zemachen, und auffzerichten bedacht, und verainet worden, Insonderheit wie der Beheimer Wald, und die steig, weg und stra sen, darüber verschlagen, besetzt, und fürsehen, auch die Sturm Glocken angeschlagen, oder mit Kreutzschüssen aneinander zaichen geben werden, und ein eyder in der eyll sich halten soll. Trewlich und mit allem Weis nachko men. Es soll auch solicher eylender zzughilff, und Rettung auf yedes Herrn aigen Costen und Schaden beschehen, sich begeb dan, daß der Fürst oder die seinen, so angriffen und beschedigt weren, oder wollten werden, daß Kriegs Volckh, so ime also zu Rettung und Hilff zu ziehen, über acht tag von dem tag an, so sy, wie ob steet, an das Ortt sy beschiden versamlet sein, beyein ander, behalten nicht, oder wollt, alsdan soll solichs auf des Herrn Costen, dem die Hülff zuzug, oder Rettung gethan, und auf des Herrn Schaden, von dem die Hilff geschickt wirdet beschehen, Wo sich aber zutrüg, daß Wir obgenannt Fürsten, Unser Erben oder Nachkommen, einer oder mer, wider die Beheim, oder die Uns auf oder in Beheim beyehden, bekriegen, oder be schedigen wurden, eir beharrlich Geleger oder teglichen Krieg, oder Herzug fürnemen wollten, alsdan soll es zwischen Unser mit der hilff und allen ande
ren

ren sachen in vermög Unser vorberurten auffgerichten Verschreibung und er-
clerten Erbeynung, gehalten werden, Trewlich und on Geuerde. Und
des zu Urkunde, so haben Wir Ludwig Churfürst, Fridrich, Wilhelm, und
Ludwig, all Pfaltzgrauen bey Rein und Hertzogen in Bayern Gebrüder und
Vettern Unser yeder insonderheit, und Wir Ott Heinrich und Philips alls
mit einander weltlich regierend Fürsten, Unser gemeinschafften Insigeln an die-
se Brief drey gleichlautend, mit rechter Wissen thun henkhen auch einander
bey Unsern Fürstlichen wirden, und worten für Uns und all Unser Erben und
Nachkommen regierende weltliche Fürsten in dem Fürstenthumb und Hauß zu
Bayern zuhalten, und dem, wie obstet, getreulichen nach zukommen mit
Trewen an aydestat gelobt, versprochen, und zugesagt, aller Dinge, onge-
verde; Geben und geschehen zu Nuremberg auf den fünffzehenden Tage des
Mertzen alß man zalt nach Christi Unsers lieben Herren Geburt, Tausent,
fünfhundert, und in dem Vier und zwantzigisten Jahren ꝛc.

Pfaltzgraff Ludwig Churfürst ꝛc.   **Friedrich Pfaltzgraf ꝛc.**
Wilhelm Herzog in Bayern.   **Ludwig Herzog in Bayern.**
Ott Heinrich Pfaltzgraf.   **Philipps Pfaltzgraff.**

(L.S.)   (L.S.)   (L.S.)   (L.S.)   (L.S.)

Obige Abschrift ist durchgängig gleichlautend mit dem Original, welches mit seinen
fünff anhangenden Sigillen, auch eigenhändigen Unterschrifften versehen in dem allhie-
sigen Churfürstl. Archiv verwahrt wird. Mannheim den 7. Jan. 1766.

F. C. Günter.
Churpfältzischer Hofgerichts Rath und Archivarius mppria.

XLVIII.

**Wie sich Pfalzgraf Ludwig Churfürst, Herzog Friedrich, auch Herzog Wilhelm, Herzog Ludwig, Herzog Ottheinrich, und Herzog Philipps auf ir voreltern vereinigung und tai-
tungs Brief ferner miteinander veraint und verglichen haben. MDXXV.**

Von Gottes Gnaden wir Ludwig, des H. R. R. Ertztruchseß, Churfürst,
und wir Friederich, wir Wilhelm, wir Ludwig, wir Ottheinrich, und wir

Philipps von denselben gnaden Gottes Pfaltzgrafen bey Rhein, und Hertzogen in Bayern ꝛc. Bekennen- und thun kunth offenbar: nachdeme von seiten weil unsere vorelterrn Pfaltzgrafen by Rhein und Hertzogen in Bayern löblicher und seeliger Dechtnus fründliche Ainungen und verständnus für sich, ihre Erben und Nachkommen aufgericht, und gegen einander verschrieben, also haben Wir die derselbigen erben und nachkommen, samen, namen und Geblüts seyn, wie wir uns dann derselben unser voreltern Versprüchnus, und verbündnus zu halten und vollziehen uns schuldig erkennen, aus denselben und anderen beweglichen guten und tapferen Ursachen hie auf diesen Reichstag vetterlichen und fründlichen miteinander unterredt, samentlich die vorgemelten alten Ainungen und verträge zu gedechtnus geführt, und um besseres verstands willen künftig irrung zu verhüten, derselben Erklärunge gethann, und uns verglichen, wie dasselbige in zweien gleichlautenden Copeyen, die mit unseren Secreten besiegelt, und aigen Handen unterschriben seyn, begriffen ist, dero wir Pfaltzgrafe Ludwig Churfürst eine und wir Hertzog Wilhelm die andere Copp von unser und der andern wegen empfangen, dergestalt, daß dieselben mit uns von diesem Reichstag anheims geführt, ingpergmen, wie sich gepurt, geschrieben, und ingrossirt werden, und alsdann so unser Hertzog Wilhelms und Ludwigs Gebrueder rethe Schriften Exaudi on das in andern sachen, nemlichen den Vertrag zu Dillingen bered aufzurichten, und zu vollziehen, gein Heydelberg zu kommen verordnet werden, sollen sie die bemelt verschreibung und Erklärung vorgenanter verainigung dabey auch glaubwürdige vidimus der alten Ainigungs Bündnus und Teilungs Brief davon dan die erstgemelt Erklärung meldung thut, die, wie wir bericht, und gänzlichen dafür halten, allen nachfolgenden Ainungen fürgeen, und derogiren sollen; darauf auch solchergestalt die Erklärung gefolgt, gegründet, und beschehen ist, mit etlichen anderen Briefen, die der sachen dienlichen und enthebliche geacht werden mögen, mitbringen, alsdann, so das beschiet, sollen Baide Erklärungsbrief ingrossirt, collationirt, und mit unseren Fürstlichen Insigelen versiegelt, und mit unseren Handen unterzeichnend, und allerding gleichmässig gegen einander übergeben und empfangen werden. Und damit erst gemelte vidimus der alten Brief, wie sich gepürt, in und ausser recht by obgenanter Erklärung und verainigung dester ansehnlicher und kräftiger sein und gehalten werden mügen, so haben wir für gut bedacht, daß dieselben alten Brief, durch den erwirdigen in Gott, und Hochgebornen Fürsten unsern lieben Bruder, und Vettern den Bischof zu Freysingen oder Sr. Lieb Vicary, vidimirt, und um der nehe willen uns Hertzog Ottheinrichen darzu verkunt, tagzeit, und malstatt ernennt werde, die unsern darzu zu verordnen, solche Schrift Sigel, und anders sehen und hören zu recognosciren, wie sich gepürt: darauf so haben wir vorbemeldte Churfürsten und Fürsten Pfaltzgrafen by Rhein, und Hertzogen in

Bayern

Bayern gebrieder und Vettern, diwil wir iezt on das die beeinander gewesen seyn, die vorbestimmte unser allerseits erklärte verainigung mit irn Inhalt obgenannter gestalt stet, fest dazu vetterlichen und freündlichen zu halten und vollziehen, für uns unser Erben und nachkommen einander persührlichen by unsern Fürstlichen Worten zugesagt, und das mit Handgebenden treuen gelobt, und diesen früntlichen Abschid gemacht und angenohmen, allerding on gefährde, und des zu Vrkund seind dieser Abschieds Brief zween gleich lauts mit unseren Secreten versiegelt auch mit unsern aigen Handen unterschrieben, der wir Pfalzgrafe Ludwig Churfürst ainen, und Wir Herzog Wilhelm als die eltisten regierenden Fürsten den anderen empfangen. Geschehen und geben zu Nürnberg auf den fünfzehnden tag des Merzen, als man zalt nach Christi unsers lieben Herrn Geburt thausend fünfhundert und in dem fünf und zwainzigsten jare.

Pfalzgraf Ludwig Churfürst.   **Friederich Pfalzgrafe.**
Wilhelm Herzog in Bayrn.   **Ludwig Herzog in Bayern.**
Ott Heinrich Pfalzgrafe.

XLIX.

Herzog Ludwig von Bayrn Pfalzgraf Rudolphen Churfürstens eltisten Sohn und des erwehlten R. Khonigs Hainrichen Grauen zu Lüzelburg tochter Marien noch beyder Erwachßen heyrats Titl zu Franckfurt aufgericht Anno 1308. den 28. Novembr.

Nos Henricus Dei gracia Romanorum Rex semper Augustus ad universorum sacri Imperij fidelium noticia publicam volumus peruenire, quod foedera amicitiæ cum Illustri Rudolpho Comite Palatino Reni, Duce Bavariæ, Principe nostro Dilecto jure cupientes, et in vinculum indissolubilis amicitiæ convenire promissimus, et præsentibus promittimus corporaliter super hoc præstito Juramento filiam nostram antiquiorem nomine Mariam Ludovico seniorj filio ejusdem Rudolphi in uxorem legitimam nos daturos, qui vice versa promisit corporali super hoc præstito juramento, quod Lodovicum filium suum seniorem dictum dabit in virum legitimum Mariæ nostræ filiæ prænotatæ et sic inter Ludovicum et Mariam prædictos sponsalia duximus, contrahenda, et nos Mariæ nostræ filiæ prænotata dabimus in dotem sedecim millia marcarum argenti puri Colonien: ponderis et præfatus Rudolfus dabit filiæ suæ prædictæ in Donationem propter nuptias totidem versa vice: quam pecuniam præfato Rudolfo suo et filij sui prædicti nomine ejusdem filiæ nostræ nomine, sic expedimus videlicet, quod de bonis Imperii usque ad Decem milia marcarum argenti ponderis prænotati, eum a tempore nuptiarum contractarum, et quo coniacebunt ad unum annum expedire promittimittimus indilatè, de reliquis verò sex millibus marcarum puri argenti dicti ponderis, eundem Rudolfum nomine filij sui Ludowici expediemus in terminis infra scriptis videlicet a Nativitate Domini proxime ventura ad tres annos sic, quod in primo anno duo millia marcarum argenti antedicti ponderis, in secundo anno Duo Millia et in tertio anno Duo Millia marcarum argenti sint persolutæ integraliter et complete et dictus Rudolfus Princeps noster nomine filij sui Lodwiej prænominati nobis *in bonis suis et possessionibus in eisdem Reni partibus sitis* sedecim millia marcarum argenti purj Colonien: ponderis designabit, similiter vice versa nomine nostræ filiæ prænotatæ, et quicunque conjugum prædictorum, postquam conjacuerint sine hæredibus alium prædecess. rit, superstes habebit in bonis defuncti usum fructuum, et eo decedente idem usus fructus redibit, ad hæredes proximos, unde venit. Si vero unus eorundem conjugum decesserit, antequam conjacuerint, tam dos, quam Donatio propter nuptias ad eos, unde venit, liberè revertentur. est etiam adiectum, quod si illustris Mechtildis, collateralis præfati Rudolfi Principis nostri ante tempus assignationis, donationis propter nuptias filiæ nostræ faciendæ moritur, quod Deus auertat, tunc eadem Donatio propter nuptias est in bonis, quæ ejdem Mechtildi fuerunt in Donationem propter nuptias demonstrata assignanda nostræ filiæ prænotatæ ad præmissa igitur omnia et singula observanda nos sub juramento priùs, pro consumando matrimonio prænotato per nos præstito præsentibus obligamus dantes eas in evidens testimonium præmissorum Sigilli nostri Comitatus de Luzelburch robore communitas datum Franchenvordiæ VI. Kl. Dec. Anno Domini Millesimo tricentesimo octavo.

L.

Sammtbelehnung B. Simons von Worms für Pfalzgrafs Ludwigs des Strengen Kinder zwoter Ehe, damit sie mit denen aus erster Ehe zur gleichen Erbtheilung kommen mögen.

Als Bischof Symon von Wurmbs Pfallenz Graf Ludwigen von Bayrn, das Schloß, und Statt Halbiberg zu Lehen verliehen hatt, derselb Herzog Ludwig sollich lehen jn vermelts Bischofs Hand übergeben, und gebeten, die Durchleuchtig Fürstin Frauen Mechtilden sein Gemahl, des Durchleuchtigen Herrn Rudolfs Römischen Kunigs Tochter damit zu versehen, und zu Inuestiren, jm, zu Widerlegung und Wartung des Schlosses Warhennhaim, dieselb Frau Mechtildis samt ermeltem Herzog Ludwigen als Jrem Gemahl von gedachten Römischen Khunig zu Lehen gehebt, und auf desselben ihres Gemahls furbete Juse zugestelt hatt, damit der Durchleuchtigen Fürstin Frauen Elisabeth, Herrn Fridrichs Herzogen und Agarggrauen von Lothoring tochter, So des ermelten Herzog Ludwigs erstgebohrnem Sune auch Ludwig genannt vermachet gewest, Jre Heurathgut auf Warheunheim verwisen mug werden und darauf hat obgenannter Bischoff von Wurmbs gedachter Frauen Agechtbilden, Schlosß und Statt Haidelberg zu Lehen verliehen, also daß sy sollich lehen Jr lebenlang haben, und besizen mug, und so sy todts abgee, das alsdann solch Lehen fallen soll, auf ermelts Pfalzgraf Ludwigs Erben, der Ersten und anderen Ehe, sollichas gleich nach anzahl der Persen zethaillen, wo sie aber vor Jm Sterben, so sollt das auf vermelten Fürsten und sein Erben fallen.

Dieser Brief ist geben unter vermelts Bischoffs und Capitls von Wurmbs beder Jnsiglen Jn tausend zwaihundert Acht und achtzigsten Jar, Sexta ydus Januarj.